해커스변호사

형사소송법

Criminal Procedure Law

신체계

암기장

이용배·허정 공저

해커스변호사

서문
[제2판]

저자의 신체계 H 암기장 시리즈가 독자들의 사랑에 힘입어 제2판을 출간하게 되었습니다. 먼저 초판 임에도 불구하고 많은 성원을 보내주신 독자 여러분께 깊은 감사의 말씀을 드립니다.

2024년 시행된 제13회 변호사시험에서 저자의 H 암기장 시리즈는 높은 적중률을 보였고 주요 쟁점들이 모두 출제되었습니다. 이에 더욱 박차를 가하여 더욱 완비된 H 시리즈 제2판을 출간하게 되었습니다.

제2판은 초판의 내용을 유지하면서도 변호사시험의 모든 사례형 쟁점과 객관식 기출 지문을 추가하여 내용을 보완하였습니다. 사례형 쟁점을 추가하였음에도 기존의 내용을 더욱 간결하게 정리하여 초판의 분량을 유지하였습니다. 특히 내용적인 측면에서 제14회 변호사시험에 출제가 유력한 지문들과 2023년 12월까지 선고된 최신판례를 선별하여 수록하였습니다.
본 암기장 한 권으로 변호사시험에서 고득점이 가능하도록 만전을 기하였습니다.

실제로 해커스에서 H 암기장을 수강한 대부분 학생이 제13회 변호사시험에서 1문과 2문 모두 65점 이상을 득점하며 우수한 성적으로 합격하였습니다.

앞으로도 H 암기장 시리즈가 합격의 등불이 되기를 기원합니다.

2024.4.13.
저자 허 정

[전면개정 제1판]

"시험에 합격하기에 가장 현실적이면서도 효율성 있는 교재는 무엇이어야 할까?" 저자의 고민은 여기서부터 시작되었습니다.

그리고 長考 끝에 가장 효율적이고 정확하게 핵심 쟁점을 빠르게 체크하면서 시험직전 빠르게 회독할 수 있는 교재여야 한다는 결론에 이르게 되었습니다.

이에 저자는 국가고시의 최신 트렌드를 반영하여 기존의 신체계 형소법 암기장을 완전히 새로운 방식으로 재구성하였고, **'형사소송법 신체계 H 암기장'**이라는 이름으로 전면개정판을 출간하게 되었습니다.

암기장은 기본서에 갈음하여 학생들을 시험장까지 인도하는 역할을 하므로 그 분량은 지나치지도 부족하지도 않아야 합니다. 즉, 암기장은 말 그대로 암기장이어야 합니다. 불필요한 내용을 수록하여 암기장의 분량이 늘어난다면 수험생들은 강약 조절에 실패하게 되고 권태를 느끼게 됩니다. 이러한 점들을 십분 고려하여 이번 전면개정판은 효율성과 가독성에 가장 주안점을 두었습니다. 본 교재의 특징은 다음과 같습니다.

1. 전면개정 제1판 '형사소송법 신체계 H 암기장'은 분량을 최소화하여 가장 필요한 쟁점과 판례를 위주로 구성하였습니다. 특히 시험에서 가장 출제가 빈번한 쟁점인 수사와 증거에 도표와 그림을 대폭 삽입하여 회독을 빠르게 할 수 있도록 효율을 극대화하였습니다.

2. 시간이 없는 수험생 현실을 고려하여 2023년 3월까지 선고된 대법원의 판결 중 시험에 출제될 가능성이 높은 중요한 판례들을 수록하였습니다. 책의 분량을 고려하여 기존 판례들은 판례번호를 삭제하였고, 최근 3년 내의 판례들은 판례번호를 기재하여 최근 선고된 판례임을 알 수 있도록 하였습니다.

3. 기존의 암기장들과 달리 사례형뿐만 아니라 '선택형'도 충분히 대비할 수 있도록 '선택형 핵심지문'을 추가하였습니다. 시험에 이미 선택형으로 출제된 중요 이론과 판례는 물론 아직 출제되지 않았지만 출제가 예상되는 이론 및 판례에 대하여도 '기본서'의 목차 순서대로 핵심을 모두 정리하였습니다. 특히 수험생들이 자주 헷갈리는 판례, 상반되는 판결이 존재하는 판례들은 비교판례를 수록하여 선택형 시험을 정확하게 준비할 수 있도록 하였습니다.

'형사소송법 신체계 H 암기장'은 변호사시험을 비롯하여 선택형·사례형의 형식을 모두 출제하는 시험에서 시간이 부족하거나 시간을 효율적으로 사용하고자 하는 수험생들에게 필요한 완전한 '암기장'의 내용을 갖추었다고 자부합니다. 다만, 암기장은 실전 시험장용으로 만들어진 것이므로 아직 기본기가 부족하거나 법리를 정확하게 숙지하지 못하신 분들은 반드시 저자의 암기장 강의를 통해 법리를 정확하게 이해하며 암기장을 활용하시기를 바랍니다.

'형사소송법 신체계 H 암기장'이 여러분들께서 준비하시는 시험에 효율성을 주어 좋은 성적을 거둘 수 있는 밑거름이 되기를 기원합니다.

2023.4.13.

저자 허 정

책의 특징

Ⅰ. 선택형 대비의 특징

1. 기본서에서 선택형으로 출제될 수 있는 중요이론(법조문포함)과 판례를 충실히 정리하였습니다.
2. 최소한의 기본서의 회독이 확보된 수험생에게는 짧은 시간에 형사소송법의 중요내용을 모두 살펴 볼 수 있도록 효과적으로 정리하였습니다.

Ⅱ. 사례형 대비의 특징

1. 사례형으로 출제될 수 있는 쟁점을 엄선하였습니다.
2. 각 쟁점별로 실제 시험에서 답안지에 적을 수 있는 분량의 키워드를 모두 두음자를 이용하여 기술하였습니다.
3. 개별적으로 이해한 쟁점이 실제 답안지에서 어떻게 적용되어야 하는지를 이해 할 수 있도록 '실전 연습' 문제를 쟁점 뒤에 수록하였습니다.
4. 시험에 출제되지도 않는 논문 수준의 쟁점이나 과거 논술식 시험에서나 출제가능한 쟁점은 처음부터 배제하여 독자들이 쓸데없는 것에 시간을 낭비하지 않도록 하였습니다.
5. 가급적 결론을 판례이론에 의거하여 도출할 수 있도록 정리하였습니다.

목차

5편 공판

6편 상소 및 특별절차

부록

해커스변호사
law.Hackers.com

제1편
서론

제1장 형사소송법의 적용범위

제1장 | 형사소송법의 적용범위

선택형 핵심지문

1. 우리 법원에 재판권이 인정되는 경우

① 내국 법인의 대표자인 외국인이 그 내국 법인이 외국에 설립한 특수목적법인에 위탁해 둔 자금을 정해진 목적과 용도 외에 임의로 사용한 경우 → 횡령죄의 피해자는 당해 금전을 위탁한 내국 법인이라고 볼 수 있기 때문에 우리 형법이 적용된다(형법 제6조). (2017도17465)

② 한반도의 평시 상태에서 범행 당시 생활근거지를 대한민국에 두고 있었던 미합중국 군대의 군속이 대한민국 영역 안에서 저지른 범죄로서 대한민국 법령에 의하여 처벌할 수 있는 범죄 (2005도798)

2. 국회의원의 면책특권에 속하는 행위에 대하여 공소가 제기된 경우

[공소기각판결] 공소권이 없음에도 공소가 제기된 것이 되어 형사소송법 제327조 제2호의 공소제기의 절차가 법률의 규정에 위반하여 무효인 때에 해당함. (91도3317) [변시 16]

합격을 꿈꾼다면, 해커스변호사

law.Hackers.com

제2편
수사

제1장 | 수사

01 수사의 의의

선택형 핵심지문

1. 범죄인지의 판단기준

검사가 범죄인지서 작성절차를 거치기 전에 범죄의 혐의가 있다고 보아 수사를 개시하는 행위를 한 때에는 이때에 범죄를 인지한 것으로 보아야 한다. (2005도2968) [변시 15]

2. 인지절차(범죄인지서 작성) 이전의 수사 개시의 적법성

수사가 장차 인지의 가능성이 전혀 없는 상태 하에서 행하여졌다는 등의 특별한 사정이 없는 한, 인지 절차가 이루어지기 전에 수사를 하였다는 이유만으로 그 수사가 위법하다고 볼 수는 없고, 따라서 그 수사 과정에서 작성된 피의자신문조서나 진술조서 등의 증거능력도 이를 부인할 수 없다. (2000도2968) [변시 15]

사례형 쟁점정리

CASE 쟁점 001 수사의 개시시점

사법경찰관 P는 공기업인 Y 공사 사장이 예산을 횡령하였다는 첩보를 입수하고 내사에 착수하였다. 상황을 파악하기 위하여 Y 공사 자금을 관리하는 경리여직원 A를 소환하여 그녀로부터 Y 공사 사장인 甲과 자금담당이사 乙이 공모하여 예산을 일부 횡령한 정황이 기재된 진술서를 제출받고 乙을 소환한 후 진술을 받으려 하였다. 그러나 乙은 아무런 근거 없이 조사에 응할 수 없다고 진술을 거부하려 하였으나 P는 "참고인에게는 진술거부권이 없으니 사실대로 진술하라. 사실대로 말을 할 경우, 내사를 종결할 테니 자금담당이사직을 계속 유지하려면 조사에 협조하여야 한다."라고 회유하여 乙로부터 횡령사실을 일부 시인하는 진술을 받고 참고인진술조서를 작성하였다.
P가 작성한 乙에 대한 참고인진술조서는 증거로 사용할 수 있는가?

1. 논점

P가 乙에 대한 참고인진술조서 작성 당시 이미 수사가 개시되어 乙의 신분이 피의자여서 진술거부권을 고지하였어야 하는지가 문제된다.

2. 학설

수사의 개시시점에 관하여 ⊙ 범죄인지서 작성이라는 형식에 따라 판단해야 한다는 **형식설**과 ⓒ 실질적인 **수사개시 여부**에 의하여 판단해야 한다는 **실질설**이 있다.

3. 判例 Keyword 실제로 수사를 개시한 때

사법경찰관이 범죄를 인지하는 경우에는 범죄인지보고서(현재는 범죄인지서)를 작성하는 절차를 거치도록 되어 있으므로 특별한 사정이 없는 한 수사기관이 그와 같은 절차를 거친 때에 범죄 인지가 된 것으로 볼 수 있겠으나, 사법경찰관이 범죄인지보고서를 작성하는 절차를 거치기 전에 범죄의 혐의가 있다고 보아 수사에 착수하는 행위를 한 때에는 이때에 범죄를 인지한 것으로 보아야 하고 그 뒤 범죄인지보고서를 작성한 때에 비로소 범죄를 인지하였다고 볼 것은 아니다(대판 : 2008도12127).

4. 검토 및 결론

사안의 경우 사법경찰관 P가 A를 소환한 후 횡령한 정황이 기재된 진술서를 제출받고 범죄혐의가 인정되자 乙을 소환하여 진술을 받으려고 한 것이므로 이미 이 단계에서 수사에 착수한 것으로 보아야 한다. 따라서 乙의 신분은 참고인이 아니라 피의자이므로 그에 대하여 진술거부권을 고지하여야 하는데 고지를 하지 않았고 또한 '내사종결'이라는 약속(사실은 기망에 해당한다)을 통하여 자백을 받아낸 것이므로 제308조의 2(위법수집증거배제법칙) 내지 제309조(자백배제법칙)에 의하여 乙에 대한 참고인진술조서(그 실질은 피의자신문조서에 해당한다)는 증거로 사용할 수 없다.

02 수사의 조건

선택형 핵심지문

1. 전속고발범죄에서 고발 전에 작성된 피의자신문조서의 효력 등

① 검사 작성의 피고인에 대한 피의자신문조서 등이 조세범처벌법위반죄에 대한 세무서장의 고발이 있기 전에 작성된 것이라 하더라도 피고인 등에 대한 신문이 고발의 가능성이 없는 상태 하에서 이루어졌다고 볼 아무런 자료도 없다면 그들에 대한 신문이 고발 전에 이루어졌다는 이유만으로 그 조서 등의 증거능력을 부정할 수는 없다. (94도252)

② 수사기관이 고발에 앞서 수사를 하고 검찰의 요청에 따라 세무서장이 고발조치를 하였다고 하더라도 공소제기 전에 고발이 있은 이상 피고인에 대한 공소제기의 절차가 법률의 규정에 위반하여 무효라고 할 수 없다. (94도3373)

2. 함정수사의 의의

[범의유발형 수사] 범의를 가진 자에 대하여 범행의 기회를 주거나 단순히 사술이나 계략 등을 써서 범죄인을 검거하는 데 불과한 경우에는 이를 함정수사라고 할 수 없다. (2006도2339)

3. 위법한 함정수사에 해당하는지의 판단기준

[수사기관과의 관련성] 수사기관과 직접 관련이 있는 유인자가 피유인자로 하여금 범의를 일으키게 하는 것은 위법한 함정수사에 해당하여 허용되지 않는다.

그러나, 유인자가 수사기관과 직접적인 관련을 맺지 않은 상태에서 피유인자를 상대로 단순히 수차례 반복적으로 범행을 부탁하여 피유인자의 범의가 유발되었다 하더라도 위법한 함정수사에 해당하지 않는다. (2007도10804) [변시 14]

4. 위법한 함정수사에 해당하는 경우

① 수사기관이 범죄자금 제공 (2006도2339)
② 수사기관의 변호사비용 제공 약속 및 불처벌 약속 (2006도3464)
③ 단속실적을 올리기 위한 함정수사[1] (2008도7362) [변시 17]

5. 위법한 함정수사에 해당하지 않는 경우

① 수사기관과 직접 관련이 없는 자의 신고에 의한 체포 (2007도10804)
② 수사기관과 직접 관련이 없는 자에 의한 범의 유발 (2007도10804)
③ [기회제공형 함정수사 → 부축빼기 절도사건] 경찰관이 취객을 상대로 한 이른바 부축빼기 절도범을 단속하기 위하여, 공원 인도에 쓰러져 있는 취객 근처에서 감시하고 있다가 마침 피고인이 나타나 취객을 부축하여 10m 정도를 끌고 가 지갑을 뒤지자 현장에서 피고인을 체포한 경우 (2007도1903) [변시 13]

> **비교판례** [기회제공형과 범의유발형 수사가 함께 있는 경우] 게임장에서 손님을 가장한 사경이 게임물을 이용하여 획득한 후 ① 적립한 게임점수를 환전해달라고 요구하여 적립한 게임점수 10만 점을 8만 원으로 환전하고 ② 손님들끼리 서로 게임점수를 매매한 경우 종업원들로 하여금 카운터에 설치된 컴퓨터의 회원관리프로그램을 이용하여 각 손님들 사이의 게임점수를 차감·적립하게 하는 방법으로 게임점수에 교환가치를 부여함으로써 손님들로 하여금 위 게임물을 이용하여 도박 그 밖의 사행행위를 하게 하거나 이를 하도록 방치하였다. (2017도16810) → ①은 범의유발형으로서 함정수사에 해당, ②는 기회제공형 함정수사에 해당

---

[1] 경찰관이 노래방의 도우미 알선영업 단속 실적을 올리기 위하여 그에 대한 제보나 첩보가 없는데도 손님을 가장하고 들어가 도우미를 불러낸 경우 위법한 함정수사로서 공소제기가 무효라고 한 사례

6. 위법한 함정수사와 공소제기의 효력

[제327조 제2호 공소기각판결] 위법한 함정수사에 기한 공소제기는 그 절차가 법률의 규정에 위반하여 무효인 때에 해당하므로 공소기각판결을 선고하여야 한다. (2005도1247)

[변시 17 · 20]

사례형 쟁점정리

CASE 쟁점 002 전속고발범죄에 있어 고발 전 수사의 적법성 여부*

甲은 2015. 3.경부터 2016. 9. 5.경까지 서울 강남구 역삼동에 위치한 중국어학원에서 취업활동을 할 수 있는 체류자격이 없는 중국인 12명을 학원강사로 고용하여 출입국관리법위반죄를 범하였다. 경기지방경찰청은 관할 출입국관리소장의 고발이 있기 전인 2016. 9. 20. 위 사건을 입건한 후 甲에 대하여 피의자신문조서를 작성하였다. **경기지방경찰청의 수사는 적법한가?**

참조조문 : 출입국 관리법 제101조(고발) ① 출입국사범에 관한 사건은 지방출입국 · 외국인관서의 장의 고발이 없으면 공소를 제기할 수 없다.

1. 논점

전속고발범죄에 있어서 고발 전의 수사가 적법한지 문제된다.

2. 학설

㉠ 고발은 수사의 조건은 아니므로 고발이 없는 경우에도 임의수사는 물론 강제수사도 허용된다는 견해(**전면적 허용설**) ㉡ 전속고발범죄의 입법 취지에 따라 고발이 없는 경우 강제수사는 물론 임의수사도 허용되지 않는다는 견해(**전면적 부정설**) ㉢ 고발이 없더라도 고발의 가능성이 있는 경우에는 임의수사는 물론 강제수사도 허용된다는 견해(**제한적 허용설**)가 있다.

3. 判例 (원칙 적법) <u>Keyword</u> 소추조건, 수사조건

법률에 의하여 고소나 고발이 있어야 논할 수 있는 죄에 있어서 고소 또는 <u>고발은 이른바 **소추조건**에 불과하고</u> 당해 범죄의 성립요건이나 <u>**수사의 조건**</u>은 아니므로, 위와 같은 범죄에 관하여 고소나 고발이 있기 전에 수사를 하였더라도, 수사가 장차 고소나 <u>고발의 가능성이 없는 상태하에서 행해졌다는 등의 특단의 사정이 없는 한</u> 고소나 고발이 있기 전에 수사를 하였다는 이유만으로 그 수사가 위법하게 되는 것은 아니다(대판 : 2008도7724).

4. 검토 및 결론

법률에 의하여 고발이 있어야 논할 수 있는 죄에 있어서 고발은 이른바 소추조건에 불과하고 수사의 조건은 아니므로, 그 수사가 장차 고발의 가능성이 없는 상태 하에서 행해졌다는 등의 특단의 사정이 없는 한 고발이 있기 전에 수사를 하였다는 이유만으로 그 수사가 위법하게 되는 것은 아니다.

사안의 경우 경기청이 관할 출입국관리소장의 고발이 있기 전에 수사(피의자신문)를 하였으나, 고발의 가능성이 없는 상태 하에서 행해졌다는 등의 특단의 사정이 없으므로 수사는 적법하다.

CASE 쟁점 003 함정수사의 적법성 여부**

甲(女)은 甲의 애인이었던 마약정보원 S가 "서울지검 정보원인 A가 다른 정보원의 배신으로 구속되게 되었다. 마약반 계장 P가 A의 공적을 만들어 A를 빼내려 한다. 그렇게 하기 위해서는 수사기관이 수사에 사용할 히로뽕을 구해야 하니 히로뽕을 좀 구해 달라. 히로뽕을 구입하여 오면 검찰에서 우리들의 안전을 보장한다고 하였다"고 이야기할 뿐만 아니라 S가 P로부터 전해 받은 히로뽕 구입자금까지 교부하면서 甲에게 집요하게 부탁을 하자, 비로소 甲은 히로뽕을 매입·교부하여 주기로 마음먹었다. 이후 甲은 중국에 건너가 히로뽕 87.03g을 매수한 뒤 이를 인천국제공항을 통하여 몰래 반입하려다가 S의 제보를 받은 P에 의하여 체포되었다.

P의 甲에 대한 체포는 적법한가?

1. 논점

P의 甲에 대한 체포가 위법한 함정수사에 해당하는지 문제된다.

2. 함정수사의 적법성 여부

(1) 학설

기회제공형 함정수사는 적법하지만, 범의유발형 함정수사는 위법하다고 본다.

(2) 判例 (범의유발형은 위법한 함정수사) Keyword 사·계

범의를 가진 자에 대하여 단순히 범행의 기회를 제공하거나 범행을 용이하게 하는 수사방법이 경우에 따라 허용될 수 있음은 별론으로 하고, 본래 범의를 가지지 아니한 자에 대하여 수사기관이 **사술이나 계략** 등을 써서 범의를 유발케 하여 범죄인을 검거하는 함정수사는 위법함을 면할 수 없다(대판 : 2008도7362).

(3) 검토 및 결론

범죄를 방지할 임무가 있는 수사기관이 오히려 범죄(범의)를 유발하는 것은 적법절차라는 헌법 이념에 따르면 수사의 상당성을 결한 것이므로 위법하다.

3. 위법한 함정수사 여부의 판단기준 `Keyword` 유인자 지위 · 역할 / 수사기관과의 관련성

위법한 함정수사에 해당하는지 여부는 해당 범죄의 종류와 성질, **유인자의 지위**와 **역할**, 유인의 경위와 방법, 유인에 따른 피유인자의 반응, 피유인자의 처벌 전력 및 유인행위 자체의 위법성 등을 종합하여 판단하여야 한다(대판 : 2013도1473).

4. 검토 및 결론

사안의 경우 S는 수사기관과 직접 관련이 있는 자로서 甲과의 개인적인 친밀관계를 이용하여 甲의 동정심이나 감정에 호소하였고, 범행에 사용될 금전까지 제공하는 등으로 과도하게 개입함으로써 본래 히로뽕을 매입하여 밀수입할 의도가 없었던 甲으로 하여금 범의를 일으키게 하였으므로 이는 위법한 함정수사에 해당한다. 따라서 P의 甲에 대한 체포는 위법하다.

CASE 쟁점 004 　 위법한 함정수사와 공소제기의 효력★★

경찰관 P1, P2는 2008. 1. 특별한 제보나 첩보가 없었음에도 실적을 올리기 위해서 안산에 있는 '은하수' 노래방에 손님을 가장하여 들어가 주인 甲에게 도우미를 불러달라고 하였지만, 甲은 이를 거절하였다. 그 다음날 P1, P2는 다시 노래방을 찾아가 또다시 도우미를 불러달라고 하였고, 甲은 일단은 거절했으나 하도 P1, P2가 끈질기게 요구하고 도우미를 불러주지 않으면 돌아갈 것 같지 않아 어쩔 수 없이 도우미를 불러 주었다. 도우미가 노래방에 도착하자 P1, P2는 자신의 신분을 밝히고 불법영업을 한 것으로 노래방 주인을 입건하여 수사를 하였고, 검사는 음악산업진흥에관한법률위반죄로 甲을 기소하였다.

이 경우 법원은 어떠한 조치를 하여야 하는가?

1. 학설

위법한 함정수사에 터잡아 공소제기된 경우 법원의 조치에 대하여 견해의 대립이 있다.

㉠ 불가벌설[2]

위법한 함정수사는 적법절차에 위반되는 중대한 위법이므로 그 공소제기 절차가 법률의 규정에 위반하여 무효이므로 **공소기각판결**을 선고하여야 한다는 견해이다.

㉡ 가벌설

위법한 함정수사가 있었다고 하더라도 범죄의 성립을 조각하거나 소송조건의 흠결이 있는 것이 아니므로 **유죄판결**을 선고하여야 한다는 견해이다.

---

2) 무죄설이나 면소판결설도 있으나 위의 기술정도만으로도 충분하다고 본다.

2. 判例

범의를 가지지 아니한 자에 대하여 수사기관이 사술이나 계략 등을 써서 범의를 유발케 하여 범죄인을 검거하는 함정수사는 위법함을 면할 수 없고 이러한 <u>위법한 함정수사에 기한 공소제기는 그 절차가 법률의 규정에 위반하여 무효인 때에 해당하므로 공소기각판결을 선고하여야 한다</u>(대판 : 2008도7362).

3. 검토 및 결론

위법한 함정수사에 기한 공소제기는 그 절차가 법률의 규정에 위반하여 무효인 때에 해당하므로 법원은 형사소송법 **제327조 제2호**에 의하여 **공소기각판결을 선고**하여야 한다.

03 수사의 개시

선택형 핵심지문

1. 불심검문 대상자 해당 여부를 판단하는 기준

체포나 구속에 이를 정도의 혐의가 있을 것을 요하지 않음. (2011도13999)

2. 불심검문 시 신분증을 제시를 하지 않은 것이 위법하지 않은 경우

검문하는 사람이 경찰관이고 검문하는 이유가 범죄행위에 관한 것임을 피고인이 충분히 알고 있었다고 보이는 경우 (2014도7976) [변시 19]

3. 임의동행

① 경찰관은 사람을 정지시킨 장소에서 질문을 하는 것이 그 사람에게 불리하거나 교통에 방해가 된다고 인정될 때에는 질문을 하기 위하여 가까운 경찰관서로 동행할 것을 요구할 수 있다.

② 경찰관은 동행을 요구할 경우 변호인의 도움을 받을 권리가 있음을 알려야 한다.

③ 경찰관은 동행한 사람을 6시간을 초과하여 경찰관서에 머물게 할 수 없다(경직법 제3조 제6항). ➔ 단, 임의동행한 자를 6시간 동안 경찰관서에 구금하는 것을 허용하는 것은 아님.

④ 경찰관직무집행법상의 보호조치 요건이 갖추어지지 않았음에도 경찰관이 실제로는 범죄수사를 목적으로 피의자에 해당하는 사람을 피구호자로 삼아 그의 의사에 반하여 경찰관서에 데려간 행위는 달리 현행범체포나 임의동행 등의 적법 요건을 갖추었다고 볼 사정이 없다면 위법한 체포에 해당 ➔ 음주단속을 피해 도망가는 피의자 甲이 경직법 제4조 제1항 제1호의 보호조치 대상자(음주만취자)가 아니고 피의자의 처가 현장에 있었으나 경찰관이 보호조치라는 핑계로 甲을 강제로 봉담지구대로 연행한 것은 위법한 체포에 해당한다. (2012도11162)

4. 고소의 의의

고소란 범죄의 피해자 등 **고소권자가 수사기관에 범죄사실을** 신고하여 범인의 **처벌을 구하는 의사표시**를 말한다.

① **[무효]** 법원에 범인의 처벌을 요구하는 진술서 제출 또는 증언이 고소의 효력 ➡ 고소는 수사기관에 대한 신고이어야 함.

② **[범죄사실이 특정되어야 하고, 범인 적시는 不要]** 고소인은 범죄사실을 특정하여 신고하면 족하고 범인이 누구인지 나아가 범인 중 처벌을 구하는 자가 누구인지를 적시할 필요도 없다. (94도2423) [변시 12 · 23]

③ **[죄명은 실질에 따라 결정]** 고소가 어떠한 사항에 관한 것인가의 여부는, 고소장에 붙인 죄명에 구애될 것이 아니라 고소의 내용에 의하여 결정하여야 한다. ➡ 고소장에 명예훼손죄의 죄명을 붙이고 그 죄에 관한 사실을 적었으나 그 사실이 명예훼손죄를 구성하지 않고 모욕죄를 구성하는 경우에는, 위 고소는 모욕죄에 대한 고소로서의 효력을 갖는다. (81도1250)

④ 적법한 고소에 해당하지 않는 경우

　ⅰ) 수사 및 조사의 촉구 [변시 17]

　ⅱ) 단순한 피해사실의 신고 ➡ 고소는 소추 · 처벌을 요구하는 의사표시여야 함. (2007도4977)

⑤ 범행 기간을 특정하고 있는 고소의 효력이 미치는 범위 ➡ 원칙적으로 특정된 기간중에 저지른 모든 범죄 (87도1114)

⑥ 고소의 성질

비친고죄에 있어 단지 수사의 단서이나 친고죄에 있어서는 수사의 단서이자 소송조건 (87도2020)

5. 고소의 절차

① 고소권은 공권의 성격을 가지므로 원칙적으로 상속 · 양도의 대상이 되지 않는다.

② **[명의수탁자가 고소권자]** 프로그램저작권이 명의신탁된 경우 ➡ 대외적인 관계에서는 명의수탁자만이 프로그램저작권자이기 때문 (2010도8467)

③ 이혼한 생모는 친권자(법정대리인)로서 독립하여 고소할 수 있음 ➡ 출생으로 법률상 당연히 모자 관계 발생 (87도1707)

④ 법정대리인의 고소권의 법적 성질

[고유권] 법정대리인은 피해자의 고소권 소멸 여부에 관계없이 고소할 수 있고, 피해자의 명시한 의사에 반하여도 행사할 수 있다. 법정대리인의 고소기간은 법정대리인 자신이 범인을 알게 된 날로부터 진행한다. (84도1579) [변시 23]

> **관련판례** 부재자 재산관리인은 형사소송법 제225조 제1항에서 정한 법정대리인으로서 적법한 고소권자에 해당한다. (2021도2488) [변시 23 · 24]

고유권설 (판례)	독립대리권설
㉠ 법정대리인의 고소권은 무능력자의 보호를 위하여 법정대리인에게 인정한 고유권이다.	㉠ 피해자의 고소권은 원래 일신전속적인 것이라고 보며, 법률관계의 불안정을 피하기 위하여 법정대리인의 고소권을 독립대리권으로 본다.
㉡ 피해자의 고소권이 소멸되어도 법정대리인의 고소권은 소멸되지 않으며, 피해자 본인은 법정대리인이 한 고소를 취소할 수 없다.	㉡ 피해자의 고소권이 소멸되면 법정대리인의 고소권도 소멸되며, 피해자 본인은 법정대리인이 한 고소를 취소할 수 있다.
㉢ 피해자의 명시한 의사에 반하여 고소할 수 있다.	㉢ 피해자의 명시한 의사에 반하여 고소할 수 없다.
㉣ 고소기간은 법정대리인이 범인을 안 날로부터 진행한다.	㉣ 고소기간은 피해자가 범인을 안 날로부터 진행한다.

⑤ 피해자가 사망한 때에는 그 배우자·직계친족·형제자매는 고소할 수 있다. 다만, 피해자의 명시한 의사에 반하지 못한다(제225조 제2항).

⑥ **[피해자 진술조서에 기재된 범인처벌을 요구하는 의사표시는 적법한 고소]** 고소는 구술로도 할 수 있고, 구술에 의한 고소를 받은 수사기관은 조서를 작성하여야 하지만 그 조서가 독립된 조서일 필요는 없다. (2011도4451)

⑦ 고소는 대리인으로 하여금 하게 할 수 있다(제236조).

6. 친고죄의 고소의 기간

① 친고죄에 있어서는 범인을 알게 된 날로부터 6개월이 경과하면 고소하지 못한다(제230조 제1항).

② '범인을 알게 된다' 함은 고소권자가 고소를 할 수 있을 정도로 범죄사실과 범인을 아는 것을 의미 (2001도3106)
  ⅰ) **[확정적 인식]** 범죄사실을 안다는 것은 고소권자가 친고죄에 해당하는 범죄의 피해가 있었다는 사실관계에 관하여 확정적인 인식이 있음을 말한다. (2001도3106)
  ⅱ) **[동일성 식별]** '범인을 알게 된다' 함은 범인의 동일성을 식별할 수 있을 정도로 인식함으로써 족하다. (99도576)

③ **[최소한 범죄행위 종료해야]** '범인을 알게 된 날'이란 범죄행위가 종료된 후에 범인을 알게 된 날을 가리키는 것으로, 고소권자가 범죄행위가 계속되는 도중에 범인을 알았다 하여도, 고소기간은 범죄행위가 종료된 때부터 계산하여야 한다. (2004도5104)

④ **[임의대리의 경우]** 고소권자로부터 고소 권한을 위임받은 대리인이 친고죄에 대하여 고소를 한 경우, 고소기간은 대리인이 아니라 고소권자가 범인을 알게 된 날부터 기산한다. (2001도3081) [변시 18]

7. 고소의 객관적 불가분의 원칙

① **[일죄]** 일죄의 일부에 대한 고소, 고발, 공소제기의 효력은 전부에 효력이 발생 (2011도4451)

② **[과형상 일죄(상상적 경합)]** ⅰ) 모두 친고죄, ⅱ) 피해자가 동일한 경우에만 적용.

③ **[실체적 경합]** 객관적 불가분 원칙은 하나의 범죄사실을 전제로 하므로 실체적 경합범의 관계에 있는 수죄에 대해서는 적용되지 아니한다.

8. 친고죄와 고소의 주관적 불가분의 원칙

① 수인의 공범 중 1인 또는 수인에 대한 고소나 그 취소는 다른 공범자에게도 효력이 미친다는 원칙을 말한다(제233조). [변시 13·18]

② 친고죄의 공범 중 1인에 대한 고소취소는 고소인의 의사와 상관없이 다른 공범에 대하여도 효력이 있다. (93도1689)

③ **[양벌규정]** 친고죄의 경우에 있어서도 행위자의 범죄에 대한 고소가 있으면 족하고 나아가 양벌규정에 의하여 처벌받는 자에 대하여 별도의 고소를 요한다고 할 수는 없다. (94도2423)

④ **[상대적 친고죄]** 상대적 친고죄에 있어서의 피해자의 고소취소는 친족관계 없는 공범자에게는 그 효력이 미치지 아니한다.

⑤ **[반의사불벌죄]** 처벌을 희망하지 아니하는 의사표시나 처벌을 희망하는 의사표시의 철회에 관하여 친고죄와는 달리 공범자 간에 불가분의 원칙을 적용되지 아니한다. (93도1689) [변시 13·15·16·18]

⑥ **[전속고발범죄]** 조세범처벌법상 고발의 구비여부는 양벌규정에 의하여 처벌받는 자연인 행위자와 법인에 대하여 개별적으로 논하여야 함. (2004도4066) [변시 14]

9. 고소의 취소

① 고소취소는 대리인으로 하여금하게 할 수 있다(제236조).

② 성년인 피해자가 한 고소를 피해자 사망 후 그 부친이 취소할 수 없음.

③ **[처벌불원의 의사표시 또는 처벌희망 의사표시의 철회를 할 능력]** 청소년일지라도 의사능력이 있으면 족하고 법정대리인의 동의 不要 (2009도6058)

④ 처벌불원의 의사표시를 할 수는 있는 자에 해당하지 않는 경우

  ⅰ) 폭행죄에 있어 피해자가 사망한 후 그 상속인 (2010도2680) [변시 14]

  ⅱ) 교통사고로 의식을 회복하지 못하고 있는 성년인 피해자의 아버지 (2012도568)

  ⅲ) 반의사불벌죄에서 성년후견인 (2021도11126)

관련판례 [반의사불벌죄에서 성년후견인의 처벌불원의 의사표시 가능여부] ★★★

반의사불벌죄에서 성년후견인은 명문의 규정이 없는 한 의사무능력자인 피해자를 대리하여 피고인 또는 피의자에 대하여 처벌을 희망하지 않는다는 의사를 결정하거나 처벌을 희망하는 의사표시를 철회하는 행위를 할 수 없다. 이는 성년후견인의 법정대리권 범위에 통상적인 소송행위가 포함되어 있거나 성년후견개시심판에서 정하는 바에 따라 성년후견인이 소송행위를 할 때 가정법원의 허가를 얻었더라도 마찬가지이다. (대판(전) : 2021도11126)[3]

---

3) 피고인이 자전거를 운행하던 중 전방주시의무를 게을리하여 보행자인 피해자 갑을 들이받아 중상해를 입게 하였다는 교통사고처리 특례법 위반(치상)의 공소사실로 기소되었고, 위 사고로 의식불명이 된 갑에 대하여 성년후견이 개시되어 성년후견인으로 갑의 법률상 배우자 을이 선임되었는데, 을이 피고인 측으로부터 합의금을 수령한 후 제1심 판결선고 전에 갑을 대리하여 처벌불원의 사를 표시한 사안에서, 위 특례법 제3조 제2항에서 차의 운전자가 교통사고로 인하여 범한 업무상

⑤ 적법한 고소의 취소에 해당하는 경우

[작성만으로는 불인정] 피해자가 가해자와 합의한 후 '이 사건 전체에 대하여 가해자와 원만히 합의하였으므로 피해자는 가해자를 상대로 이 사건과 관련한 어떠한 민·형사상의 책임도 묻지 아니한다' 는 취지의 합의서가 경찰(또는 법원)에 제출된 경우 고소의 취소는 적법하다. 그러나 고소인이 합의서를 피고인에게 작성하여 준 것만으로는 고소의 취소가 인정되지 않는다. (2001도6777) [변시 13·15]

⑥ **[친고죄(반의사불벌죄)에 있어 고소취소 또는 처벌희망의 철회 → 제1심 판결선고 전까지]** 제1심판결 선고 후나 항소심에서는 취소 및 철회 不可 (제232조 제1항)

> **관련판례** 처벌불원의 의사표시의 부존재는 소극적 소송조건으로서 직권조사사항에 해당한다. (2019도19168)

⑦ **[항소심의 1심 파기환송 O]** 항소심이 제1심을 파기하고 환송한 경우, 환송 후 제1심판결의 선고 전에 고소를 취소할 수 있으며 이 경우 법원은 공소기각판결선고 → 종전의 제1심판결은 이미 파기되어 그 효력을 상실하였으므로 환송 후의 제1심판결 선고 전에는 고소취소의 제한사유가 되는 제1심판결 선고가 없는 경우에 해당한다(제232조 제1항). [변시 15·18]

⑧ **[재심의 1심 O]** 재심의 1심판결에서 처벌 희망 의사표시 可 (2016도9470)

> **비교판례** **[항소권회복청구 ×]** → 항소심을 제1심이라고 할 수 없는 이상, 반의사불벌죄로 기소된 피고인이 확정된 1심판결에 대하여 항소권회복청구를 하였고, 항소심 절차에서 피해자들이 처벌불원서를 제출하였다면, 그 항소심 절차에서는 처벌을 희망하는 의사표시를 철회할 수 없음. (2016도9470)

⑨ **[공범에 대한 제1심 판결선고 후 다른 공범자에 대한 고소취소 불가능]** 친고죄의 공범 중 그 일부에 대하여 제1심판결이 선고된 후에는 제1심판결 선고 전의 다른 공범자에 대하여는 그 고소를 취소할 수 없고 그 고소의 취소가 있다 하더라도 그 효력을 발생할 수 없으며, 이러한 법리는 필요적 공범이냐 임의적 공범이냐를 구별함이 없이 모두 적용된다(제232조 제1항). [변시 14·18·22]

⑩ **[항소심에서 비로소 반의사불벌죄로 공소장이 변경된 경우 고소취소 불가능]** 형사소송법이 고소취소의 시한을 획일적으로 제1심판결 선고 시까지로 한정하고 있으므로, 항소심에서 비로소 반의사불벌죄로 공소장이 변경되었다 하더라도 고소취소는 인정되지 않는다. (85도2518)

⑪ **[부도수표의 회수도 제1심판결 선고 전까지]** 부도수표 회수나 수표소지인의 처벌을 희망하지 아니하는 의사의 표시가 제1심판결 선고 이전까지 이루어지는 경우에는 공소기각의 판결을 선고하여야 할 것이고 이는 부정수표가 공범에 의하여 회수된 경우에도 마찬가지이다. (94도1832)

과실치상죄는 '피해자의 명시적인 의사'에 반하여 공소를 제기할 수 없도록 규정하여 문언상 그 처벌 여부가 '피해자'의 '명시적'인 의사에 달려 있음이 명백하므로, 을이 갑을 대신하여 처벌불원의 의사를 형성하거나 결정할 수 있다고 해석하는 것은 법의 문언에 반한다고 한 사례

10. 고소취소의 효과

[재고소의 금지] 고소를 취소하면 고소권이 소멸하므로 고소를 취소한 자는 고소기간 내일지라도 다시 고소하지 못한다(제232조 제2항). [변시 18] ➔ 재고소 금지는 반의사불벌죄에도 준용

11. 고소의 포기

[고소전 고소의 포기 不可] 친고죄에 있어서 고소권은 공법상의 권리라고 할 것이므로 자유 처분을 할 수 없다. 일단 한 고소는 취소할 수 있으나 고소전에 고소권을 포기할 수 없다. 따라서 고소전에 피해자가 처벌을 원치 않았다 하더라도 그 후에 한 피해자의 고소는 유효하다. (67도471) [변시 13 · 22]

12. 고발

① **[진범이 아닌 자에 대한 고발도 진범에게 효력이 미침]** 고발인이 농지전용행위를 한 사람을 甲으로 잘못 알고 甲을 피고발인으로 하여 고발하였다고 하더라도 乙이 농지전용행위를 한 이상 乙에 대하여도 고발의 효력이 미침. (94도458)

② **[즉시고발 사유는 심사대상 ×]** 조세범칙사건에 대하여 관계 세무공무원의 즉시고발이 있으면 그로써 소추의 요건은 충족되는 것이고, 법원은 본안에 대하여 심판하면 되는 것이지 즉시고발 사유에 대하여 심사할 수 없다. ➔ 즉시고발권을 세무공무원에게 부여하였음은 고발 사유의 유무에 대한 인정권까지 세무공무원에게 일임한 것으로 보아야 함. (2013도5650)

③ **[불기소 처분 후 새로운 고발 不要]** 세무공무원 등의 고발에 따른 조세범처벌법위반죄 혐의에 대하여 검사가 불기소처분을 하였다가 나중에 공소를 제기하는 경우, 세무공무원 등의 새로운 고발 不要 ➔ 일단 불기소처분이 있었더라도 세무공무원 등이 종전에 한 고발은 여전히 유효 (2009도6614) [변시 14]

☑ 고소 VS 고발

	비친고죄의 고소	친고죄의 고소	일반범죄의 고발	전속고발범죄의 고발
성 질	수사의 단서	수사의 단서 소송조건	수사의 단서	수사의 단서 소송조건
주 체	범죄의 피해자 등 고소권자	범죄의 피해자 등 고소권자	고소권자와 범인 이외의 사람	관계 공무원
기 간	제한 없음	범인을 안 날 로부터 6월	제한 없음	제한 없음
대 리	허용	허용	불허	불허
취소시기	제한 없음	제1심 판결 선고 전까지	제한 없음	제1심 판결 선고 전까지 (예외 있음)
취소의 효과	재고소 금지	재고소 금지	재고발 가능	재고발 가능

13. 자수

자수는 대리가 인정되지 않는다. 다만, 사자(使者)에 의한 자수 의사의 전달은 허용된다.

사례형 쟁점정리

CASE 쟁점 005 　불심검문시 실력행사의 가부 [변시 24]

은평경찰서 불광지구대 소속 경찰관 P1, P2는 2017. 2. 15. '01:00경 자전거를 이용한 핸드백 날치기 사건발생 및 자전거에 대한 검문검색 지령'이 01:14경 무전으로 전파되자, 01:20경 자전거를 타고 검문 장소로 다가오는 甲(男, 39세)이 범인과 인상착의가 비슷하여 P1이 甲에게 정지를 요구한 후 신분증을 제시하고 소속과 성명을 밝히고 검문의 목적을 설명하였다.

甲이 자전거를 멈추지 않은 채 그대로 지나치자 (1) P2가 경찰봉으로 甲의 앞을 가로막고 "검문에 협조해 달라"는 취지로 말하였음에도 甲은 "평상시 한 번도 검문을 받은 바 없다."고 하면서 검문에 불응하고 그대로 전진하였다. (2) P2가 甲을 따라 가서 앞을 막고 검문에 응할 것을 요구하자 甲은 경찰관들이 자신을 범인 취급한다고 느껴 P2의 멱살을 잡아 밀쳐 전치 2주의 상해를 가하고 P1, P2에게 "나이도 어린 놈들이 대위 출신을 몰라보느냐"는 등의 욕설을 하였다.

위 (1), (2) 밑줄 부분과 관련하여 경찰관의 불심검문은 적법한가?

1. 논점

경찰관의 정지 요구에 거동불심자가 불응하거나 질문 도중에 떠나버리는 경우 어느 정도 실력행사를 할 수 있는지가 문제가 된다.

2. 학설

㉠ 불심검문의 실효성 확보를 위하여 강제(체포·구속)에 이르지 않을 정도의 유형력 행사(길을 가로막거나 추적하거나 또는 몸에 손을 대는 정도)는 가능하다는 **제한적 허용설**과 ㉡ 원칙적으로 유형력 행사는 허용되지 않지만, 강도·살인 등 중범죄에 한하여 긴급체포도 가능하지만 신중을 기하기 위하여 예외적으로 허용된다는 **예외적 허용설**의 견해 대립이 있다.

3. 判例 (종합적 판단)

경찰관은 불심검문 대상자에게 질문을 하기 위하여 범행의 경중, 범행과의 관련성, 상황의 긴박성, 혐의의 정도, 질문의 필요성 등에 비추어 목적 달성에 필요한 최소한의 범위 내에서 사회통념상 용인될 수 있는 상당한 방법으로 대상자를 정지시킬 수 있고 질문에 수반하여 흉기의 소지 여부도 조사할 수 있다(대판 : 2014도7976).

4. 검토 및 결론

범행 시간, 불심검문 시간의 근접성, 검문검색의 지령내용을 고려하면 甲은 절도죄를 범하였다고 의심할만한 상당한 이유가 있는 사람(경직법 제3조 제1항 거동불심자)이므로 질문의 필요성이 인정되고, P2가 경찰봉으로 甲의 앞을 가로막거나 甲을 따라가서 앞을 막는 방식으로 정지시킨 것은 불심검문 목적 달성에 있어서 필요 최소한의 범위 내의 상당한 방법이라고 보아야 하므로 위법하다고 할 수 없다(대판 : 2010도6203).

CASE 쟁점 006 | **불심검문시 소지품검사의 한계***

사법경찰관 P는 2015. 12. 24. 20:00경 강도강간치상 사건이 발생하였고, 상황실로부터 범인은 키 180cm의 남자로 검정색 가방을 소지하고 있는 것으로 추정된다는 무전을 받고 발생장소인 관내 중앙공원으로 출동하던 중 공원 후문에서 검정색 가방을 맨 채로 상의 단추가 잠겨있지 않아 속살이 보이고, 바지 지퍼가 열려 있는 키 180cm 정도의 남자 甲을 발견하였다. 근무복을 착용하고 있던 P는 이를 수상히 여겨 자신의 소속과 성명을 밝히고 강도강간치상 사건을 수사하기 위함을 밝히면서 甲의 인적사항을 묻기 시작하였다. P는 甲이 말을 더듬고 당황하자 이상하여 메고 있던 가방을 열어보라고 요청하였고, 불응하자 가방을 빼앗아 그 안을 보았던 바, 여성용 지갑, 피가 묻은 내의가 발견되어 사법경찰관 P는 甲을 긴급체포하였다.

경찰관 P의 甲에 대한 소지품 검사는 적법한가?

1. 논점

경찰관직무집행법 제3조 제3항은 '경찰관은 거동불심자에게 질문을 할 때에 그 사람이 흉기를 가지고 있는지를 조사할 수 있다'라고 하여 '흉기'만 규정하고 있기 때문에 흉기 이외의 기타 소지품 검사도 허용되는지 문제가 된다.

2. 학설

㉠ 불심검문의 안전과 질문의 실효성을 위하여 허용된다는 **긍정설**과 ㉡ 법률에 명문의 규정이 없으므로 허용되지 않는다는 **부정설**의 견해 대립이 있다.

3. 소지품 검사의 한계(긍정설을 전제함)

불심검문의 안전과 질문의 실효성을 위하여 허용된다고 보는 것이 타당하다.

① 소지품 검사는 거동 불심자의 의복이나 휴대품의 외부를 손으로 만져 확인하는 외표검사(stop and frisk)의 방법에 의하여야 한다.

② 소지품의 개시요구에 대하여 거동불심자가 승낙하면 문제가 없으나, 거부를 한 경우에는 다음과 같이 나누어 판단하여야 한다.

　㉠ **흉기** - 흉기를 소지하고 있을 고도의 개연성이 있는 경우에 한하여 폭력을 사용하지 않는 범위 내에서는 가능하다.

ⓒ 기타 소지품 – 기타 소지품을 실력을 행사하여 조사하는 것은 법적 근거가 없는 것이므로 허용되지 않는다.

4. 사안의 해결

소지품 검사가 허용된다고 하더라도 이른바 외표검사(stop and frisk)에 한정되어야 하는바, 사안의 경우는 사법경찰관 P의 소지품 검사는 그 한계를 넘어 사실상 강제로 압수·수색을 한 것이므로 이는 위법하다.

CASE 쟁점 007 **법정대리인의 고소권의 법적성질***★★★

고등학교 학생인 甲(女, 17세)은 2016. 9. 4. 학교 교실에서 A(女, 17세)와 말다툼을 하던 중 A에게 "또라이 년, 얼굴도 못 생긴게 짜증나게 하네, 씨발년" 등이라고 심하게 욕설을 하였다. 화가 난 A는 모욕죄로 甲을 경찰서에 고소하였다가 甲의 어머니 乙의 설득에 의해 2016. 9. 10. 그 고소를 취소하였다. 2016. 10. 10. 이러한 사실을 처음 알게 된 A의 아버지 B는 처음에는 대수롭지 않게 생각하였다가, 甲이 평소 같은 학급 학생들을 너무 괴롭히고 있다는 말을 듣고 버릇을 고쳐줘야 한다는 생각으로 2017. 3. 20. 모욕죄로 甲을 경찰서에 고소하였다.

B의 고소는 적법한가?

1. 논점의 정리

범죄의 피해자인 A가 고소를 취소하여 고소권이 소멸하였음에도 법정대리인인 B의 고소가 적법한지 여부가 문제가 된다.

2. 학설과 판례 [Keyword] 독립대리권설·고유권설

형소법 제225조 제1항은 '피해자의 법정대리인은 독립하여 고소할 수 있다'라고 규정하고 있는데, 여기서 고소권의 법적 성질이 어떠한지가 문제된다.

(1) 학설

ⓐ 법정대리인의 고소권은 법률관계의 불안정을 피하기 위하여 피해자의 고소를 대리하여 행사하는 것에 불과하다는 **독립대리권설**과 ⓑ 법정대리인의 고소권은 법정대리인에게 주어진 고유권이라는 **고유권설**의 견해 대립이 있다.

(2) 判例 [Keyword] 고유권·무능력자 보호

법정대리인의 고소권은 **무능력자의 보호**를 위하여 법정대리인에게 주어진 **고유권**이므로 법정대리인은 피해자의 고소권 소멸 여부에 관계없이 고소할 수 있고 이러한 고소권은 피해자의 명시한 의사에 반하여도 행사할 수 있다(대판 : 99도3784). 또한 법정대리인의 고소기간은 법정대리인 자신이 범인을 알게 된 날로부터 진행한다(대판 : 87도857).

3. 검토 및 결론

법정대리인의 고소권은 무능력자의 보호를 위하여 법정대리인에게 주어진 고유권이라고 보는 것이 타당하다.

사안에서 피해자 A의 고소권이 고소취소로 소멸되었다고 하더라도 법정대리인 B는 자신의 고유한 고소권에 기하여 고소할 수 있다. 또한 B는 A의 고소취소라는 명시한 의사에 반하여도 고소할 수 있으며, B는 자신이 범인을 알게 된 2016. 10. 10.부터 6개월이 경과하기 전인 2017. 3. 20. 고소한 것이므로 고소기간 내의 고소에 해당한다. 따라서 B의 고소는 적법하다.

CASE 쟁점 008 　반의사불벌죄에도 주관적불가분의 원칙이 준용되는지 여부***[변시 16]

> 甲, 乙, 丙은 "웅진여성 기자 피고인 乙과 편집국장 피고인 丙은 르포작가인 피고인 甲으로부터 제공받은 원고와 조작된 일기장을 바탕으로, 웅진여성 2016년 12월호에 '20대 여인 AIDS 복수극'이라는 제목으로 '모델 B는 일본 남자로부터 에이즈에 걸린 것에 대한 보복으로 국회의원 A 등 40명의 남자들과 무차별적으로 성관계를 하였다'는 취지의 허위기사를 게재함으로써 사망한 전 국회의원 A와 모델 B의 명예를 훼손하였다"라는 사자명예훼손죄와 출판물명예훼손죄의 공동정범으로 기소가 되었다. 제1심 판결 선고 전에 피고인들과 합의를 한 A의 처(妻) C는 乙, 丙에 대해서만 고소를 취소하였고 또한 B도 乙, 丙에 대해서만 고소를 취소하였다.
>
> 법원은 甲, 乙, 丙에 대하여 어떠한 조치를 취해야 하는가?

1. 논점

사자명예훼손죄는 친고죄이지만, 출판물명예훼손죄는 친고죄가 아니라 반의사불벌죄이다. 반의사불벌죄에도 고소불가분에 관한 형소법 제233조가 준용될 수 있는지 문제가 된다.

2. 학설

㉠ 친고죄와 반의사불벌죄는 유사한 성질의 범죄로 볼 수 있기 때문에 준용할 수 있다는 **긍정설**과 ㉡ 양 범죄는 취지와 목적이 다르기 때문에 준용할 수 없다는 **부정설**의 견해 대립이 있다.

3. 判例

처벌을 희망하지 아니하는 의사표시나 처벌을 희망하는 의사표시의 철회에 관하여 친고죄와는 달리 공범자 간에 불가분의 원칙을 적용되지 아니한다(대판 : 93도1689). [변시 13 · 15 · 18]

4. 검토 및 결론 | Keyword | 고주불 · 준용규정

친고죄와 반의사불벌죄는 입법취지가 다르고, 반의사불벌죄에는 **고소의 주관적 불가분** 원칙에 관한 **준용규정**을 두고 있지 않은 점[4]을 고려할 때 반의사불벌죄에는 고소불가분에 관한 형사소송법 제233조가 준용될 수 없다고 보는 것이 타당하다.

(1) 사자명예훼손죄 부분

사자명예훼손죄에 관한 C의 고소취소는 乙, 丙은 물론 甲에게도 효력이 미친다(세 233조). 따라서 법원은 甲, 乙, 丙 모두에 대하여 형사소송법 제327조 제5호에 의하여 공소기각판결을 선고하여야 한다.

(2) 출판물명예훼손죄 부분

출판물명예훼손죄에 관한 B의 고소취소(처벌희망 의사표시의 철회)는 乙, 丙에게만 효력이 미칠 뿐, 甲에게는 효력이 미치지 않는다. 따라서 법원은 乙, 丙에 대하여는 형소법 제327조 제6호에 의하여 공소기각판결을 선고하여야 하지만, 甲에 대하여는 유무죄의 실체재판을 하여야 한다.

CASE 쟁점 009 공범에 대한 제1심 판결선고 후의 고소취소 ***

乙, 丙은 甲에 대하여 "씨발 새끼야. 우리들한테 사기를 쳐. 개자식아"라고 욕설을 하였다. 이에 甲은 乙, 丙을 고소하여 수사가 진행되었고, 검사는 해외로 출장을 간 丙을 제외하고, 乙을 먼저 모욕죄로 공소를 제기하였다. 제1심법원은 乙에 대한 재판을 진행하여 乙에게 유죄판결을 선고하였고, 乙은 항소하여 乙의 사건은 항소심에 계속 중이다. 그 후 丙이 해외 출장에서 돌아오자 검사는 丙을 모욕죄로 공소를 제기하여 丙의 사건은 1심에 계속 중이다. 그 후 甲은 乙, 丙과 고소취소에 합의하였고 합의서가 乙의 항소심법원과 丙의 제1심법원에 각각 제출되었다.

법원은 乙, 丙에 대하여 각각 어떠한 조치를 취해야 하는가? (다른 소송조건은 모두 구비된 것으로 간주한다)

1. 논점

고소는 제1심 판결선고 전까지 취소할 수 있으므로, 이미 제1심판결을 선고받은 상태에 있는 乙에 대한 甲의 고소취소는 효력이 없다. 다만, 아직 제1심판결을 선고받기 전의 상태에 있는 丙에 대한 甲의 고소취소가 효력이 있는지 여부가 문제된다.

2. 학설

㉠ 피해자의 의사를 존중하여 고소취소가 허용된다는 **적극설**과 ㉡ 고소의 주관적 불가분의 원칙상 고소취소가 허용되지 않는다는 **소극설**의 견해 대립이 있다.

---

4) 형소법 제232조 제3항이 동조 제1항 및 제2항을 준용하면서 제233조는 준용하지 않는 점을 근거로 한다.

3. 判例 (소극)

친고죄의 공범 중 그 일부에 대하여 제1심판결이 선고된 후에는 제1심판결 선고전의 다른 공범자에 대하여는 그 고소를 취소할 수 없고 그 고소의 취소가 있다 하더라도 그 효력을 발생할 수 없으며, 이러한 법리는 필요적 공범이냐 임의적 공범이냐를 구별함이 없이 모두 적용된다(대판 : 85도1940).

4. 검토 및 결론 Keyword 공범처벌 일관성

고소의 주관적 불가분의 원칙과 **공범처벌의 일관성**을 유지하기 위하여 乙이 이미 제1심판결을 선고받은 이상 甲의 고소취소는 乙에게는 물론 공범자인 丙에게도 효력이 미치지 않는다고 보아야 한다. 항소심 법원과 제1심 법원은 乙, 丙에 대하여 각각 유무죄의 실체재판을 하여야 한다.

CASE 쟁점 010 　항소심에서 반의사불벌죄로 공소장이 변경된 경우 고소취소의 인정 여부*** [변시 18]

> 甲은 포장마차 '즐겨찾기'에서 술을 마시던 중 옆자리 손님 A와 시비가 붙어 그의 복부를 수회 때리는 등의 폭행을 가하였고, 이에 검사는 甲을 상해죄로 기소하였으나 제1심 법원은 무죄판결을 선고하였다. 이후 검사는 항소를 하였고 그 항소심 계속 중 폭행죄로 공소장변경을 하였는 바, 법정에 출석한 A는 "처벌의사가 없음"을 명시하는 진술을 하였다.
>
> 항소심은 甲에 대하여 어떠한 조치를 취해야 하는가?

1. 논점

반의사불벌죄에 있어서 처벌희망 의사표시의 철회는 제1심 판결선고 전까지 할 수 있는데, 항소심에서 비반의사불벌죄에서 비로소 반의사불벌죄로 변경된 경우에는 이를 할 수 있는지 여부가 문제된다. 친고죄의 경우에도 같은 문제가 발생한다.

2. 학설

㉠ 항소심은 실질적으로 제1심으로 보아야 하므로 처벌희망 의사표시의 철회가 허용된다는 **적극설**과 ㉡ 처벌희망 의사표시의 철회 허용시기를 획일적으로 규정한 형사소송법 규정 취지에 비추어 허용되지 않는다는 **소극설**의 대립이 있다.

3. 判例 (소극) Keyword 획일적 / 국가형벌권 행사 · 피해자 의사 · 좌우

(1) 형사소송법이 고소취소의 시한을 **획일적**으로 제1심판결 선고시까지로 한정하고 있으므로, 현실적 심판의 대상이 된 공소사실이 친고죄로 된 당해 심급의 판결 선고시까지 고소인이 고소를 취소할 수 있다는 의미로 볼 수는 없다. 또한 항소심에서 비로소 반의사불벌죄로 공소장이 변경되었다 하더라도 고소취소는 인정되지 않는다(대판 : 96도1922).

(2) 형사소송법 제232조 제1항, 제3항의 취지는 **국가형벌권의 행사가 피해자의 의사**에

의하여 **좌우**되는 현상을 장기간 방치할 것이 아니라 제1심판결 선고 이전까지로 제한하자는데 그 목적이 있다 할 것이므로, 비록 항소심에 이르러 비로소 반의사불벌죄가 아닌 죄에서 반의사불벌죄로 공소장변경이 있었다 하여 항소심인 제2심을 제1심으로 볼 수는 없다(대판 : 85도2518).

4. 검토 및 결론

형사소송법이 **고소취소의 시한을 획일적으로 제1심판결 선고시까지로 한정하고 있으므로,** 항소심에서 비로소 반의사불벌죄로 공소장변경이 이루어졌다고 하더라도 고소취소는 효력이 없다고 보는 것이 타당하다.

사안의 경우 A의 고소취소는 효력이 없으므로 항소심은 다른 소송조건의 흠결이 없는 한 甲에 대하여 유무죄의 실체재판을 하여야 한다.

CASE 쟁점 011 　고소의 포기 인정 여부

甲은 도서의 저작권자인 A와 전자도서(e-book)에 대하여 출판계약 등을 체결하지 않고 전자도서를 제작하여 인터넷서점 등을 통해 판매하였다. A는 이러한 사실을 알게 되었고, 이후 경찰청 인터넷 홈페이지에 '甲을 철저히 조사해 달라'라는 취지의 민원을 접수하였다. 사건을 이첩받은 마포경찰서 소속 사법경찰관 P1은 A에게 전화를 걸어 "甲에 대한 처벌을 원하시면 정식으로 고소를 하십시오"라고 하였고, 이에 A는 "처음에는 홧김에 그랬는데, 지금은 甲에 대한 처벌을 원하지 않습니다"라고 대답을 하였다. 이후 마음이 바뀐 A는 동작경찰서로 찾아가 다시 고소장을 접수하였고, 그 경찰서 소속 사법경찰관 P2는 피의자 甲과 참고인 A를 조사하는 등 수사에 착수를 하였다.

A가 다시 동작경찰서에 제기한 고소는 적법한가?

1. 논점

사안의 경우 P1의 물음에 대하여 A가 "甲에 대한 처벌을 원하지 않습니다"라고 대답을 하였는데, 이는 일응 고소의 포기로 볼 수 있다. 고소의 포기 허용 여부에 관하여 형사소송법에 명문의 규정이 없어서, 이것이 허용되는지 여부가 문제가 된다.

2. 학설

　㉠ **긍정설**

　　고소의 취소를 인정하는 이상 고소의 포기도 인정되어야 하며, 고소의 포기를 인정하여도 폐단이 생기지 않는다는 점 등을 근거로 이를 인정하는 견해이다.

　㉡ **부정설**

　　고소의 포기에 관한 명문의 규정도 없고, 고소를 포기시키기 위한 각종 폐단이 생길 수 있다는 점을 근거로 이를 부정하는 견해이다.

3. 判例 (부정)

① 친고죄에 있어서 피해자의 <u>고소권은 공법상의 권리</u>라고 할 것이므로 법이 특히 명문으로 인정하는 경우를 제외하고는 <u>자유처분을 할 수 없고</u>, 일단 한 고소는 취소할 수 있으나 <u>고소전에 고소권을 포기할 수 없다</u>(대판 : 67도471). [변시 13 · 22]

② 피해자가 고소장을 제출하여 처벌을 희망하는 의사를 분명히 표시한 후 고소를 취소한 바 없다면 비록 <u>고소전에 피해자가 처벌을 원치 않았다</u> 하더라도 그 후에 한 <u>피해자의 고소는 유효하다</u>(대판 : 2007도4977).

4. 검토 및 결론

친고죄에 있어서의 피해자의 고소권은 공법상의 권리라고 할 것이므로 법이 특히 명문으로 인정하는 경우를 제외하고는 자유처분(고소의 포기)을 할 수 없다고 보는 것이 타당하다. 사안의 경우 A가 다시 제기한 고소는 적법하다.

실전연습 001

(1) 고등학생인 甲(女, 17세)과 乙(女, 17세)은 2016. 9. 4. 등굣길에서 후배가 인사를 하지 않는다는 이유로 공동하여 중학생인 A(女, 15세)와 B(女, 15세)에게 "또라이 년들, 얼굴도 못생긴게 짜증나게 하네, 망할 년들"이라고 심하게 모욕을 하였다. 화가 난 A는 모욕죄로 甲을 경찰에 고소하였다가 뒷감당이 두려워 2016. 9. 10. 그 고소를 취소하였다. A의 아버지 C는 A가 甲과 乙에게 모욕당한 사실을 2016. 10. 10. 알게 되었으나 대수롭지 않게 생각하였다가, 특히 甲은 평소에도 후배들을 이유없이 괴롭힌다는 말을 듣고 이번 기회에 甲의 버릇을 고쳐줘야 한다는 생각으로 A의 반대에도 불구하고 2017. 3. 20. 甲을 A에 대한 모욕죄로 경찰에 고소하였다. 한편 B는 甲, 乙 누구에 대하여도 고소를 하지 않았다.

(2) 그 후 甲은 C를 만나 자신을 고소했다는 이유로 C에게 폭력을 가하였다. 검사는 甲이 C의 뺨을 때려 안면부에 전치 2주의 상해를 입혔다는 폭행치상죄의 공소사실로 기소하여 제1심에서 유죄가 선고되었고 甲의 항소로 항소심이 계속 중 C는 '당사자간에 원만히 합의되어 甲에게 어떠한 민 · 형사상 책임도 원하지 않는다'는 취지의 합의서를 법원에 제출하였다.

1. 사례 (1)에서 C의 고소의 적법성 및 C의 고소를 A가 취소할 수 있는지를 검토하시오. (15점)

2. 사례 (1)에서 C가 甲을 A에 대한 모욕죄로 고소한 효력이 乙의 A에 대한 모욕죄 및 甲과 乙의 B에 대한 모욕죄에도 미치는가? (15점)

3. 사례 (1)에서 만일 B가 甲과 乙이 사과하자 고소를 포기하기로 합의하였으나 그 후 마음을 바꾸어 고소기간이 도과하기 전에 다시 甲과 乙을 고소하였다면 이러한 고소는 유효한가? (10점)

4. 사례 (2)에서 항소심이 상해의 점이 인정되지 않는다고 판단하여 입증된 폭행사실에 대하여만 직권으로 폭행죄로 유죄판결을 선고할 수 있는가? (30점)

[설문 1]

1. 논점

형소법 제225조 제1항은 "피해자의 법정대리인은 독립하여 고소할 수 있다."고 규정하여 법정대리인에게 고소권을 인정하고 있다. 설문의 해결을 위해서는 법정대리인의 고소권의 법적성질 및 내용이 어떠한지, 고소기간의 기산점은 어떠한지가 문제된다.

2. 법정대리인의 고소권의 법적 성질

① 피해자의 고소권은 일신전속적인 것이며, 법률관계의 불안정을 피하기 위하여 독립대리권으로 보는 견해가 있다(**독립 대리권설**). 이 견해에 의하면 피해자의 고소권이 소멸되면 법정대리인의 고소권도 소멸되며, 피해자 본인은 법정대리인이 한 고소를 취소할 수 있다.[5]

그러나 ② 법정대리인의 고소권은 **피해자인 무능력자의 보호를 위하여 법정대리인에게 주어진 고유권**이라고 보는 것(고유권설)이 타당하다.

③ 判例도 또한 법정대리인의 고소권은 고유권이라고 판시한 바 있다(대판 : 99도3784).

3. 법정대리인의 고소권의 내용

법정대리인의 고소권은 고유권이므로 법정대리인은 피해자의 고소권 소멸 여부에 관계없이 고소할 수 있고, 이러한 고소권은 피해자의 명시한 의사에 반하여도 행사할 수 있으며(대판 : 99도3784), 그 고소기간은 법정대리인 자신이 범인을 알게 된 날로부터 진행한다(대판 : 87도857). 또한 피해자 본인은 법정대리인이 한 고소를 취소할 수 없다.

4. 사안의 해결

(1) C의 고소의 적법성

사안에서 법정대리인인 C의 고소권은 고유권이므로 C는 모욕죄의 피해자인 A가 고소를 취소하여 A의 고소권이 소멸한 후에도 고소할 수 있고, 또한 피해자인 A의

---

5) 본 문장은 생략해도 무방하나 유익적 기재사항에 해당한다.

반대, 즉 명시한 의사에 반하여도 행사할 수 있다. 또한 C 자신이 범인을 알게 된 날로부터 6월이 경과하기 전에 고소한 것이므로 제230조 제1항의 고소기간 내의 고소에 해당한다. 따라서 C의 고소는 적법하다.

(2) C의 고소를 A가 취소할 수 있는지 여부

사안에서 법정대리인인 C의 고소권은 고유권이므로 피해자인 A가 법정대리인인 C의 고소를 취소할 수 없다.

[설문 2]

1. 논점

甲과 乙은 1개의 모욕행위로 A와 B에 대하여 친고죄인 모욕죄를 범한 과형상 일죄의 공범에 해당한다. C가 甲을 A에 대한 모욕죄로 고소한 효력이, ① 乙의 A에 대한 모욕죄에도 미치는가는 고소의 주관적 불가분의 원칙이 적용될 것인지의 문제이고, ② 甲과 乙의 B에 대한 모욕죄에도 미치는가는 고소의 객관적 불가분의 원칙이 인정되는지와 인정된다면 그 요건은 어떠한지가 문제된다.

2. 고소의 주관적 불가분의 원칙

(1) 적용범위

형사소송법 제233조는 "친고죄의 공범 중 그 1인 또는 수인에 대한 고소 또는 그 취소는 다른 공범자에 대하여도 효력이 있다."고 규정하여 고소의 주관적 불가분의 원칙을 명문으로 인정하고 있다. 상대적 친고죄의 경우에는 신분관계가 있는 자 사이에 대하여만 동 원칙이 적용되며, **절대적 친고죄의 경우 예외없이 동 원칙이 적용된다.**

(2) 사안의 해결

모욕죄는 절대적 친고죄이므로 C가 甲을 A에 대한 모욕죄로 고소한 효력은 공범인 乙의 A에 대한 모욕죄에도 미친다.

3. 고소의 객관적 불가분의 원칙

(1) 의의와 인정여부

고소의 객관적 불가분의 원칙이란 "일죄의 관계에 있는 범죄사실 일부에 대한 고소나 그 취소는 일죄 전부에 대하여 미친다."는 원칙을 말한다. 동원칙에 대한 명문의 규정은 없으나 '하나의 사건은 소송법적으로 나눌 수 없다'라는 이론상 당연히 인정되며, 判例도 명시적으로 인정한 바 있다(대판 : 2011도4451).

(2) 과형상 일죄의 경우 적용요건

과형상 일죄의 각 부분이 ⅰ) 모두 친고죄이고 ⅱ) 피해자가 동일한 경우에만 동 원칙이 적용될 수 있다. 따라서 과형상 일죄의 각 부분이 모두 친고죄인 경우라도 피해자가 다른 경우에는 동 원칙이 적용될 수 없다.

(3) 사안의 해결

　　사안의 경우 甲과 乙은 과형상 일죄의 각 부분이 모두 친고죄인 모욕죄를 범한 경우이지만 피해자가 A와 B로 서로 다른 경우이므로 동원칙이 적용될 수 없다.

　　따라서 C가 甲을 A에 대한 모욕죄로 고소한 효력은 甲과 乙의 B에 대한 모욕죄에는 미치지 아니한다.

[설문 3]

1. 논점

　　친고죄의 피해자로서 고소권자인 B가 고소기간 내에 고소권을 포기하였는바 형사소송법에는 이에 대한 명문 규정이 없어 허용될 수 있는지 문제된다.

2. 고소권의 포기의 인정여부　[Keyword] 공법상 권리

　　① 고소의 취소를 인정하는 이상 고소의 포기도 인정되어야 하며, 고소의 포기를 인정하여도 폐단이 생기지 않으므로 고소권의 포기를 인정하는 견해가 있다(긍정설).

　　그러나 ② 고소의 포기에 관한 **명문의 규정이 없고**, 고소의 포기를 **인정하면 고소를 포기시키기 위한 각종 폐단이 생길 수 있으므로** 고소권의 포기는 인정할 수 없다고 보는 것(부정설)이 타당하다.

　　③ 判例도 친고죄에 있어서의 피해자의 **고소권은 공법상의 권리이므로** 법이 특히 명문으로 인정하는 경우를 제외하고는 자유처분을 할 수 없고 따라서 고소전에 고소권을 포기할 수 없다고 판시한 바 있다(대판 : 67도471).

3. 사안의 해결

　　사안에서 고소권자인 B가 고소 전에 고소를 포기하기로 합의하였으나 이러한 고소권의 포기는 인정될 수 없으므로, B가 고소기간이 도과하기 전에 다시 甲과 乙을 고소한 이상 이러한 고소는 유효하다.

[설문 4]

1. 논점

　　① 법원이 공소장변경 없이 직권으로 반의사불벌죄가 아닌 폭행치상죄를 반의사불벌죄인 폭행죄로 인정할 수 있는지 문제된다.

　　② 항소심에서 법원 직권에 의하여 비반의사불벌죄를 반의사불벌죄로 인정한 경우, 항소심에서의 처벌불원의 의사표시가 효력이 있는지 문제된다.

2. 법원이 공소장변경 없이 반의사불벌죄인 폭행죄로 인정할 수 있는지 여부

(1) 공소장변경 없이 다른 범죄사실을 인정하기 위한 요건

　　공소장에 기재된 공소사실과 법원이 인정하는 범죄사실이 상이한 경우, 공소사실의 동일성이 인정된다고 하더라도 법원은 원칙적으로 공소장변경절차(제298조)를 거쳐

피고인에게 방어의 기회를 충분히 부여한 다음에 이를 인정하여야 한다.

다만, 예외적으로 **피고인의 방어권 행사에 실질적인 불이익을 초래할 염려가 없는 경우에 한하여** 실체적 진실 발견을 위하여 공소장변경 절차를 거치지 아니하고도 다른 범죄사실을 인정할 수 있는 것으로 보아야 한다(대판 : 96도1922).

(2) 사안의 경우

폭행죄는 공소사실인 폭행치상죄와 동일성이 인정되고, 폭행치상의 공소사실 중에는 폭행의 공소사실도 포함되어 있으므로 폭행치상의 공소사실에 대한 피고인의 방어행위는 동시에 폭행의 공소사실에 대한 방어행위를 겸하고 있다고 보아야 한다. 또한 피고인으로서는 그 방어행위의 일환으로 자신의 행위로 인하여 피해자에게 폭행치상죄에서의 상해를 입힌 사실이 없다는 주장을 하고, **법원이 그와 같은 주장을 받아들여 피고인의 행위를 폭행죄로 처벌하는 경우까지도 대비하여 폭행죄에 관한 고소인의 고소취소의 원용 등 일체의 방어행위를 할 수 있으므로**, 공소장변경절차를 거치지 아니하고 폭행치상의 공소사실에 대하여 폭행죄를 인정 · 처벌하였다고 하더라도, 그로 인하여 피고인에게 폭행죄에 관한 방어권 행사에 어떠한 불이익을 주었다고 할 수 없다(대법원 다수견해).[6]

(3) 소결

항소심은 공소장변경 없이 직권으로 폭행죄에 대하여 유죄판결을 할 수 있다. 다만, 폭행죄는 반의사불벌죄이므로 소추조건이 구비되어 있음이 전제되어야 한다.

3. 항소심에서 법원 직권에 의하여 비반의사불벌죄를 반의사불벌죄로 인정한 경우, 항소심에서의 처벌불원의 의사표시가 효력이 있는지 여부

(1) 반의사불벌죄에서 처벌희망의사표시의 철회시기

피해자의 명시한 의사에 반하여 죄를 논할 수 없는 사건에서 처벌을 희망하는 의사표시는 **제1심판결 선고 전까지 철회**할 수 있다(제232조 제3항 · 제1항).

다만 사안의 경우와 같이 항소심에서 법원 직권에 의하여 비반의사불벌죄를 반의사불벌죄로 인정한 경우에 대하여는 ① 소송조건의 구비 여부는 현실적 심판대상이 된 공소사실을 기준으로 판단하여야 하므로, **제232조 제1항은 반의사불벌죄가 현실적 심판대상이 된 것을 전제로 한다고 보아**, 제1심에서 반의사불벌죄의 범죄사실은 현실적 심판대상이 되지 아니하였으므로 그 판결을 반의사불벌죄에 대한 제1심판결로 볼 수는 없고, 따라서 반의사불벌죄에 대한 제1심판결은 없었다고 할

---

6) 다만, 대법원 소수견해는 폭행치상죄로 공소가 제기된 경우 공소장변경절차를 거치지 아니하고 반의사불벌죄인 폭행죄를 인정하는 것은 피고인에게 미처 예기치 못한 불의의 타격을 가하여 방어권행사에 실질적 불이익을 줄 우려가 있고, 한편 이 경우에 검사가 폭행의 범죄사실을 예비적으로 기재하거나 소송의 추이에 따라 공소장변경절차를 거친다고 하여 다수의견이 염려하는 실체적 진실의 신속한 발견에 특별히 지장을 주는 것도 아니라는 입장이다(실제사건은 강제추행치상죄 공소사실에 대하여 강제추행죄를 인정할 수 있는지가 문제된 사건이었다. 위 본문은 판례의 법리를 원용하여 설명한 것이다).

것이므로 항소심에서도 고소를 취소할 수 있는 것으로 보아야 한다는 견해가 있다 (대법원 소수견해).

그러나 ② 제232조 제1항은 국가형벌권의 행사가 피해자의 의사에 의하여 좌우되는 현상을 장기간 방치하지 않으려는 목적에서 고소취소의 시한을 획일적으로 제1심판결 선고 시까지로 한정한 것이고, 항소심을 제1심이라 할 수는 없는 것이므로, 항소심에서 처벌불원의 의사표시를 하였더라도 효력은 없다고 보는 것(대법원 다수견해)이 타당하다.

(2) 소결

항소심이 계속 중 C가 '당사자간에 원만히 합의되어 甲에게 어떠한 민·형사상 책임도 원하지 않는다'는 취지의 합의서를 법원에 제출한 것은 처벌불원의 의사표시에 해당하지만 제232조 제1항에 위반되어 효력이 인정되지 않는다.

4. 사안의 해결

처벌불원의 의사표시가 담긴 합의서가 항소심 즉 제1심판결 후에 제출되었으므로 효력이 없다. 따라서 항소심은 공소장변경 없이 직권으로 폭행죄에 대하여 유죄판결을 할 수 있다.

실전연습 002

乙, 丙은 주차문제로 甲과 시비 끝에 甲에게 "망할놈의 새끼, 개자식아"라고 욕설을 하였다. 이에 甲은 乙, 丙을 모욕죄로 고소하였고, 검사는 해외로 출장을 간 丙을 제외하고 우선 乙을 모욕죄로 공소를 제기하였다. 乙은 1심에서 2016. 9. 26. 벌금 100만 원을 선고받고 항소를 포기하여 형이 확정되었다. 이후 丙이 해외 출장에서 돌아오자 검사는 2016. 11. 26. 丙을 모욕죄로 공소를 제기하였다. 법원은 丙에 대한 공판심리 중에 甲이 2016. 10. 26. 丙에 대한 고소를 취소하였음을 확인하였다.

1. 법원은 丙에 대하여 공소기각판결을 하여야 하는가? (다른 소송조건은 구비되었음을 전제함) (10점)

2. 위 사례를 변경하여 "甲이 乙과 丙을 고소하기 전에 사법경찰관 P가 수사를 진행하여 피의자신문조서 등을 작성하여 사건을 검찰에 송치하였고 검사는 乙과 丙의 모욕죄의 혐의가 인정된다고 보아 공소를 제기한 후 공판계속 중에 甲으로부터 고소장을 받아 법원에 제출하였다"라는 사실관계가 인정된다고 전제하고, P의 수사의 적법성과 법원이 乙과 丙에 대하여 어떠한 판결을 하여야 하는지를 검토하시오. (20점)

[설문 1]

1. 논점

친고죄의 공범중 일부에 대한 제1심판결선고 후, 제1심판결선고 전의 다른 공범자에 대한 고소취소가 가능한지 문제된다.

2. 고소취소의 가능성 여부

① 친고죄의 공범중 일부에 대한 제1심판결선고 후일지도, 피해자의 의사를 존중하여 제1심판결선고 전의 다른 공범자에 대한 고소취소가 가능하다는 견해가 있다(적극설). 그러나 ② 고소의 주관적 불가분의 원칙을 규정한 형사소송법 제233조 의 취지와 **공범처벌의 일관성을 위하여,** 친고죄의 공범중 일부에 대한 제1심판결선고 후에는 제1심판결선고 전의 다른 공범자에 대하여는 고소취소를 할 수 없다고 보는 것(소극설)이 타당하다.

③ 判例도 형소법 제233조는 '친고죄의 공범중 그 1인 또는 수인에 대한 고소 또는 그 취소는 다른 공범자에 대하여도 효력이 있다.'라고 하고 동법 제232조 제1항은 '고소는 제1심판결선고 전까지 취소할 수 있다.'라고 규정하고 있으므로, 친고죄의 공범 중 그 일부에 대하여 제1심판결이 선고된 후에는 제1심판결선고 전의 다른 공범자에 대하여는 그 고소를 취소할 수 없고 그 고소의 취소가 있다 하더라도 그 효력을 발생할 수 없다고 판시한 바 있다(대판 : 85도1940).

3. 사안의 해결

친고죄의 공범 중 1인인 乙에 대한 제1심판결선고 후에는 제1심판결선고 전의 다른 공범자인 丙에 대하여 고소취소를 할 수 없으므로, 사안에서와 같이 甲의 고소취소가 있었다고 하더라도 효력이 발생할 수 없다. 따라서 법원은 丙에 대하여는 공소기각판결을 할 수 없고 실체재판을 하여야 한다.

[설문 2]

1. 논점

① 친고죄의 경우 고소가 없으면 공소제기가 부적법하게 된다. 여기서 친고죄에 대하여 고소가 있기 전에 수사를 할 수 있는지 문제된다.

② 친고죄에서 고소가 없음에도 검사가 공소를 제기한 후에 비로소 고소의 요건을 구비한 경우에 공소제기가 적법한지 즉 고소의 추완이 허용될 것인지 문제된다.

2. 친고죄에 대한 고소전 수사의 적법성

(1) 견해의 대립

① 친고죄의 고소는 소송조건에 불과하고 수사의 조건은 아니므로 고소가 없는 경우에도 임의수사는 물론 강제수사도 허용된다는 견해(전면적 허용설)와 ② 친고죄의 경우 고소가 없는 경우에는 공소제기가 부적법하므로 강제수사는 물론 임의수사도 허용되지 않는다는 견해(전면적 부정설)가 있다. 그러나 ③ **친고죄의 고소는 소추조건에 불과하고 당해 범죄의 성립요건이나 수사의 조건은 아니므로** 친고죄에 관하여 고소가 있기 전에 수사를 하였더라도, **수사가 장차 고소의 가능성이 없는 상태하에서 행해졌다는 등의 특단의 사정이 없는 한 고소가 있기 전의 수사가 위법하게 되는 것은 아니라고** 보는 것이 타당하다(대판 : 2008도7724).

(2) 사안의 해결

사법경찰관 P는 甲이 乙과 丙을 고소하기 전에 수사를 진행하였지만 사안의 경우 甲의 고소 가능성이 없는 상태라고 볼 특단의 사정이 없었으므로 – 실제로도 甲은 고소장을 제출한 바 있다 – P의 수사는 적법하다.

3. 고소의 추완의 허용여부 Keyword 형식적·확실성·중시·소송행위

(1) 견해의 대립

① 피고사건이 친고죄인지 여부는 공소제기시에 판명되는 것이 아니라 공판절차 진행과정에서 판명되는 경우가 적지 않고, 추완을 부정하여 일단 공소기각판결을 선고하고 이후 다시 공소를 제기하게 하는 것은 소송경제에 반하므로 고소의 추완을 인정해야 한다는 견해(적극설)가 있다. 그러나 ② 친고죄에 있어서 고소 없는 공소제기는 무효이고, **공소제기는 형식적 확실성이 중시되는 소송행위이므로** 고소의 추완을 인정할 수 없다고 보는 것(소극설)이 타당하다.

③ 判例도 친고죄로서 피해자의 고소가 있어야 죄를 논할 수 있고 기소 이후의 고소의 추완은 허용되지 아니한다고 판시한 바 있다(대판 : 82도1504).

(2) 사안의 해결

사안에서 검사는 친고죄인 모욕죄에 대하여 고소가 없음에도 공소를 제기하였는바 이는 공소제기의 절차가 법률의 규정에 위반하여 무효인 때에 해당하고(제327조 제2호), 공소제기 후의 고소의 추완은 인정되지 않으므로 결국 법원은 乙과 丙에 대하여 공소기각판결을 하여야 한다.

임의수사

선택형 핵심지문

1. 영장주의에 위배되지 않는 경우

수출입 물품 통관검사 절차에서 이루어지는 물품의 개봉, 시료채취, 성분분석 등의 검사는 수출입 물품에 대한 적정한 통관을 목적으로 하는 것으로서 수사기관의 강제처분이라고 할 수 없으므로, 세관공무원은 압수·수색영장 없이 이러한 검사를 진행할 수 있다. (2013도7718) [변시 15·19·24]

> **비교판례** [영장주의 위반] 피고인이 국제항공 특송화물 속에 필로폰을 숨겨 수입할 것이라는 정보를 입수한 검사가, 이른바 통제배달(controlled delivery, 적발한 금제품을 감시하에 배송함으로써 거래자를 밝혀 검거하는 수사기법)을 하기 위해 세관공무원의 협조를 받아 특송화물을 통관절차를 거치지 않고 가져와 개봉하여 그 속의 필로폰을 취득한 경우 → 구체적인 범죄사실에 대한 증거 수집을 목적으로 한 압수·수색이므로 사전 또는 사후에 영장을 받지 않았다면 압수물 등의 증거능력이 부정됨. (2014도8719)

2. 임의동행의 적법성 인정요건

오로지 피의자의 **자발적인 의사**에 의한 동행임이 명백하게 입증된 경우에 한한다. (2005도6810) [변시 19]

3. 영장 없는 보호실유치가 적법한지 여부

[위법] 경찰관직무집행법상 정신착란자, 주취자, 자살기도자 등 응급의 구호를 요하는 자를 24시간을 초과하지 아니하는 범위 내에서 경찰관서에 보호조치할 수 있는 시설로 제한적으로 운영되는 경우를 제외하고는 구속영장을 발부받음이 없이 피의자를 보호실에 유치함은 영장주의에 위배되는 위법한 구금에 해당함. (94다37226)

4. 교도소 입소자인 마약류사범의 소변제출

[강제수사 × → 영장주의 적용 ×] 마약류 사범에게 소변을 받아 제출하도록 한 것은 교도소의 안전과 질서유지를 위한 것으로 수사에 필요한 처분이 아닐 뿐만 아니라 검사대상자들의 협력이 필수적이어서 강제처분이라고 할 수도 없어 영장주의의 원칙이 적용되지 않는다. (2005헌마277)

5. 영장 없는 사진촬영 (CCTV 촬영)의 적법성 요건

ⅰ) 현재 범행이 행하여지고 있거나 행하여진 직후이고, ⅱ) 증거보전의 필요성 및 긴급성이 있으며, ⅲ) 일반적으로 허용되는 상당한 방법으로 촬영한 경우라면 촬영이 영장 없이 이루어졌다 하여 이를 위법하다고 단정할 수 없다. (99도2317)

> **예** 무인장비에 의한 제한속도 위반차량 단속은 수사활동의 일환으로서 도로에서의 위험을 방지하고 교통의 안전

과 원활한 소통을 확보하기 위하여 도로교통법령에 따라 정해진 제한속도를 위반하여 차량을 주행하는 범죄가 현재 행하여지고 있고, 범죄의 성질·태양으로 보아 긴급하게 증거보전을 할 필요가 있는 상태에서 일반적으로 허용되는 한도를 넘지 않는 상당한 방법에 의한 것이므로, 운전 차량의 차량번호 등을 촬영한 사진을 두고 위법하게 수집된 증거로서 증거능력이 없다고 말할 수 없다. (98도3329)

6. **수사기관이 범죄를 수사하면서 현재 범행이 행하여지고 있거나 행하여진 직후이고, 증거보전의 필요성 및 긴급성이 있으며 일반적으로 허용되는 상당한 방법으로 촬영한 경우, 촬영이 영장없이 이루어졌다고 하여 이를 위법하다고 할 수 없다.

> **관련판례** 1. 경찰관들이 피고인들에 대한 범죄의 혐의가 포착된 상태에서 이 사건 나이트클럽 내에서의 음란행위 영업에 관한 증거를 보전하기 위한 필요에 의하여, 불특정 다수에게 공개된 장소인 이 사건 나이트클럽에 통상적인 방법으로 출입하여 손님들에게 공개된 모습을 촬영한 것이다. 따라서 영장 없이 촬영이 이루어졌다 하여 이를 위법하다고 할 수 없다. (2018도8161)
> 2. 특별사법경찰관이 범죄혐의가 포착된 상태에서 이 사건 공소사실 범행에 관한 증거를 보전하기 위한 필요에 의하여, 공개된 장소인 이 사건 음식점에 통상적인 방법으로 출입하여 이 사건 음식점 내에 있는 사람이라면 누구나 볼 수 있었던 손님들의 춤추는 모습을 촬영한 것이다. 따라서 이 사건 특별사법경찰관이 영장 없이 범행현장을 촬영하였다고 하여 이를 위법하다고 할 수 없다. (2021도10763)

7. 구속된 피의자가 피의자신문을 위한 수사기관의 출석 요구에 응하지 아니하면서 출석을 거부하는 경우 (구속영장효력설)
   [수사기관이 그 구속영장에 의하여 피의자를 조사실로 구인 可] 수사기관이 구속영장에 의하여 피의자를 구속하는 것은 구속기간의 범위 내에서 수사기관이 피의자신문의 방식으로 구속된 피의자를 조사하는 등 적정한 방법으로 범죄를 수사하는 것도 예정하고 있다고 보아야 함. (2013모160) [변시 13·15·16·19]

8. 피의자신문
   ① [진술거부권 불고지 ➡ 위법수집증거 O] 피의자에게 진술거부권을 고지하지 아니하고 얻은 진술은 위법하게 수집된 증거로서 진술의 임의성이 인정되는 경우라도 증거능력이 부정된다. (2008도8213) [변시 12·14·15·16·23·24]
   ② [제244조의3 제2항에 규정한 방식에 위반하여 작성된 피의자신문조서] 진술거부권 행사 여부에 대한 피의자의 답변이 자필로 기재되어 있지 아니하거나 그 답변 부분에 피의자의 기명날인 또는 서명이 되어 있지 아니한 사법경찰관 작성의 피의자신문조서는 특별한 사정이 없는 한, 형사소송법 제312조 제3항에서 정한 '적법한 절차와 방식에 따라 작성'된 조서라 할 수 없으므로 증거능력을 인정할 수 없다. (2010도3359) [변시 14]
   ③ 불구속 피의자가 피의자신문 시 조언과 상담을 구하기 위하여 자신의 변호인을 대동하기를 원한다면, 수사기관은 특별한 사정이 없는 한, 거부할 수 없다. (2000헌마138)

④ 피의자신문시 변호인참여의 제한 요건 [방·수·누설]

   ⅰ) '정당한 사유'라 함은 변호인이 피의자신문을 **방**해하거나 **수**사기밀을 **누설**할 염려가 있음이 객관적으로 명백한 경우 등을 말한다.

   ⅱ) 변호인에 대하여 피의자로부터 떨어진 곳으로 옮겨 앉으라고 지시를 한 다음 이러한 지시에 따르지 않았음을 이유로 변호인의 피의자신문 참여권을 제한하는 것은 허용될 수 없음.

   ⅲ) 검찰수사관이 피의자신문에 참여한 변호인에게 피의자 후방에 앉으라고 요구한 경우 이는 변호인의 자유로운 피의자신문참여를 제한하는 것으로써 헌법상 기본권인 변호인의 변호권을 침해한다. (2016헌마503)

   ⅳ) [Case]***[교도관에게 수갑 해제를 요청하지 않은 검사에게 변호인이 이의제기 ➡ 변호인을 조사실에서 퇴거 조치 ➡ 변호인의 피의자신문 참여권 제한에 해당]

     [1] 검사는 조사실에서 피의자를 신문할 때 해당 피의자에게 보호장비 착용을 강제해야할 특별한 사정이 없는 이상 교도관에게 보호장비의 해제를 요청할 의무가 있고, 교도관은 이에 응하여야 한다. 따라서 검사 또는 사법경찰관이 구금된 피의자를 신문할 때 피의자 또는 변호인으로부터 보호장비를 해제해 달라는 요구를 받고도 거부한 조치는 형소법 제417조의 '구금에 관한 처분'에 해당한다.

     [2] 검사 또는 사법경찰관이 특별한 사정 없이 변호인이 피의자신문 중에 부당한 신문방법(피의자 또는 변호인으로부터 피의자에 대한 수갑 해제를 요청받았음에도, 교도관에게 수갑 해제를 요청하지 않은 검사)에 대하여 이의제기를 하였다는 이유만으로 변호인을 조사실에서 퇴거시킨 조치는 정당한 사유 없이 변호인의 피의자신문 참여권을 제한하는 것으로 허용될 수 없다. (2015모2357)

⑤ 수사기관이 정당한 사유 없이 변호인을 참여하게 하지 아니한 채 피의자를 신문하여 작성한 피의자신문조서의 증거능력

[증거능력 부정] 형소법 제312조에 정한 '적법한 절차와 방식'에 위반된 증거일 뿐만 아니라 제308조의2에서 정한 '적법한 절차에 따르지 아니하고 수집한 증거'에 해당하므로 이를 증거로 할 수 없다. (2010도3359) [변시 17]

⑥ [이의제기 ➡ 언제나, 의견진술 ➡ 신문 후] 신문에 참여한 변호인은 신문 후 의견을 진술할 수 있다. 다만, 신문 중이라도 부당한 신문 방법에 대하여 이의를 제기할 수 있고, 검사 또는 사법경찰관의 승인을 얻어 의견을 진술할 수 있다(제243조의2 제1항). (2015모2357) [변시 15]

⑦ [수사기관의 참여권 제한 ➡ 준항고] 검사나 사법경찰관이 변호인의 참여를 제한하거나 퇴거시킨 처분에 대해서 피의자나 변호인은 준항고를 통해 그 처분의 취소 또는 변경을 청구 可(제417조). [변시 15]

⑧ 피의자신문 시 동석한 신뢰관계자의 진술

   ⅰ) [피의자 대신 진술 불가] 피의자신문 시 동석한 신뢰관계자로 하여금 피의자를 대신하여 진술하게 할 수 없음. (2009도1322)

ii) [**피의자 대신 진술한 부분의 증거능력 →** 제312조 제4항] 피의자를 대신하여 동석자가 진술한 부분이 기재된 검사 작성 피의자신문조서는 실질이 검사 작성 '참고인진술조서'로서 제312조 제4항의 요건을 구비하여야 함. (2009도1322)

⑨ [**피의자 진술시 →** 고지만 / **참고인 진술시 →** 必 동의 받아야] 피의자의 진술은 영상녹화할 수 있다. 이 경우 미리 영상녹화 사실을 알려주어야 함(제244조의2 제1항). → 피의자나 변호인의 동의가 필요한 것은 아님(제221조 제1항).

9. 참고인조사

① 참고인조사는 피의자신문과 달리 검찰청 수사관, 서기관 또는 사법경찰관리의 참여 없이 할 수 있다.

② [**참고인 →** 진술거부권 고지 대상 ×] 참고인조사는 타인의 범죄에 대한 것이므로 참고인에 대해서는 피의자신문과 달리 진술거부권을 고지할 필요는 없다. 그러나 참고인도 진술거부권을 행사할 수 있음은 물론이다.

③ 수사(조사)과정을 기록하지 않는 경우 진술서는 '적법한 절차와 방식'에 따라 수사과정에서 진술서가 작성되었다 할 수 없으므로 그 증거능력을 인정할 수 없다. (2013도3790) [변시 16 · 17 · 18]

④ [**참고인 진술시 →** 必 동의 받아야] 참고인의 진술은 피의자의 경우와는 달리 참고인의 동의를 얻어야만 영상녹화를 할 수 있다(제221조 제1항).

☑ 피의자(신문) vs 참고인(조사)

	피의자(신문)	참고인(조사)
공통점	① 임의수사 ③ 출석요구의 방식 ⑤ 허위의 진술시 위증죄 불성립	② 수사기관에서의 진술 ④ 조서 작성의 방식
출석요구 불응시 조치	수사기관은 체포영장에 의하여 체포할 수 있음	검사는 판사에게 증인신문을 청구할 수 있음
진술거부권 고지	필요	불요
변호인 등 참여	인정	규정 없음
신뢰관계자 동석 규정	양자 모두 규정 있으나 구체적 사유는 차이 있음	
진술의 영상녹화	동의불필요 피의자에게 미리 알리고 영상녹화할 수 있음	동의필요 참고인의 동의를 받고 영상녹화할 수 있음

CASE 쟁점 012   임의수사로써 임의동행의 허용여부*** [변시 19]

화천경찰서 소속 P1 등 4명의 경찰관들은 2017. 5. 3. 절도죄의 피의자 甲을 연행하기 위하여 그의 집 부근에서 약 10시간 동안 잠복근무를 한 끝에 다음날 새벽 06:00경 집으로 귀가하는 甲을 발견하고 한꺼번에 차에서 내려 피의사실을 완강히 부인하는 甲을 화천경찰서 형사계 사무실로 데리고 왔다. 이후 경찰관 P2는 甲과 다른 피의자 乙을 대질신문하였고, 이에 따라 절도 혐의가 상당히 밝혀지고 甲이 도망할 우려가 있다고 판단하여 2017. 5. 4. 12:00경 범죄사실의 요지, 긴급체포의 이유와 변호인선임권 등을 고지하면서 甲을 긴급체포하였다.

甲에 대한 임의동행과 긴급체포는 적법한가?

1. 논점

임의동행이란 수사기관이 '범죄수사를 위하여' 피의자 등의 동의를 얻어 그를 수사관서에 동행하는 것을 말한다. 이에 대하여 **형사소송법에 명문의 규정이 없으므로** 임의수사로써 허용되는지 여부가 문제가 된다.

2. 학설

㉠ 형소법에 명문의 규정이 없으므로 임의수사로써 허용되지 않는다는 견해와
㉡ 상대방의 진지한 동의를 전제로 하는 임의동행은 임의수사로서 허용된다는 견해가 대립한다.

3. 判例   Keyword   거·알·이·퇴·자

수사관이 동행에 앞서 피의자에게 동행을 **거부할 수 있음을 알려 주었거나 동행한 피의자가 언제든지 자유로이 동행과정에서 이탈 또는 동행장소로부터 퇴거할 수 있었음이** 인정되는 등 오로지 피의자의 자발적인 의사에 의하여 수사관서 등에의 동행이 이루어졌음이 객관적인 사정에 의하여 명백하게 입증된 경우에 한하여, 그 적법성이 인정되는 것으로 봄이 상당하다(대판 : 2005도6810).

4. 검토 및 결론

사안의 경우 경찰관들이 새벽 06:00경에 귀가하는 甲을 발견하고 피의사실을 완강히 부인하는 甲을 화천경찰서 형사계 사무실로 데리고 온 것은 피의자의 자발적인 의사에 의한 동행이라고 볼 수 없으므로 사실상의 강제연행으로서 불법체포에 해당한다. 또한 그로부터 6시간 정도 경과한 이후 甲에 대하여 긴급체포의 절차를 밟았다고 하더라도 이는 임의동행의 형식 아래 이루어진 불법체포에 기하여 사후적으로 취해진 조치에 불과하므로 긴급체포 또한 위법하다.

제2장 | 강제수사

01 체포와 구속

선택형 핵심지문

I. 체포

1. 영장에 의한 체포

① 판사는 체포의 사유(출석요구에 불응, 불응 우려)가 있다고 인정되는 경우에도 피의자가 도망할 염려가 없고 증거를 인멸할 염려가 없는 등 명백히 체포의 필요가 없다고 인정되는 때에는 체포영장을 발부하지 아니한다.[1]

② **[체포 전 피의자심문 ×]** 구속영장 발부의 경우와는 달리 체포영장을 발부하기 위하여 지방법원판사가 피의자를 심문하는 것은 허용되지 아니한다.

③ 체포·구속영장청구에 대한 지방법원판사의 재판에 대한 불복
[불복 불가] 검사의 체포영장 또는 구속영장 청구에 대한 지방법원판사의 재판은 형사소송법 제402조의 규정에 의하여 항고의 대상이 되는 '법원의 결정'에 해당하지 아니하고, 제416조 제1항의 규정에 의하여 준항고의 대상이 되는 '재판장 또는 수명법관의 구금 등에 관한 재판'에도 해당하지 아니한다. (2006모646) [변시 13·18·21]

④ 검사는 체포영장의 유효기간을 연장할 필요가 있다고 인정하는 때에는 그 사유를 소명하여 다시 체포영장을 청구하여야 한다(형사소송규칙 제96조의4). ➡ 유효기간 연장을 청구하는 것이 아니라는 것을 주의할 것

⑤ ****체포영장을 집행함에는 피의자에게 이를 제시하고 그 사본을 교부하여야 한다**(제200조의6, 제85조 제1항).[2] 다만, 체포영장을 소지하지 아니한 경우에 급속을 요하는 때에는 피의자에 대하여 범죄사실의 요지와 영장이 발부되었음을 고하고 집행할 수 있으나, 집행을 완료한 후에는 신속히 체포영장을 제시하고 그 사본을 교부하여야 한다(제200조의6, 제85조 제3항·제4항).[3]

---

1) 체포의 필요성이 '있어야만' 체포할 수 있는 것이 아니라 명백히 체포의 필요성이 '없으면' 체포할 수 없다는 의미이다. 즉 체포의 필요성은 체포의 소극적 요건에 불과하다. 따라서 체포의 필요성이 의심스러운 경우에는 체포영장을 발부하여야 한다.
2) 형사소송법 개정으로 이제는 체포영장이나 구속영장 집행 시 피고인이나 피의자에게 반드시 영장의 사본을 교부하여야 한다.
3) 긴급집행 시에도 영장의 사본을 교부하도록 개정되었다.

★★ [집행 완료에 이르지 못한 체포영장을 사후에 피고인에게 제시할 필요가 있는지 여부(소극)] 피고인에 대한 체포가 체포영장과 관련 없는 새로운 피의사실인 특수공무집행방해치상을 이유로 별도의 현행범 체포 절차에 따라 진행된 이상, 집행 완료에 이르지 못한 체포영장을 사후에 피고인에게 제시할 필요는 없다. (2021도4648)

⑥ **[피의자를 체포하는 경우의 체포영장의 제시 및 미란다 원칙]** 체포영장의 제시나 고지 등은 체포를 위한 실력행사에 들어가기 이전에 미리 하여야 하는 것이 원칙이나 달아나는 피의자를 쫓아가 붙들거나 폭력으로 대항하는 피의자를 실력으로 제압하는 경우에는 붙들거나 제압하는 과정에서 하거나 그것이 여의치 않은 경우에라도 일단 붙들거나 제압한 후에 지체없이 행하여야 한다. (2017도10866) [변시 19]

⑦ 경찰관으로서는 체포하려는 상대방이 피고인(피고인이 된 피의자를 의미함) 본인이 맞는지를 먼저 확인한 후에 이른바 미란다 원칙을 고지하여야 한다. → 실제 피의자가 아닌 사람을 체포하는 경우 방지 목적 (2017도10866)

⑧ **[구속영장 청구 → 48시간 이내 청구 O. 발부 ×]** 체포한 피의자를 구속하고자 할 때에는 체포한 때부터 48시간 이내에 구속영장을 청구하여야 하고 그 기간 내에 구속영장을 청구하지 아니하거나 그 기간 내에 구속영장을 청구하였더라도 영장을 발부받지 못한 때에는 피의자를 즉시 석방하여야 한다. → 영장에 의한 체포, 긴급체포, 현행범 체포 모두 동일(제200조의4 제1항). [변시 13 · 16]

2. 긴급체포

① 긴급체포는 긴급을 요하여 체포영장을 받을 수 없는 때에 할 수 있는 것이고, 이 경우 긴급을 요한다 함은 '피의자를 우연히 발견한 경우 등과 같이 체포영장을 받을 시간적 여유가 없는 때'를 말한다. → 경찰관이 이미 피의자 甲의 신원과 주거지 및 전화번호 등을 모두 파악하고 있었다면 긴급을 요하는 경우라 할 수 없다(제200조의3 제1항). (2016도5814) [변시 19]

② **[긴급체포 요건 구비 여부는 체포당시 상황을 기초로 판단]** 긴급체포의 요건을 갖추었는지 여부는 체포 당시 상황을 기초로 판단하고, 위법한 긴급체포에 의한 유치 중에 작성된 피의자신문조서는 증거능력이 없다. (2006도148)

③ 참고인으로 자진출석한 자에 대한 긴급체포가 적법한 경우와 위법한 경우의 비교판례

ⅰ) [긴급체포가 적법한 경우] 甲이 고소인의 자격으로 임의출석하여 피고소인 乙과 함께 검사로부터 대질조사를 받고 나서 조서에 무인을 거부하자, 검사가 甲에게 무고혐의로써 무고죄를 인지하여 조사를 하겠다고 하였고, 이에 甲이 조사를 받지 않겠다고 하면서 나가려고 하자 검사가 범죄사실의 요지, 체포의 이유 등을 고지하고 甲을 긴급체포한 경우

ⅱ) [긴급체포가 위법한 경우] 위증교사죄 등으로 기소된 변호사 甲이 무죄를 선고받자, 검사 A는 이에 불복 · 항소한 후 보완수사를 한다며 甲의 변호사사무실 사무장 乙에게 참고인 조사를 위한 출석을 요구하였고, 그 후 자진출석한 乙에 대

하여 검사는 참고인조사를 하지 아니한 채 곧바로 위증 및 위증교사 혐의로 피의자신문조서를 받기 시작하자 乙은 인적사항만을 진술한 후 甲에게 전화를 하였고, 乙의 전화연락을 받고 검사실로 찾아온 甲은 "참고인조사만을 한다고 하여 임의수사에 응한 것인데 乙을 피의자로 조사하는 데 대해서는 협조를 하지 않겠다"는 취지로 말하며 乙에게 "여기서 나가라"고 지시하였고, 이에 乙이 일어서서 검사실을 나가려 하자 검사는 乙에게 "지금부터 긴급체포 하겠다"고 말하면서 乙의 퇴거를 제지한 경우

→ 긴급체포가 적법한 판례의 경우 조사과정에서 범죄혐의가 인정되어 긴급체포가 적법하지만, 긴급체포가 위법한 판례의 경우 조사를 하기도 전에 즉 범죄혐의가 인정되기도 전에 긴급체포한 것이므로 위법하다. (2006도148)

④ **[적법성 심사 ○, 긴급체포사유 보강 ✕]** 검사의 구속영장 청구 전 피의자 대면 조사는 피의자의 인권에 대한 부당한 침해를 초래하지 않도록 긴급체포의 적법성 여부를 심사하는 경우에 한하여 허용될 뿐, 긴급체포의 합당성이나 구속영장 청구에 필요한 사유를 보강하기 위한 목적으로 실시되어서는 아니된다. (2008도11999)

⑤ 피의자가 긴급체포되어 조사를 받고 구속영장이 청구되지 아니하여 석방되었음에도 검사가 30일 이내에 법원에 석방통지를 하지 않았더라도, 단지 사후에 석방통지가 이루어지지 않았다는 사정만으로 긴급체포에 의한 유치 중에 작성된 피의자신문조서들의 작성이 소급하여 위법하게 된다고 볼 수는 없다. (2011도6035)[4]

⑥ **[긴·영]** 긴급체포 되었다가 석방된 자는 **영장** 없이는 동일한 범죄사실에 관하여 다시 체포하지 못한다(제200조의4 제3항). → 긴급체포되었다가 석방된 자일지라도 법원이 발부한 구속영장에 의하여 구속할 수 있다. [변시 12·16·20]

3. 현행범 체포

① **[준현행범]** 순찰 중이던 경찰관이 교통사고를 낸 차량이 도주하였다는 무전연락을 받고 주변을 수색하다가 범퍼 등의 파손상태로 보아 사고 차량으로 인정되는 차량에서 내리는 사람을 발견한 경우, 형사소송법 제211조 제2항 제2호 소정의 '장물이나 범죄에 사용되었다고 인정함에 충분한 흉기 기타의 물건을 소지하고 있는 때'에 해당하므로 준현행범으로서 영장 없이 체포할 수 있다. (99도4341) [변시 20·22]

② 현행범인으로 체포하기 위하여는 체포의 필요성, 즉 도망 또는 증거인멸의 염려가 있어야 한다. **예 [경찰관에게 욕설을 한 사건]** 피고인은 경찰관의 불심검문에 응하여 이미 운전면허증을 교부한 상태이고, 경찰관뿐 아니라 인근 주민도 욕설을 직접 들었으므로, 피고인이 도망하거나 증거를 인멸할 염려가 있다고 보기는 어렵다. (2011도3682) [변시 16]

③ 검사 또는 사법경찰관리는 현행범인을 체포하거나 현행범인의 인도를 받은 때에는 피의자에게 피의사실의 요지, 체포의 이유와 변호인을 선임할 수 있음을 말하고 변명할 기회를 주어야 한다. (2011도7193) [변시 16]

---

4) 검사는 구속영장을 청구하지 아니하고 피의자를 석방한 경우에는 석방한 날부터 30일 이내에 서면으로 긴급체포 후 석방된 자의 인적사항, 석방의 일시·장소 및 사유 등을 법원에 통지하여야 한다(제200조의4 제4항).

④ 사인의 현행범 체포시 검사 등에게 인도해야 할 시점인 '즉시'의 의미

[불필요한 지체없이, 인도받은 때로부터 48시간] '불필요한 지체를 함이 없이' 라는 뜻으로 인도된 경우 구속영장 청구기간인 48시간의 기산점은 검사 등이 현행범인을 인도받은 때이다. (2011도12927)

> **관련판례** **[소말리아해적사건]** 청해부대 소속 군인들이 소말리아 해적인 피고인들을 현행범인으로 체포한 후 국내로 이송하는 데에 약 9일이 소요된 것은 공간적·물리적 제약상 불가피한 것으로 정당한 이유 없이 인도를 지연하거나 체포를 계속한 경우로 볼 수 없다. (2011도12927) [변시 18·19·20]

☑ **영장에 의한 체포 vs 긴급체포 vs 현행범체포**

	영장에 의한 체포	긴급체포	현행범체포
공통점	① 피의자를 대상으로 하며 피고인은 체포의 대상이 아님 ② 미란다 원칙 고지 ③ 체포의 통지 ④ 체포의 취소 ⑤ 접견교통권과 변호인선임의뢰권 ⑥ 체포적부심사청구권		
체포의 주체	검사 또는 사법경찰관리	검사 또는 사법경찰관리	제한 없음
체포후 검사의 승인	불요	필요	불요
체포후 조치	피의자를 구속하고자 할 때는 체포한 때부터(사인의 현행범 체포의 경우 현행범인을 인도받은 때부터) 48시간 이내에 구속영장 청구하여야 함. 위 시간 이내에 구속영장을 청구를 하지 않거나 청구를 하였더라도 영장을 발부받지 못한 경우 즉시 석방해야 함		
석방시 법원 통지	피의자를 체포하지 아니하거나 체포한 피의자를 석방한 때에 통지 要	영장을 청구하지 아니하고 피의자를 석방한 때에 통지 要	×
재체포 제한규정 적용	×	○ (긴급체포 되었다가 석방된 자는 영장 없이는 동일한 범죄사실에 관하여 다시 체포 불가)	×

☑ 체포 · 구속의 요건

		요 건 (공통요건 : 범죄혐의 인정)	경미 사건의 특칙 (50만 원 이하의 벌금 · 구류 · 과료)	영장
피 의 자	영장체포 (제200조의 2)	① 출석요구 불응 ② 출석요구 불응 우려 ※ 명백히 체포의 필요성 - 도망 또는 증거인 멸의 염려 - 이 인정되지 않으면 영장청구 기각	① 일정한 주거가 없는 때 ② 출석요구 불응	체포영장
	긴급체포 (제200조의 3)	① 긴급성(체포영장 발부받을 시간적 여유 없 는 때) ② 범죄의 중대성(사형 · 무기 · 장기 3년 이상 의 징역 · 금고) ③ 체포의 필요성 　㉠ 증거인멸의 염려 　㉡ 도망 또는 도망의 염려	규정 없음	불요
	현행범체포 (제211조)	① 현행범인(범죄를 실행하고 있거나 실행하고 난 직후의 사람) ② 준현행범인 　㉠ 범인으로 불리며 추적되고 있을 때 　㉡ 장물이나 범죄에 사용되었다고 인정하 　　기에 충분한 흉기나 그 밖의 물건을 소 　　지하고 있을 때 　㉢ 신체나 의복류에 증거가 될 만한 뚜렷 　　한 흔적이 있을 때 　㉣ 누구냐고 묻자 도망하려고 할 때 ③ 체포의 필요성 - 도망 또는 증거인멸의 염려 　- 이 있어야 함(판례)	일정한 주거가 없는 때	불요
피 의 자 · 피 고 인	구 속 (제70조, 201조)	① 일정한 주거가 없는 때 ② 증거인멸의 염려 ③ 도망 또는 도망의 염려	일정한 주거가 없는 때	구속영장

CASE 쟁점 013 자진출석한 피의자에 대한 긴급체포 허용 여부**

甲이 고소인의 자격으로 임의출석하여 피고소인 乙과 함께 검사로부터 대질조사를 받고 나서 조서에 무인을 거부하자, 검사가 甲에게 무고혐의로써 무고죄를 인지하여 조사를 하겠다고 하였고, 이에 甲이 조사를 받지 않겠다고 하면서 나가려고 하자 검사가 범죄사실의 요지, 체포의 이유 등을 고지하고 甲을 긴급체포 하였다.

검사의 긴급체포는 적법한가?

1. 학설

수사기관에 자진출석한 피의자에 대한 긴급체포가 허용되는지 여부에 관하여 ㉠ 피의자가 자진출석한 이상 긴급체포의 요건을 구비한 것으로 볼 수 없어 허용되지 않는다는 견해와 ㉡ 피의자가 자진출석하였더라도 조사 과정에서 범죄혐의가 새롭게 드러나는 등 긴급체포의 요건이 구비되는 경우라면 허용된다는 견해가 대립하고 있다.

2. 判例

판례는 자진출석한 피의자에 대한 긴급체포 허용 여부는 결국 긴급체포의 요건 구비여부에 따라 적법성을 판단하여야 한다는 입장이다. 위 사안에서는 긴급체포가 적법하다고 판시하였다(대판 : 98도785).

3. 검토 및 결론

사안의 경우 甲이 조서에 무인을 거부하였고, 검사가 무고혐의를 인정하여 무고죄를 인지하여 조사를 하겠다고 하였음에도 甲이 조사를 받지 않겠다고 하면서 퇴거하려고 하였다는 점에서 긴급체포의 요건(긴급성, 범죄의 중대성, 필요성)을 구비하였다고 보아야 한다. 결국 검사의 긴급체포는 적법하다.

甲이 고소한 피의사건에 대하여 고소인의 자격으로 임의출석하여 피고소인 乙과 검사로부터 대질조사를 받고 나서 조서에 무인을 거부하자, 검사가 甲에게 무고혐의가 인정된다면서 무고죄로 인지하여 조사를 하겠다고 하였고, 甲이 조사를 받지 않겠다고 하면서 가방을 들고 집으로 돌아가려고 하자 검사가 甲을 귀가시키면 증거인멸이 우려된다고 판단하여 甲에게 긴급체포사유가 있음을 알리고 미란다원칙을 고지한 후 甲을 긴급체포 하였다.

위 사례에서 검사의 甲에 대한 긴급체포가 적법한지 검토하시오. (20점)

■ 중요쟁점

1. 긴급체포의 요건
2. 긴급체포의 요건 구비여부의 판단시점
3. 긴급체포의 절차

1. 논점

甲이 참고인 자격으로 자진출석하였음에도 검사 긴급체포가 적법할 수 있는지 문제된다.

2. 긴급체포의 요건

형소법 제200조의3 제1항에 의하면 긴급체포는 다음과 같은 요건을 구비하여야 적법하다. ① 피의자가 사형·무기 또는 장기 3년 이상의 징역이나 금고에 해당하는 죄를 범하였다고 의심할 만한 상당한 이유가 있고(범죄의 중대성), ② 피의자가 증거를 인멸할 염려가 있거나, 피의자가 도망하거나 도망할 우려가 있어야 하며(체포의 필요성), ③ 긴급을 요하여 지방법원판사의 체포영장을 받을 수 없는 경우여야 한다(체포의 긴급성). 이 경우 '긴급을 요한다' 함은 피의자를 우연히 발견한 경우 등과 같이 체포영장을 받을 시간적 여유가 없는 때를 말한다.

3. 긴급체포의 요건 구비여부의 판단시점

긴급체포의 요건을 갖추었는지 여부는 사후에 밝혀진 사정을 기초로 판단하는 것이 아니라 체포 당시의 상황을 기초로 판단하여야 하고, 긴급체포 당시의 상황으로 보아서도 그 요건의 충족 여부에 관한 검사나 사법경찰관의 판단이 경험칙에 비추어 현저히 합리성을 잃은 경우에는 그 체포는 위법한 체포에 해당한다(대판 : 2007도11400).

4. 긴급체포의 절차

검사 또는 사법경찰관은 긴급체포를 한다는 사유를 알리고 영장없이 피의자를 체포할 수 있으며(제200조의3 제1항), 긴급체포 시 피의자에게 피의사실의 요지, 체포의 이유와 변호인을 선임할 수 있음을 말하고 변명할 기회를 주어야 한다(제200조의5).

5. 사안의 해결

사안의 경우 검사가 甲을 체포할 당시의 상황을 기초로 판단해보면 ① 甲에게는 무고의 혐의가 인정되므로 범죄의 중대성이 인정되고, 무고혐의가 밝혀져 검사가 무고죄로 인지하여 조사를 하려는 시점에서 귀가하려고 하였으므로 甲을 체포하지 않으면 증거를 인멸 및 도주의 우려가 인정되어 체포의 필요성도 인정되고, 체포영장을 받을 수 있는 시간적 여유도 없는 경우라고 판단할 수 있다. 또한 ② 검사는 甲에게 긴급체포사유가 있음을 알리고 미란다원칙을 고지한 후 甲을 긴급체포 하였으므로 절차적 요건도 구비한 것이다. 따라서 검사의 甲에 대한 긴급체포는 적법하다.

〈참고〉

위 문제는 98도785 판례를 사례화한 것이다. 다음의 **비교사례** (대판 : 2006도148)와 반드시 구별하여야 한다.

비교사례 자진출석한 피의자에 대한 긴급체포 허용 여부

〈 사안 〉

(1) 위증교사죄 등으로 기소된 변호사 甲(男, 49세)이 2002. 11. 25. 인천지방법원 부천지원에서 무죄를 선고받자, 검사 P(女, 31세)는 이에 불복항소한 후 보완수사를 한다며 甲의 변호사사무실 사무장 乙(男, 33세)에게 대질조사(참고인 조사)를 위한 출석을 요구하였다. 이후 2003. 1. 3. 자진출석한 乙에 대하여 검사 P는 참고인 조사를 하지 아니한 채 곧바로 위증 및 위증교사 혐의로 피의자신문조서를 받기 시작하자 乙은 인적사항만을 진술한 후 甲에게 전화를 하였다.

(2) 乙의 전화연락을 받고 검사실로 찾아온 甲은 "참고인조사만을 한다고 하여 임의 수사에 응한 것인데 乙을 피의자로 조사하는 데 대해서는 협조를 하지 않겠다"는 취지로 말하며 乙에게 "여기서 나가라"고 지시하였다. 이후 乙이 일어서서 검사실을 나가려고 하자 검사 P는 "지금부터 긴급체포하겠다"고 말하면서 乙의 퇴거를 제지하려 하였고, 甲은 乙을 붙잡으려는 검사 P를 몸으로 밀어 이를 제지하는 과정에서 전치 2주의 상해를 가하였다.

〈 문제 〉

1. 검사 P의 긴급체포는 적법한가?
2. 甲에게 공무집행방해죄가 성립하는가?

〈 결론 〉

검사 P가 乙을 긴급체포하려고 할 때는, 乙에 대한 위증 및 위증교사 혐의에 대하여 조사를 시작하기도 전이었으므로, 乙이 위증 및 위증교사의 범행을 범하였다고 의심할 만한 상당한 이유가 있었다고 볼 수 없고, 丙이 자진출석한 점, 丙의 직업이 확실하다는 점 등을 고려하면 검사 P의 제지에도 불구하고, 丙이 퇴거하였다고 하여 도망할 우려가 있다거나 증거를 인멸할 우려가 있다고 보기 어려우므로 형소법 제200조의3 제1항의 요건을 갖추었다고 볼 수 없다. 따라서 검사 P가 乙를 체포하려고 한 행위는 위법하여 적법한 공무집행이라고 할 수 없다.

➔ 공무집행방해죄 불성립, 상해에 대하여는 정당방위로 범죄 불성립

甲은 2017. 3. 6. 01:45경 서울 마포구 서교동 빌라 주차장에서 술에 취한 상태에서 전화를 걸다가 순찰중이던 홍익지구대 경찰관 P1, P2로부터 불심검문을 받게 되자 P2 에게 자신의 운전면허증을 교부하였고, P2가 그 신분조회를 위하여 순찰차로 걸어갔다. 그 사이 甲은 불심검문에 항의하면서 주민과 지나가는 행인들이 다 들리도록 "씨발놈아, 도둑질도 안 했는데 왜 검문을 하냐, 검문 똑바로 해, 개새끼야"라고 P1에게 욕을 하였고, 이에 P1은 모욕죄의 현행범으로 체포하겠다고 고지한 후 甲의 오른쪽 어깨를 붙잡았으나, 甲이 이에 강하게 반항하면서 P1에게 전치 3주의 상해를 가하였다.

P1의 현행범체포는 적법한가?

1. 논점

형사소송법에 명문의 규정이 없어 현행범으로 체포하기 위하여 '도망 또는 증거인멸의 염려'라는 체포의 필요성 요건이 필요한지 문제가 된다.

2. 학설

㉠ 현행범인은 범인과 범죄사실이 명백한 경우이므로 체포의 필요성이 없어도 된다는 **소극설**과 ㉡ 비례의 원칙 등을 고려하여 체포의 필요성이 있어야 한다는 **적극설**의 견해 대립이 있다.

3. 判例

현행범인으로 체포하기 위하여는 행위의 가벌성, 범죄의 현행성과 시간적 접착성, 범인·범죄의 명백성 이외에 체포의 필요성, 즉 도망 또는 증거인멸의 염려가 있어야 한다. 이러한 요건을 갖추지 못한 현행범인 체포는 법적 근거에 의하지 아니한 영장 없는 체포로서 위법한 체포에 해당한다(대판 : 2016도19907).

4. 검토 및 결론

체포의 필요성이 없음에도 체포를 허용한다는 것은 체포권의 남용을 초래할 수 있으므로 현행범인으로 체포하기 위하여는 체포의 필요성이 인정되어야 한다.

사안의 경우 甲은 모욕죄의 현행범임에 틀림이 없다. 체포의 필요성이 있는지 여부와 관련하여, 甲은 자신의 운전면허증을 경찰관 P2에게 교부한 점 그리고 욕설을 하는 것을 주민과 지나가는 행인들이 들었다는 점 등을 고려하면 甲에게 도망 또는 증거인멸의 염려가 있다고 보기 어렵다.

체포의 필요성이 인정되지 않음에도 경찰관 P1이 甲을 현행범으로 체포한 것은 위법하다.

甲은 성폭법위반(비밀준수등) 범행으로 여러 차례 수사기관의 소환 요청을 받고도 출석요구에 불응하여 체포영장이 이미 적법하게 발부되어 있었다. 그런데 서울 강남경찰서에 '甲의 차량이 30분 정도 따라온다'는 내용의 신고가 접수되었고, 소속 경찰관 P1과 P2가 즉시 현장에 출동하였다. 현장에 도착한 P1이 승용차에 타고 있던 甲의 주민등록번호를 조회하여 피고인에 대한 체포영장이 발부된 것을 확인한 후 甲에게 적법하게 미란다 원칙을 고지하고 체포영장에 근거하여 체포절차에 착수하였다. 그러나, 甲은 흥분하며 타고 있던 승용차를 출발시켜 고의로 경찰관 P1에게 상해를 입혔다. 이에 P2가 위 승용차를 멈춘 후 저항하는 甲을 별도 범죄인 특수공무집행방해치상의 현행범으로 체포하였다.

위 사례에서 甲에 대한 현행범 체포는 적법한가?

1. 논점

甲에 대한 현행범체포의 적법성과 관련하여 ⅰ) 경찰관들이 체포영장의 제시 없이 甲을 체포하려고 시도하였던 점이 긴급집행에 해당하는지 ⅱ) 긴급집행에 해당한다면 사후에 영장을 제시하여야 하는지, ⅲ) 사후에 영장을 제시하지 않고 별도의 특수공무집행방해치상죄로 현행범체포한 것이 적법한지 문제된다.

2. 긴급집행 해당여부

(1) 영장집행의 절차

체포영장을 집행함에는 피의자에게 이를 제시하고 그 사본을 교부하여야 한다(제200조의6, 제85조 제1항). 다만, 체포영장을 소지하지 아니한 경우에 급속을 요하는 때에는 피의자에 대하여 범죄사실의 요지와 영장이 발부되었음을 고하고 집행할 수 있으나, 집행을 완료한 후에는 신속히 체포영장을 제시하고 그 사본을 교부하여야 한다(제200조의6, 제85조 제3항 · 제4항). 사안에서 경찰관들은 영장을 집행하면서 영장을 제시하지 않고 체포절차에 착수하였는바, 긴급집행이 가능한 급속을 요하는 때에 해당하는지 문제된다.

(2) 사안의 경우

사건 당시 P1, P2는 신고를 받고 출동하였는데 현장에 출동하기 전까지는 甲에게 체포영장이 발부된 사실을 알 수 없어 체포영장을 소지할 여유가 없었으므로 체포영장의 제시 없이 체포영장을 집행할 수 있는 '급속을 요하는 때'에 해당한다.

3. 사후에 영장을 제시하고 교부해야 하는지

사안에서 경찰은 체포영장에 의한 체포절차에 착수하였으나 별도의 현행범 체포 절차에 따라 甲을 특수공무집행방해치상죄로 체포하였는바 사후에 체포영장을 제시하고 사본을 교부해야 하는지 문제된다.

형사소송법 제200조의6, 제85조 제4항은 체포영장에 의하지 않는 불법체포를 방지하는 한편, 체포 이후 인신구속에 관한 피의자의 절차적 권리를 보장하려는 데 그 취지가 있다. 해당 규정은 **'체포영장의 집행 완료'를 그 제시 요건 또는 제시 시점으로 정한다.** 그런데 사안의 경우 甲에 대한 체포영장에 의한 <u>체포절차가 착수된 단계에 불과</u>하였고, 경찰관들의 甲에 대한 체포가 체포영장과 관련 없는 범죄사실(특수공무집행방해치상)을 근거로 별도의 절차(현행범인 체포)에 따라 진행되었으므로, <u>집행 완료에 이르지 못한 체포영장을 사후에 甲에게 제시할 필요는 없다</u>고 보는 것이 타당하다. 따라서, 경찰관들은 甲에게 성폭법위반죄로 발부된 영장을 사후에 제시하고 사본을 교부할 필요가 없다.[5]

4. 현행범 체포의 적법성

현행범은 누구든지 영장 없이 체포할 수 있는데, 현행범 체포가 적법하기 위해서는 ⅰ) 범죄를 실행하고 있거나 실행하고 난 직후의 현행범이어야 하고, ⅱ) 범죄의 명백성이 인정되어야 하며, ⅲ) 체포의 필요성 즉, 도주의 우려나 증거인멸의 우려가 없어야 한다(제212조). 사안에서 甲은 공무집행 중인 P에게 상해를 입혀 특수공무집행방해치사죄를 범한 현행범인이므로 범죄가 명백하고, 여러 차례 수사기관의 출석요구에 불응한 사실에 비추어 볼 때 도주의 우려가 있으므로 체포의 필요성도 인정되므로 경찰관들의 현행범 체포는 적법하다.

5. 결론

사안의 경우 甲에 대하여 체포영장에 의한 체포절차가 착수된 단계에 불과하였고 甲에 대한 체포가 체포영장과 관련 없는 새로운 피의사실인 특수공무집행방해치상을 이유로 별도의 현행범 체포 절차에 따라 진행되었으며 집행 완료에 이르지 못한 체포영장을 사후에 제시할 필요가 없으므로 甲에 대한 현행범 체포는 적법하다.

Ⅱ. 구속

1. 구속의 경우 영장주의의 예외 인정여부

[예외 인정 ×] 피의자를 구속하는 경우 반드시 구속영장이 있어야 한다. 체포와는 달리 구속에 있어서는 영장주의의 예외가 인정되지 아니한다.

2. 피의자의 구속절차

① 구속영장 실질심사(구속전피의자심문) [영·다]

체포된 피의자에 대하여 구속영장을 청구받은 판사는 지체 없이 피의자를 심문하여야 한다. 이 경우 특별한 사정이 없는 한 구속영장이 청구된 날의 **다**음날까지 심문하여야 한다. ➡ '피고인' 구속에 있어서는 영장실질심사제도가 존재하지 아니함(제201조의2 제1항). [변시 13]

---

5) 대판 2021.6.4. 2021도4648

② 국선변호인 선정

구속전 피의자심문에 있어 심문할 피의자에게 변호인이 없는 때에는 지방법원판사는 직권으로 변호인을 선정하여야 한다. 이 경우 변호인의 선정은 피의자에 대한 구속영장 청구가 기각되어 효력이 소멸한 경우를 제외하고는 제1심까지 효력이 있다(제201조의2 제8항). [변시 12·15·17·18]

③ 심문의 비공개

피의자에 대한 심문 절차는 공개하지 아니한다.[6] → 비공개 원칙

④ 집행의 절차

구속영장을 집행함에는 피의자에게 반드시 이를 제시하고 **그 사본을 교부하여야 한다**(제209조, 제85조 제1항). 다만, 구속영장을 소지하지 아니한 경우에 급속을 요하는 때에는 범죄사실의 요지와 영장이 발부되었음을 고하고 집행할 수 있고 이 경우 집행을 완료한 후에는 신속히 구속영장을 제시하고 **그 사본을 교부하여야 한다**(제209조, 제85조 제3항·제4항).

> **관련판례** 피의자에 대한 구속영장의 제시와 집행이 그 발부 시로부터 정당한 사유 없이 시간이 지체되어 이루어졌다면, 구속영장이 그 유효기간 내에 집행되었다고 하더라도, 위 기간 동안의 체포 내지 구금 상태는 위법하다.[7] → 다만, 피고인의 방어권, 변호권이 본질적으로 침해되고 판결의 정당성마저 인정하기 어렵다고 보여지는 정도가 아니라면, 독립한 상고이유가 된다고 할 수 없다. (2020도16438)

3. 피고인의 구속절차

① 사전청문절차

피고인에 대하여 범죄사실의 요지, 구속의 이유와 변호인을 선임할 수 있음을 말하고 변명할 기회를 준 후가 아니면 구속할 수 없다(제72조).[8] → 구속영장 발부 시 미란다 원칙 실시

② 사전청문절차 위반의 효과

[원칙 위법] 이미 변호인을 선정하여 공판절차에서 변명과 증거의 제출을 다하고 그의 변호 아래 판결을 선고받은 경우 등과 같이 사전청문절차규정에서 정한 절차적 권리가 실질적으로 보장되었다고 볼 수 있는 경우 사전청문절차를 거치지 아니한 구속영장의 발부결정이 위법하다고 볼 것은 아님. (2000모134)

③ 법원의 피고인에 대한 구속영장 발부 시 검사의 청구 不要

---

6) 다만, 판사는 상당하다고 인정하는 경우에는 피의자의 친족, 피해자 등 이해관계인의 방청을 허가할 수 있다(규칙 제96조의14).

7) 구속영장이 2020.2.8. 발부되고, 같은 날 17시경에 서류와 증거물이 반환되어 검사의 구속영장 집행 지휘가 있었는데도, 사법경찰리는 그로부터 3일이 경과한 날인 2020.2.11. 14시경에 구속영장을 집행하였다.

8) 본 규정은 피고인을 구속함에 있어 법관에 의한 사전 청문절차를 규정한 것이므로 "구속할 수 없다"는 의미는 "구속영장을 발부할 수 없다"는 의미로 이해하여야 한다.

④ 사후 청문절차

형소법 제88조는 "피고인을 구속한 때에는 즉시 공소사실의 요지와 변호인을 선임할 수 있음을 알려야 한다."고 규정하는바, 사후 청문절차에 관한 규정으로서 이를 위반하였다 하여 구속영장의 효력에 어떠한 영향을 미치는 것은 아니다.

4. 구속기간

① 구속기간의 계산방법

구속기간의 초일은 시간을 계산함이 없이 1일로 산정한다(제66조 제1항 단서). 구속기간의 말일이 공휴일 또는 토요일에 해당하는 날이라도 기간에 산입된다(제66조 제3항).

② 피의자의 구속기간

구속에 앞서 체포 또는 구인이 선행하는 경우 구속기간은 피의자를 실제로 체포 또는 구인한 날로부터 기산한다. 수사기관(사경+검사)의 피의자에 대한 구속기간의 최장기간은 30일이다. ➔ 사경 10일(제202조) + 검사 20일(제203조, 제205조)

③ 피고인의 구속기간

공소제기 전의 체포 · 구인 · 구금 기간은 피고인의 구속기간에 산입하지 않는다. 피고인에 대한 구속기간은 2개월로 한다. 특히 구속을 계속할 필요가 있는 경우에는 심급마다 2개월 단위로 2차에 한하여 결정으로 갱신할 수 있다. 상소심은 추가 심리가 필요한 부득이한 경우에는 3차에 한하여 갱신할 수 있다. ➔ 따라서 피고인에 대한 최장 구속기간은 18개월이다(제92조 제1항, 제2항). [변시 18]

5. 재구속의 제한

① [구 · 다] 검사 또는 사법경찰관에 의해 구속영장에 의해 구속되었다가 석방된 자는 다른 중요한 증거를 발견한 경우를 제외하고는 동일한 범죄사실에 대하여 재차 구속하지 못한다(제208조 제1항).[9] [변시 13 · 20]

② 형소법 제208조 (재구속제한) 규정은 수사기관이 피의자를 구속하는 경우에만 적용되고 법원이 피고인을 구속하는 경우에는 적용되지 않는다. (69도509) [변시 13]

> **기출지문** 구속되었다가 석방된 피의자 또는 피고인은 다른 중요한 증거가 발견된 경우가 아니면 동일한 범죄사실에 관하여 재차 구속하지 못한다. (×) ➔ '피고인'이 틀린 부분에 해당한다. [변시 13]

---

9) **객관식 빈출지문이니 [긴 · 영/구 · 다(영 · 다)]의 두음자를 기억하자.
 ① 긴급체포 되었다가 석방된 자는 영장 없이는 동일한 범죄사실에 관하여 다시, 체포하지 못한다.
 ② 검사 또는 사법경찰관에 의해 구속영장에 의해 구속되었다가 석방된 자는 다른 중요한 증거를 발견한 경우를 제외하고는 동일한 범죄사실에 대하여 재차 구속하지 못한다.
 ③ 영장실질심사의 경우 구속영장이 청구된 날의 다음날까지 심문하여야 한다.

6. 이중구속 [허용]

구속의 효력은 원칙적으로 구속영장에 기재된 범죄사실에만 미치는 것이므로 구속기간이 만료될 무렵 종전 구속영장에 기재된 범죄사실과 다른 범죄사실로 피고인을 구속했다는 사정만으로 피고인에 대한 구속이 위법하다 할 수 없다. (96모46) [변시 13]

☑ 피의자구속 vs 피고인구속

	피의자구속	피고인구속
공통점	① 구속의 요건　② 구속의 통지　③ 영장의 유효기간 ④ 영장의 집행기관과 집행의 방식　⑤ 접견교통권, 변호인선임의뢰권	
구속의 주체	수사기관	법 원
검사의 영장청구 요부	필요	불요
영장발부기관	지방법원판사	원칙적으로 법원
영장의 성질	허가장	명령장
구속전심문 규정	있음	없음
구속기간	최장 사경 10일, 검사 20일	최장 18개월
구속기간연장 또는 갱신에 대한 불복	불복할 수 없음	보통항고
미란다고지	구속하는 경우 피의사실의 요지, 구속의 이유와 변호인을 선임할 수 있음을 말하고 변명할 기회를 주어야 함	① '구속할 때' 범죄사실의 요지, 구속의 이유와 변호인을 선임할 수 있음을 말하고 변명할 기회를 주어야 함 (사전청문절차) ② '구속한 때' 공소사실의 요지와 변호 인을 선임할 수 있음을 알려야 함 (사후청문절차)
구속적부심사 제도	있음	없음
재구속 요건	다른 중요한 증거를 발견한 때	피의자 구속의 경우와 같은 제한 없음

사례형 쟁점정리

CASE 쟁점 016 긴급체포의 위법과 구속영장 발부와의 관계

사법경찰관 P는 특수절도죄의 피의자 甲을 긴급체포한 후 검사에게 구속영장을 신청하였고, 이에 검사는 관할 지방법원판사에게 구속영장을 청구하였다. 구속전피의자심문을 진행한 지방법원판사는 甲에 대한 긴급체포 과정에서 P가 미란다원칙을 고지하지 않았고, 긴급체포의 요건 구비여부가 불분명하다고 판단하였다.
지방법원판사는 검사의 구속영장청구를 기각할 수 있는가?

1. 논점

선행절차인 긴급체포가 위법한 경우, 지방법원판사가 구속영장을 발부할 때 긴급체포의 위법을 이유로 (구속사유가 인정됨에도) 구속영장 청구를 기각할 수 있는지 문제가 된다. 이른바 '하자의 승계' 문제이다.

2. 학설

① 부정설

긴급체포와 구속은 별개의 제도이므로 긴급체포의 위법을 구속영장 발부시에 고려해서는 안 된다는 견해이다.

② 긍정설

긴급체포와 구속은 피의자 신병확보를 위한 일련의 과정이므로 긴급체포의 위법을 이유로 구속영장청구를 기각할 수 있다는 견해이다.

3. 검토 및 결론

긴급체포에 중대한 위법이 있고, 그와 같이 체포된 피의자를 구속하는 것은 적법절차 위반이라는 점, 구속영장청구시에 긴급체포서를 첨부하도록 하고 있다는 점을 고려하면 긴급체포가 위법한 경우 구속영장청구를 기각할 수 있다고 보는 것이 타당하다.
사안의 경우 사법경찰관 P가 미란다원칙을 고지하지 않았고, 긴급체포의 요건 구비여부가 불분명한 점을 고려해 볼 때 긴급체포는 위법하다. 따라서 지방법원판사는 검사의 구속영장청구를 기각하여야 한다.

검사는 2016. 5. 8. 체포영장을 발부받아 피의자 甲을 체포한 다음 같은 달 10. 특경법위반(배임)죄 등의 피의사실로 서울중앙지방법원에 구속영장을 청구하였는데, 법원 영장전담판사는 같은 달 11. 甲을 심문한 다음, 甲에게 불구속 상태에서 방어권을 행사하도록 함이 상당하고, 주거가 일정하고 도망하거나 증거를 인멸할 염려가 없다는 이유로 구속영장청구를 기각하였다.

검사는 판사의 구속영장청구 기각결정에 대하여 불복할 수 있는가?

1. 학설

㉠ 형사소송법 제403조와 제416조의 취지에 비추어 보았을 때 항고나 준항고가 허용된다는 **긍정설**과 ㉡ 구속영장청구가 기각되었을 때 영장을 재청구할 수 있다는 점 등을 근거로 항고나 준항고가 허용되지 않는다는 **부정설**의 견해 대립이 있다.

2. 판례 (부정)　Keyword　법원결정/재판장·수명법관

(1) 검사의 체포 또는 구속영장청구에 대한 지방법원판사의 재판은 항고의 대상이 되는 **'법원의 결정'**에 해당되지 아니하고 준항고의 대상이 되는 **'재판장 또는 수명법관**의 구금 등에 관한 재판'에도 해당되지 아니한다. (2) 영장청구가 기각된 경우에는 검사로 하여금 그 영장의 발부를 재청구할 수 있도록 허용함으로써, 간접적인 방법으로 불복할 수 있기 때문이다(대결 : 2006모646). [변시 13·21]

3. 검토 및 결론

(위 판례를 논거로 제시한 후) 사안의 경우 검사는 판사의 구속영장청구 기각결정에 대하여 항고나 준항고로 불복할 수 없다.

Ⅲ. 접견교통권

1. 변호인과의 접견교통권이 인정되는 자

① 신체 구속을 당한 피의자·피고인(제34조, 헌법 제12조 제4항)

② 불구속 피의자·피고인 (2000헌마138)

③ 임의동행의 형식으로 수사기관에 연행된 피의자나 피내사자에게도 접견교통권은 당연히 인정된다(제243조의2 제1항).

2. 변호인과의 접견교통권이 인정되지 않는 자

① 미결수용자가 형사사건의 변호인이 아닌 민사재판, 행정재판, 헌법재판 등에서 변호사(형사사건의 변호사가 아님)와 접견할 경우 (2011헌마122) [변시 14]

② 이미 형이 확정되어 집행중에 있는 수형자 (96헌마398)

3. 미결수용자의 변호인과의 접견교통권을 제한할 수 있는지 여부 (= 법률에 의한 제한이 가능)

'접견시간 제한'은 접견에 관한 일체의 시간적 제한이 금지된다는 것으로 볼 수는 없고, 수용자와 변호인의 접견이 현실적으로 실시되는 경우 접견 시간을 양적으로 제한하지 못한다는 의미이므로, 수용자 처우법의 위임에 따라 수용자의 접견이 이루어지는 일반적인 시간대를 대통령령으로 규정하는 것은 가능하다. (2009헌마341) [변시 13]

> **비교판례** 변호인과의 '자유로운' 접견은 구속당한 사람에게 보장된 변호인의 조력을 받을 권리의 가장 중요한 내용이어서 국가안전보장·질서유지·공공복리 등 어떠한 명분으로도 제한될 수 있는 성질이 아니다. → '자유롭게 대화할 수 있는 접견'을 제한할 수 없다는 의미임. (91헌마111)

4. 변호인의 접견교통권 금지가 정당화 될 수 없는 경우

변호인의 접견교통의 상대방인 신체구속을 당한 사람이 그 변호인을 자신의 범죄행위에 공범으로 가담시키려고 하였다는 등의 사정만으로 그 변호인의 신체구속을 당한 사람과의 접견교통을 금지하는 것이 정당화될 수는 없다. (2006모657) [변시 13]

5. 변호인과의 접견교통권을 침해한 경우

사실상의 구금장소의 임의적 변경은 접견교통권의 행사에 중대한 장애를 초래하는 것이므로 위법하다. (95모94) [변시 13]

6. 접견교통권의 침해에 해당하지 않은 경우

접견실에 CCTV를 설치하여 미결수용자와 변호인 간의 접견을 관찰한 행위 → 이는 교도관의 육안에 의한 시선계호를 CCTV 장비에 의한 시선계호로 대체한 것에 불과 (2015헌마243)

7. 접견교통권의 침해에 대한 구제수단

① 수사기관의 접견교통권 제한처분에 대한 불복방법

　　[준항고] → 수사기관의 구금에 관한 처분에 속하기 때문

② 증거능력 부정

　　검사 작성의 피의자신문조서가 검사에 의하여 피의자에 대한 변호인의 접견이 부당하게 제한되고 있는 동안에 작성된 경우에는 증거능력이 없다. (90도1285) [변시 15·20]

> **비교판례** 변호인 접견 전에 작성된 검사의 피고인에 대한 피의자신문조서라고 하여 증거능력이 없다고 할 수 없다. → 변호인접견 전의 피신조서 작성과 변호인의 접견교통권의 침해 상황에서의 피신조서 작성은 서로 개념이 다름. (90도1613)

IV. 체포 · 구속적부심사제도

1. 청구권자 [피 · 변 · 법 · 배 · 직 · 형 · 가 · 동 · 고]

체포 · 구속된 **피의자** 또는 그 **변호인 · 법정대리인 · 배우자 · 직계친족 · 형제자매 · 가족 · 동거인 · 고용주**는 관할법원에 체포 또는 구속의 적부심사를 청구할 수 있다(제214조의2 제1항). 체포 · 구속된 피의자는 영장에 의한 것인지 영장없는 불법에 의한 것인지를 불문한다. [변시 18 · 23]

2. 간이기각결정

공범 또는 공동피의자의 체포 · 구속적부심사의 순차청구가 수사방해의 목적임이 명백한 때에는 심문없이 청구를 기각할 수 있다(제214조의2 제3항 제2호). [변시 18]

3. 필요적 국선변호인 선정

법원은 체포와 구속의 적부심사에서 체포 또는 구속된 피의자에게 변호인이 없는 때에는 국선변호인을 선정하여야 하고, 심문 없이 기각결정을 하는 경우에도 국선변호인을 선정하여야 한다(제33조 제1항). [변시 12 · 13 · 18]

4. 법원의 결정

① 법원은 청구가 이유 있다고 인정한 때에는 결정으로 체포 또는 구속된 피의자의 석방을 명하여야 한다. 이는 심사청구 후 피의자에 대하여 공소제기가 있는 경우에도 또한 같다(제214조의2 제4항). [변시 18]

② 기각결정과 석방결정에 대하여 항고하지 못한다(제214조의2 제8항). [변시 18]

③ **석방결정과 재체포 · 재구속 제한**

[체 · 구 · 적(은) · 도 · 인] 체포 · 구속**적**부심사결정에 의하여 석방된 피의자가 **도**망하거나 죄증을 **인**멸하는 경우를 제외하고는 동일한 범죄사실에 관하여 재차 체포 또는 구속하지 못한다(제214조의3 제1항). [변시 18 · 20]

5. 보증금납입조건부 피의자석방결정 (피의자보석)

① [**직권 · 재량보석, 보석청구권 ×**] 피의자보석은 법원의 직권에 의하여 석방을 명할 수 있을 뿐이다. 직권 · 재량 보석이므로 피의자에게 보석청구권이 인정되지 않는다.

② [**먼저 구속적부심청구 要**] 법원이 피의자보석을 하기 위해서는 구속된 피의자가 구속적부심사를 청구하여야 한다. 피의자는 구속적부심사를 청구함이 없이 피의자보석만을 청구할 수 없고 또한 구속적부심사를 청구하지 않은 피의자에게 법원이 보석을 허가할 수도 없다.

③ [**구속된 피의자 ○, 체포된 피의자 ×**] i) 피의자보석은 '구속된' 피의자에게만 인정되며, '체포된' 피의자에게는 인정되지 않는다. (97모21)

ii) 법원은 청구가 이유 있다고 인정한 경우 결정으로 체포되거나 구속된 피의자의 석방을 명하여야 한다(제214조의2 제4항 본문). [변시 16 · 23]

iii) [**전격기소**] 이는 심사청구 후 피의자에 대하여 공소제기가 있는 경우에도 또한 같다(제214조의2 제4항 단서). [변시 16 · 23]

④ 보증금납입조건부 피의자석방결정을 하는 경우 보증금 납입을 이행한 후가 아니면 보석허가결정을 집행할 수 없다(제214조의2, 제100조, 제98조). [변시 23]

⑤ 피의자에 대한 보석허가결정에 대한 불복

[보통항고 허용] 기각결정 또는 단순석방결정과는 달리 보증금납입조건부 피의자석방결정에 대해서는 보통항고가 허용된다. (97모21) [변시 23]

☑ **석방된 피의자의 재체포 · 재구속 요건**

	재체포 · 재구속 요건
긴급체포되었다가 석방된 피의자를 체포하는 경우 (제200조의4 제3항)	영장을 발부받을 것 [긴 · 영]
구속되었다가 석방된 피의자를 재차 구속하는 경우 (제208조 제1항)	다른 중요한 증거를 발견한 때 [구 · 다]
체포 · 구속적부심사에 의하여 석방된 피의자를 재차 체포 · 구속하는 경우 (제214조의3 제1항)	도망하거나 범죄의 증거를 인멸하는 때 [체 · 구 · 적(은) · 도 · 인]
피의자보석으로 석방된 피의자를 재차 구속하는 경우 (제214조의3 제2항)	① 도망한 때 ② 도망하거나 범죄의 증거를 인멸할 염려가 있다고 믿을만한 충분한 이유가 있는 때 ③ 출석요구를 받고 정당한 이유없이 출석하지 아니한 때 ④ 주거의 제한이나 그 밖에 법원이 정한 조건을 위반한 때 [도 · 인 · 출 · 조]

CASE 쟁점 018   체포된 피의자에 대한 보증금납입조건부 석방결정의 가부 및 석방결정에 대한 항고의 가능성**

피의자 甲은 무자료 술을 거래한 혐의로 2017. 1. 29. 19:30경 창원지방검찰청 수사관에 의하여 긴급체포 되었고, 검사는 1. 31. 창원지방법원에 구속영장을 청구하였으나 같은 날 甲도 창원지방법원에 체포적부심사청구를 하였다. 법원은 2017. 1. 31. 甲의 청구를 받아들여 3,000만 원의 보증금 납입을 조건으로 석방결정을 하고 검사의 구속영장청구를 기각하였으나, 검사는 법원의 석방결정이 위법하다는 이유로 항고를 하였다.

1. 甲에 대한 보증금납입조건부 석방결정은 적법한가?
2. 법원의 석방결정에 대한 검사의 항고는 적법한가?

I. 설문 1 해결

1. 학설

체포된 피의자에 대한 보증금납입조건부 석방결정이 허용되는지 여부에 관하여 ㉠ 형소법 제214조의2 제5항은 그 석방결정의 대상자를 '구속된 피의자'로 한정하고 있으므로 허용되지 않는다는 **부정설**과 ㉡ 구속은 체포를 포함하는 넓은 의미로 해석될 수 있기 때문에 허용된다는 **긍정설**의 견해 대립이 있다.

2. 判例 (부정)

형소법은 수사단계에서의 체포와 구속을 명백히 구별하고 있고 이에 따라 체포와 구속의 적부심사를 규정한 같은 법 제214조의2에서 체포와 구속을 서로 구별되는 개념으로 사용하고 있는 바, 같은 조 제5항에 보증금 납입을 조건으로 한 석방의 대상자가 '구속된 피의자'라고 명시되어 있으므로 현행법상 체포된 피의자에 대하여는 보증금 납입을 조건으로 한 석방이 허용되지 않는다(대결 : 97모21).

3. 검토 및 결론

형소법은 체포와 구속을 서로 구별되는 개념으로 사용하고, 제214조의2 제5항은 보증금납입조건부 석방결정의 대상자를 '구속된 피의자'로 한정하는 점을 고려할 때 체포된 피의자에 대한 보증금납입조건부 석방결정이 허용되지 않는다고 보는 것이 타당하다. 따라서, 甲에 대한 보증금납입조건부 석방결정은 위법하다.

Ⅱ. 설문 2 해결

1. 학설

보증금납입조건부 석방결정에 대하여 항고가 허용되는지 여부에 관하여 ㉠ 보증금납입조건부 석방결정도 기각결정이나 다른 석방결정과 마찬가지로 항고가 허용되지 않는다는 **부정설** ㉡ 보증금납입조건부 석방결정에 대하여 항고가 허용되지 않는다는 명문의 규정이 없으므로 항고가 허용된다는 **긍정설**의 견해 대립이 있다.

2. 判例 Keyword 기소후 · 보석결정 · 항고인정

형소법 제402조 규정에 의하면, 법원의 결정에 대하여 불복이 있으면 항고를 할 수 있으나 다만 같은 법에 특별한 규정이 있는 경우에는 예외로 하도록 되어 있는 바, 체포 또는 구속적부심사절차에서 법원의 결정에 대한 항고의 허용 여부에 관하여 같은 법 **제214조의2 제8항은 제3항과 제4항**의 기각결정 및 석방결정에 대하여 **항고하지 못하는 것으로 규정**하고 있을 뿐이고 **제5항**에 의한 석방결정에 대하여 **항고하지 못한다는 규정은 없을 뿐만 아니라**, 같은 법 제214조의2 제4항의 석방결정은 체포 또는 구속이 불법이거나 이를 계속할 사유가 없는 등 부적법한 경우에 피의자의 석방을 명하는 것임에 비하여, 같은 법 제214조의2 제5항의 석방결정은 구속의 적법을 전제로 하면서 그 단서에서 정한 제한사유가 없는 경우에 한하여 출석을 담보할 만한 보증금의 납입을 조건으로 하여 피의자의 석방을 명하는 것이어서 같은 법 제214조의2 제4항의 석방결정과 제5항의 석방결정은 원래 그 실질적인 취지와 내용을 달리 하는 것이고, 또한 **기소 후 보석결정에 대하여 항고가 인정되는 점**에 비추어 그 보석결정과 성질 및 내용이 유사한 기소 전 보증금 납입 조건부 석방결정에 대하여도 항고할 수 있도록 하는 것이 균형에 맞는 측면도 있다 할 것이므로, 같은 법 제214조의2 제5항의 석방결정에 대하여는 피의자나 검사가 그 취소의 실익이 있는 한 같은 법 제402조에 의하여 항고할 수 있다(대결 : 97모21).[10]

3. 검토 및 결론

(위 판례의 밑줄 부분을 논거로 제시한 후) 설문상 법원의 석방결정에 대한 검사의 항고는 적법하다.

---

10) 판례원문상의 법조문을 현행법에 맞게 수정하였다.

절도범으로 현상수배 중인 甲과 乙은 도피자금을 마련하기 위하여 함께 골동품상 A에게서 금동불상(높이 30㎝, 무게 3㎏)이 담긴 검정색 가방을 소매치기 하였으나 범행발각이 두려워 친구인 丙을 불러내어 사정을 말한 다음 금동불상을 운반하여 은닉해 줄 것을 부탁하였다.

그 때 날치기범행 장소 부근에서 순찰 중이던 사법경찰관 P는 날치기 사건에 대하여 무전을 받고 주변을 수색하다가 날치기 사건의 피해품과 유사한 검정색 가방을 가슴에 안고 황급히 걸어가는 丙의 행동이 수상하여 丙에게 정지를 요구하였으나 그대로 지나치자 경찰봉으로 丙을 가로막아 정지시킨 다음 신분증을 제시하고 丙에게 가방 안에 있는 물건에 대하여 물었다. 그런데 丙이 별것 아니라고 하면서 대답하지 않자 P는 丙의 가방을 만져보다가 커다란 쇠붙이 같은 물질이 안에 들어 있다는 느낌이 들어 丙에게 가방을 열어보라고 요청하였으나 丙이 다시 거절하자 丙의 가방 속에 손을 집어넣어 꺼내어 보니 금동불상이었다. P는 丙에게 미란다 원칙을 고지한 후 丙을 현행범인으로 체포하고 금동불상을 압수하였다. P는 지구대로 丙을 연행한 후 곧바로 금동불상에 대한 압수·수색영장을 신청하였고 검사는 당일 압수·수색영장을 청구하였다. 그 후 경찰로부터 사건을 송치받은 검사는 丙으로부터 자초지종을 듣고 甲과 乙에 대하여 지방법원판사에게 구속영장을 청구하였고 영장이 발부되어 甲과 乙은 모두 구속되었다. 그런데 甲은 적법하게 구속된지 며칠 후 구속적부심사에서 보증금납입을 조건으로 석방되었다.

한편 검사는 구속영장에 의하여 구금된 乙에 대하여 피의자신문을 위하여 출석을 요구하였으나 乙이 불응하자 절차를 밟아 구치소의 교도관으로 하여금 乙을 검찰청 조사실로 구인하도록 하였다. 검사가 乙을 피의자로 신문하는 과정에서 참여한 변호인에 대하여 乙로부터 떨어진 곳으로 옮겨 앉으라고 지시를 하였으나 변호인이 지시에 따르지 않자 변호인에게 퇴실하도록 명한 후 乙로부터 범행을 자백 받은 후 피의자신문조서를 작성하였다.

1. P의 丙에 대한 불심검문과 소지품검사는 적법한가? (20점)

2. P가 압수한 금동불상은 증거능력이 있는가? (10점)

3. 검사는 甲에 대한 보증금납입조건부 석방을 취소해 달라는 취지의 항고를 제기할 수 있는가? (10점)

4. 위 사례에서 지방법원판사가 영장실질심사를 거친 후 甲에게 증거인멸의 위험이 없다는 이유로 검사의 구속영장청구를 기각하였다고 가정하고 이에 대한 검사의 불복가능성을 검토하시오. (10점)

5. 검사가 乙을 검찰청 조사실로 구인한 것은 적법한가? (10점)

6. 검사가 乙의 변호인에 대하여 퇴실을 명한 행위의 적법성과 검사의 처분에 대하여 변호인이 형사소송법상 주장할 수 있는 내용은 무엇인가? (20점)

■ 중요쟁점

1. 불심검문의 적법요건
2. 소지품검사의 적법요건
3. 체포현장에서의 영장없는 압수·수색의 적법요건
4. 보증금납입조건부 석방결정에 대한 항고가 가능한지 여부
5. 지방법원판사의 구속영장 기각결정에 대한 불복의 허용여부
6. 구속영장의 효력에 의한 구인의 가능성
7. 변호인의 피의자신문에 대한 참여권
8. 검사의 변호인의 피의자신문 참여권 침해에 대한 구제방법

[설문 1]

1. 논점

① 불심검문의 적법성과 관련하여 P가 경찰봉으로 丙을 가로막아 정지시킨 행위가 경찰관 직무집행법상 허용될 수 있는지, 불심검문의 절차 요건이 구비되었는지 문제된다.

② 소지품검사의 적법성과 관련하여 불심검문시 소지품검사가 허용되는지와 허용되는 경우 그 한계는 어디까지인지 문제된다.

2. 불심검문의 적법성 여부

(1) 불심검문의 의의와 대상

① 불심검문이란 경찰관이 거동이 수상한 자(거동불심자)를 발견한 때에 이를 정지시켜 질문하는 것을 말한다(경직법 제3조). 어떠한 죄를 범하였다고 의심할 만한 상당한 이유가 있는 사람은 불심검문의 대상에 해당한다(동법 제3조 제1항).

② 사안의 경우 丙은 날치기범행 장소 부근에서 피해품과 유사한 검정색 가방을 가지고 황급히 걸어가고 있었으므로 죄를 범하였다고 의심할 만한 상당한 이유가 있는 사람으로서 불심검문의 대상에 해당한다고 보여지며, 질문의 필요성도 인정되므로 P가 경찰봉으로 丙을 가로막아 정지시킨 행위는 사회통념상 허용되는 상당한 방법이라고 보아야 한다.

(2) 불심검문의 절차

① 경찰관은 질문할 경우 자신의 신분을 표시하는 증표를 제시하면서 소속과 성명을 밝히고 질문의 목적과 이유를 설명하여야 한다(동법 제3조 제4항).

② 사안의 경우 P는 신분증을 제시하였으나 그 밖의 절차를 이행하지 않았으므로 불심검문의 절차를 위반한 것이다.

(3) 사안의 해결

P의 丙에 불심검문 검문은 절차를 준수하지 않았으므로 위법하다.

3. 소지품검사의 적법성

(1) 일반소지품검사의 허용여부

경찰관은 질문을 할 때에 상대방이 흉기를 가지고 있는지를 조사할 수 있다(동법 제 3조 제3항). 일반 소지품의 검사에 대하여는 명문규정이 없으나, 불심검문의 안전과 질문의 실효성을 위하여 허용된다고 보아야 한다.

(2) 소지품검사의 한계

의복이나 휴대품의 외부를 손으로 만져 확인하는 '외표검사'(Stop and Frisk)는 허용된다. 소지품 내용의 개시요구를 할 수 있으나 상대방이 거부하는 경우 실력을 행사하는 것은 사실상 강제에 의한 압수·수색이므로 허용되지 아니한다.

(3) 사안의 해결

사안에서 P가 丙의 가방을 만져본 것과 가방을 열어보라고 요청한 것은 일반적인 경우 – 불심검문 자체가 적법한 경우 – 라면 소지품검사의 범위 내로 볼 수 있으나 거절당하자 가방 속에 손을 집어넣어 금동불상을 꺼낸 것은 소지품검사의 한계를 벗어난 것으로 위법하다. 그러나 사안의 경우 소지품검사의 전제가 된 불심검문 자체가 위법하므로 소지품검사의 전과정이 모두 위법하다고 보아야 한다.

[설문 2]

1. 논점

P가 영장없이 금동불상은 압수하였음에도 영장주의 예외 요건을 구비하여 증거능력이 있는지 문제된다.

2. 체포현장에서의 압수·수색

① 사법경찰관은 피의자를 현행범인으로 체포하는 경우 체포현장에서의 압수·수색은 영장 없이도 할 수 있다(제216조 제1항 제2호). 다만, 여기의 현행범인 체포는 적법한 체포여야 한다.

② 丙에 대한 체포는 위법한 소지품검사의 결과를 기초한 것이므로 적법하다고 할 수 없다. 따라서 P가 금동불상을 압수한 것은 형소법 제216조 제1항 제2호 요건을 구비하지 못한 것이므로 위법하다.

3. 압수한 금동불상의 증거능력

① 적법한 절차에 따르지 아니하고 수집한 증거는 증거로 할 수 없다(제308조의2). 그러나 본 조항이 형식적으로 보아 정해진 절차에 따르지 아니하고 수집한 증거라는 이유만을 내세워 획일적으로 그 증거의 증거능력을 부정하는 것으로는 볼 수 없으며,

수사기관의 절차 위반행위가 적법절차의 실질적인 내용을 침해하는 경우에 해당하지 아니하고, 오히려 그 증거의 증거능력을 배제하는 것이 형사 사법 정의를 실현하려 한 취지에 반하는 결과를 초래하는 것으로 평가되는 경우 그 증거를 유죄 인정의 증거로 사용할 수 있다고 보아야 한다.

② 금동불상은 위법한 불심검문과 소지품검사 및 위법한 현행범 체포과정에서 위법하게 압수되었으므로 수사기관의 절차 위반행위가 적법절차의 실질적인 내용을 침해하는 경우에 해당한다. 금동불상은 증거능력이 인정될 수 없다.

4. 사안의 해결

압수한 금동불상은 적법한 절차에 따르지 아니하고 수집한 증거로서 증거능력이 없다.

[설문 3]

1. 논점

형소법 제214조2 제8항은 명문으로 구속적부심사청구에 대한 간이기각결정(제3항),[11] 기각결정 또는 석방결정(제4항)[12]에 대하여 항고하지 못한다고 규정하지만, 보증금납입조건부 석방결정(제5항)에 대하여는 항고를 금지하는 규정이 없어 항고가 가능한지 문제된다.

2. 보증금납입조건부 석방결정에 대한 항고가 가능한지 여부

① 보증금납입조건부 석방결정도 제4항의 석방결정의 한 유형에 해당하며, 구속된 피의자도 무죄가 추정되므로 항고를 할 수 없다는 견해가 있다(부정설).

그러나 ② 보증금납입조건부 석방결정(제5항)은 제4항의 석방결정과 달리 항고금지규정이 없는 점, 제4항의 석방결정은 체포나 구속이 부적법함을 전제로 하는 것이나, 제5항의 석방결정은 구속의 적법을 전제로 한다는 점에서 그 실질적인 취지와 내용이 다르다는 점, 기소 후 보석결정에 대하여 항고가 인정되는 점에 비추어 유사한 기소 전 보증금 납입 조건부 석방결정에 대하여도 항고할 수 있도록 하는 것이 균형에 맞으므로, 항고가 가능하다(대결 : 97모21)고 보는 것(긍정설)이 타당하다.

3. 사안의 해결

검사는 甲에 대한 보증금납입조건부석방을 취소해달라는 취지의 항고를 제기할 수 있다.

---

11) 청구권자 아닌 자가 청구하거나 동일한 체포영장 또는 구속영장의 발부에 대하여 재청구한 때 또는 공범 또는 공동피의자의 순차청구가 수사방해의 목적임이 명백한 때에 심문없이 결정으로 청구를 기각하는 것을 말한다.
12) 체포 또는 구속된 피의자를 심문하고 수사관계서류와 증거물을 조사하여 그 청구가 이유가 있는지 여부에 따라 결정하는 것을 말한다.

[설문 4]

1. 논점

지방법원판사의 구속영장 기각결정에 대하여 검사가 항고나 준항고로 불복할 수 있는지 문제된다.

2. 지방법원판사의 구속영장 기각결정에 대한 불복의 허용여부

① 형소법 제403조 제2항에 의하면 법원의 구금에 관한 결정에 대하여는 항고가 허용된다는 점, 제416조 제1항 제2호에 의하면 재판장 또는 수명법관의 구금에 관한 재판에 대하여 취소변경을 청구할 수 있다는 점을 근거로 준항고가 가능하다고 보아 검사에게 항고나 준항고가 허용된다는 견해가 있다(긍정설).

그러나 ② 검사의 구속영장 청구에 대한 **지방법원판사의 재판**은 형사소송법 제402조의 규정에 의하여 항고의 대상이 되는 **'법원의 결정'에 해당하지 아니하고**, 제416조 제1항의 규정에 의하여 준항고의 대상이 되는 **'재판장 또는 수명법관의 구금 등에 관한 재판'에도 해당하지 아니한다**는 점, 영장청구가 기각된 경우, 검사는 그 영장의 발부를 재청구하여 간접적으로 불복이 가능하다는 점에서 검사에게 항고나 준항고가 허용되지 않는다(대결 : 2006모646)는 견해(부정설)가 타당하다.

3. 사안의 해결

검사는 지방법원판사의 구속영장 기각결정에 대하여 항고나 준항고로 불복할 수 없다.

[설문 5]

1. 논점

구속영장 발부에 의하여 적법하게 구금된 피의자가 피의자신문을 위한 출석 요구에 응하지 아니하면서 수사기관 조사실에의 출석을 거부하는 경우 수사기관은 그 구속영장의 효력에 의하여 피의자를 조사실로 구인할 수 있는지 문제된다.

2. 구속영장의 효력에 의한 구인의 가능성

① **피의자신문은 임의수사에 해당**하므로 피의자는 수사기관의 출석요구에 응할 의무가 없고 이는 구속된 피의자의 경우도 마찬가지라고 보아 출석요구에 응할 의무가 없는 구속된 피의자에 대하여 출석을 강제할 수 없다고 보는 견해(소극설)가 있다.

그러나 ② 형소법 제69조에 따르면 **구속에 구금뿐만 아니라 구인도 포함되는** 점, **피의자에 대한 구속영장은** 기본적으로 장차 공판정에의 출석이나 형의 집행을 담보하기 위한 것이지만, 구속기간의 범위 내에서 수사기관이 피의자신문의 방식으로 구속된 피의자를 조사하는 등 **적정한 방법으로 범죄를 수사하는 것도 예정하고 있다**는 점에서, 출석을 거부하는 피의자에 대하여 수사기관은 구속영장의 효력에 의하여 피의자를 조사실로 구인할 수 있다(대결 : 2013모160)고 봄이 타당하다.

3. 사안의 해결

검사가 乙을 검찰청 조사실로 구인한 것은 구속영장 효력에 근거한 것으로서 적법하다.

[설문 6]

1. 논점

검사가 변호인에 대하여 퇴실을 명한 행위가 변호인의 참여권을 침해한 것인지와 변호인의 참여권 침해의 경우 어떠한 구제방법이 있는지 문제된다.

2. 변호인의 피의자신문에 대한 참여권

수사기관은 피의자나 변호인 등이 신청할 경우 정당한 사유가 없는 한 변호인을 피의자에 대한 신문에 참여하게 하여야 한다(제243조의2 제1항). 여기에서 '정당한 사유'라 함은 변호인이 피의자신문을 방해하거나 수사기밀을 누설할 염려가 있음이 객관적으로 명백한 경우 등을 말한다.

따라서 사안의 경우, 검사가 피의자신문을 하면서 '정당한 사유'가 없음에도 불구하고 변호인에 대하여 피의자로부터 떨어진 곳으로 옮겨 앉으라고 지시를 한 다음 이러한 지시에 따르지 않았음을 이유로 변호인에 대하여 퇴실을 명한 행위는 변호인의 피의자신문 참여권을 침해하는 것으로 허용될 수 없다(대결 : 2008모793).

3. 검사의 변호인의 피의자신문 참여권 침해에 대한 구제방법

(1) 준항고(제417조)

검사의 제243조의2에 따른 변호인의 참여 등에 관한 처분에 대하여 불복이 있으면 변호인은 그 직무집행지의 관할법원 또는 검사의 소속검찰청에 대응한 법원에 그 처분의 취소 또는 변경을 청구할 수 있다.

(2) 증거능력의 부정

피의자가 변호인의 참여를 원한다는 의사를 명백하게 표시하였음에도 수사기관이 정당한 사유 없이 변호인을 참여하게 하지 아니한 채 피의자를 신문하여 작성한 피의자신문조서는 형사소송법 제312조에 정한 '적법한 절차와 방식'에 위반된 증거일 뿐만 아니라 제308조의2에서 정한 '적법한 절차에 따르지 아니하고 수집한 증거'에 해당하므로 이를 증거로 할 수 없다(대판 : 2010도3359).

따라서 사안의 경우 변호인은 검사가 乙로부터 범행을 자백 받은 후 작성한 피의자신문조서가 증거능력이 인정되지 않는다고 주장할 수 있다.

(3) 상소의 제기

변호인의 참여권 침해로 인하여 피의자의 방어권 행사에 중대한 지장을 초래하여 판결에 영향을 미친 경우 항소이유(제361조의5 제1호), 상고이유(제383조 제1호)가 된다. 따라서 사안의 경우 변호사는 위와 같은 주장을 하여 상소를 제기할 수 있다.

4. 사안의 해결

검사가 변호사에 대하여 퇴실을 명한 행위는 변호인의 피의자신문 참여권을 침해하는 것이므로 위법하다. 검사의 변호인의 참여권 침해에 대하여 변호인은 준항고하거나, 증거능력을 부인하거나, 상소의 제기가 가능하다.

V. 보석

1. 보석의 종류

① **[필요적 보석]** 보석의 '청구가 있으면' 제외 사유가 없는 한 법원은 보석을 허가하여야 한다. 즉, 보석은 필요적 보석이 원칙이다(제95조).

② 다른 사건으로 집행유예기간 중에 있는 피고인에 대하여 제외 사유가 없는 한 보석을 허가하여야 한다. (90모22) ➡ 피고인이 누범에 해당하거나 상습범인 죄를 범한 때는 제외사유에 해당함에 유의(제95조 제2호).

③ **[임의적 보석]** 필요적 보석의 제외사유에 해당하는 때에도 법원은 상당한 이유가 있을 때에는 '직권' 또는 보석청구권자의 '청구'에 의하여 결정으로 보석을 허가할 수 있다(제96조).[13] ➡ 📗 병보석

2. 검사의 의견청취절차를 거치지 아니한 법원의 보석허가결정의 효력

[본질적 부분 ×] 법원이 검사의 의견을 듣지 아니한 채 보석에 관한 결정을 하였더라도 결정이 적정한 이상 절차상 하자만을 들어 결정을 취소할 수는 없다. (97모88)

3. 불복방법

[보통항고] 보석청구기각결정과 보석허가결정에 대하여 피고인과 검사는 각각 보통항고할 수 있다(제403조 제2항). [변시 16]

4. 보석취소와 피고인의 재구금 개시의 요건 [검사에게 결정서를 교부 또는 송달]

보석허가결정의 취소는 취소결정을 고지하거나 결정 법원에 대응하는 검찰청 검사에게 결정서를 교부 또는 송달함으로써 즉시 집행할 수 있는 것이고, 결정등본이 피고인에게 송달 또는 고지되어야 집행할 수 있는 것은 아니다. (83모19)

---

13) 결국 임의적 보석의 대상자에는 제한이 없다. 따라서 모든 구속된 피고인은 임의적 보석의 대상이 될 수 있다.

5. 보석보증금 몰수결정과 보석취소

[취소결정과 몰수 결정을 반드시 동시에 할 필요 ×] 보석취소결정은 성질상 신속을 요하는 경우가 대부분임에 반하여, 보증금몰수결정은 그 몰수의 요부(보석조건위반 등 귀책사유의 유무) 및 몰수 금액의 범위 등에 관하여 신중히 검토하여야 할 필요성도 있으므로 보석취소 후에 별도로 보증금몰수결정을 할 수도 있다. (2000모22) [변시 16]

6. 고등법원이 한 보석취소결정과 집행정지의 효력

[고등법원이 한 보석취소결정 집행정지효 ×] 형사소송법 제415조는 "고등법원의 결정에 대하여는 재판에 영향을 미친 헌법·법률·명령 또는 규칙의 위반이 있음을 이유로 하는 때에 한하여 대법원에 즉시항고를 할 수 있다."라고 규정하고 있다. 이는 재항고이유를 제한함과 동시에 재항고 제기기간을 즉시항고 제기기간 내로 정함으로써 재항고심의 심리부담을 경감하고 항소심 재판절차의 조속한 안정을 위한 것으로, 형소법 제415조가 고등법원의 결정에 대한 재항고를 즉시항고로 규정하고 있다고 하여 당연히 즉시항고가 갖는 집행정지의 효력이 인정된다고 볼 수는 없다. (2020모633)[14] [변시 23·24]

VI. 구속의 집행정지, 구속의 취소, 구속의 실효

1. 구속집행정지

[신청권 ×] 법원 또는 수사기관(검사 또는 사법경찰관)이 직권으로 행하며 피고인·피의자에게는 신청권이 없다(제101조).

2. 구속의 취소

법원 또는 수사기관이 구속의 사유가 없거나 소멸된 때에 직권 또는 청구에 의하여 구속된 피고인 또는 피의자를 석방하는 것

3. 구속영장의 실효

무죄·면소·형의 면제·형의 선고유예·형의 집행유예·공소기각 또는 벌금·과료를 과하는 판결이 '선고'된 때에는 구속영장은 효력을 잃는다(제331조). [변시 12] 판결선고와 동시에 바로 구속영장의 효력이 상실되므로 판결확정 전이라도 즉시 피고인을 석방시켜야 한다. (95헌마247)

---

14) **[참조조문]** 제1심 법원이 한 보석취소결정에 대하여 불복이 있으면 보통항고를 할 수 있고(제102조 제2항, 제402조, 제403조 제2항), 보통항고에는 재판의 집행을 정지하는 효력이 없다(제409조). 한편 즉시항고의 제기기간 내와 그 제기가 있는 때에 재판의 집행을 정지하는 효력이 있다(제410조).

☑ 피의자·피고인 석방 절차

	체포구속적부심	피의자보석	피고인보석	구속 집행정지	구속취소
주 체	법 원	법 원	법 원	법원·검사·사경	법원·검사·사경
대 상	피의자	피의자	피고인	피의자·피고인	피의자·피고인
절 차	청 구	직 권	직권·청구	직 권	직권·청구
청구권자	피/변/법·배·직·형·가·고·동	–	피/변/법·배·직·형·가·고·동	–	피/변/검/법·배·직·형
사 유	체포·구속이 위법 부당한 때	법원의 재량	원칙 – 필요적 보석 예외 – 임의적 보석	상당한 이유가 있는 때	구속사유가 없거나 소멸한 때
검사의 의견청취	규정 없음	규정 없음	의견을 물어야 함 (예외 없음)	의견을 물어야 함 (예외 – 급속을 요하는 경우)	의견을 물어야 함 (예외 – 검사 청구 또는 급속을 요하는 경우)
보증금	불필요	반드시 필요	보증금 또는 기타 조건	불필요	불필요
영장의 효력	석방명령시 효력 상실	효력 상실	효력 지속	효력 지속	효력 상실
검사의 불복방법	불복불가	보통항고	보통항고	보통항고	즉시항고
재수감 요건	도망/인멸	도망/인멸/불출석/조건 위반	도망/인멸/불출석/조건 위반/해를 가할 염려	도망/인멸/불출석/조건 위반/해를 가할 염려	① 피의자: 중요한 증거 발견 ② 피고인: 제한없음
재수감시 영장 요부	재체포·재구속 (영장 요함)	재구속 (영장 요함)	보석취소 (영장 불요)	집행정지 취소 (영장 불요)	재구속 (영장 요함)

02 압수 · 수색 · 검증

선택형 핵심지문

1. '압수 · 수색영장의 범죄 혐의사실과 관계있는 범죄'의 의미 및 범위
   ① [혐의사실과의 객관적 관련성] 압수 · 수색영장에 기재된 혐의사실 자체 또는 그와 기본적 사실관계가 동일한 범행과 직접 관련되어 있는 경우는 물론 범행 동기와 경위, 범행 수단과 방법, 범행 시간과 장소 등을 증명하기 위한 간접증거나 정황증거 등으로 사용될 수 있는 경우에도 인정될 수 있다. (2016도348) [변시 22] ➜ 혐의사실과 단순히 동종 또는 유사 범행이라는 사유만으로 관련성이 있다고 할 것은 아님.
   ② [피의자와 사이의 인적 관련성] 압수 · 수색영장에 기재된 대상자의 공동정범이나 교사범 등 공범이나 간접정범은 물론 필요적 공범 등에 대해서도 인정될 수 있다. (2016도13489) [변시 22]

2. 해당 사건과의 관련성을 인정할 수 없음에도 압수한 압수물
   [위 · 수 · 증, 증거능력 부정] 수사기관이 甲의 공직선거법위반 범행을 영장기재 범죄사실로 하여 발부받은 압수 · 수색영장의 집행과정에서, 乙과 丙의 대화가 녹음된 녹음파일을 압수하면서 甲의 범행과 무관한 乙과 丙의 공직선거법 위반 혐의사실을 발견하고 별도의 압수 · 수색영장 없이 녹음파일을 압수 ➜ 乙과 丙의 혐의사실에 대하여증거능력 없음. (2013도7101) [변시 15 · 22]

   > 관련판례 수사기관은 복제본에 담긴 전자정보를 탐색하여 혐의사실과 관련된 정보 (이하 '유관정보'라 한다)를 선별하여 출력하거나 다른 저장매체에 저장하는 등으로 압수를 완료하면 혐의사실과 관련 없는 전자정보(이하 '무관정보'라 한다)를 삭제 · 폐기하여야 한다. (2018도19782)[15] [변시 24]

3. 정보저장매체에 대한 압수 · 수색의 특칙★★★
   ① [원칙은 범위를 정하여 출력 또는 복제] 압수의 목적물이 컴퓨터용디스크 그 밖에 이와 비슷한 정보저장매체인 경우, 영장 발부의 사유로 된 범죄 혐의사실과 관련 있는 정보(유관정보)의 범위를 정하여 출력하거나 복제하여 이를 제출받아야 하고, 피의자나 변호인에게 참여의 기회를 보장하여야 한다.

   > 관련판례 범위를 넘어서는 전자정보를 영장없이 압수 · 수색하여 취득한 증거는 위법수집증거에 해당하고, 사후에 법원이 영장이 발부되었다거나 피고인 또는 변호인이 증거로 함에 동의하였다고 하여 위법성이 치유되는 것도 아니다. (2016도348) [변시 24]

---

15) 대판 2023.6.1. 2018도19782

② **[예외적으로 반출허용이 영장 기재 시 반출 허용]** ⅰ) 예외적인 사정이 인정[16]되어 전자정보가 담긴 저장매체 또는 하드카피나 이미징 등 형태(이하 '복제본'이라 한다)를 수사기관 사무실 등으로 옮겨 복제·탐색·출력하는 경우에도, 문서출력 또는 파일복제의 대상 역시 저장매체 소재지에서의 압수·수색과 마찬가지로 혐의사실과 관련된 부분으로 한정되어야 하며, 그와 같은 일련의 과정에서 피압수·수색 당사자나 변호인에게 참여의 기회를 보장하여야 한다. (2016도348) ➜ ⅱ) 만약, 이러한 조치를 취하지 않았다면, 그럼에도 피의자에 대하여 절차 참여를 보장한 취지가 실질적으로 침해되지 않았다고 볼 수 있는 특별한 사정이 없는 이상, 압수·수색을 적법하다고 평가할 수 없다. (2019모2584) [변시 23]

> **비교판례** **[유관 정보를 선별하여 제출했음에 유의]** 수사기관이 정보저장매체에 기억된 정보 중에서 범죄 혐의사실과 관련 있는 정보를 선별한 다음 복제하여 생성한 파일을 제출받아 압수하였다면 이로써 압수의 목적물에 대한 압수·수색 절차는 종료된 것이므로, 수사기관이 수사기관 사무실에서 위와 같이 압수된 이미지 파일을 탐색·복제·출력하는 과정에서도 피의자 등에게 참여의 기회를 보장하여야 하는 것은 아님. (2017도13263) [변시 21]

ⅰ) **[압수·수색의 적법여부는 전체를 하나의 기준으로 판단要]** 준항고인이 전체 압수·수색 과정을 단계적·개별적으로 구분하여 각 단계의 개별 처분의 취소를 구하더라도 준항고 법원은 특별한 사정이 없는 한, 구분된 개별 처분의 위법이나 취소 여부를 판단할 것이 아니라 당해 압수·수색 과정 전체를 하나의 절차로 파악하여 그 과정에서 나타난 위법이 압수·수색 절차 전체를 위법하게 할 정도로 중대한지 여부에 따라 전체적으로 압수·수색 처분을 취소할 것인지를 가려야 함. (2011모1839)

ⅱ) **[별건 정보 발견 시 탐색 중단 + 별도의 영장 발부要]** 전자정보를 적법하게 탐색하는 과정에서 별도의 범죄혐의와 관련된 전자정보를 우연히 발견한 경우라면, 수사기관은 더 이상의 추가 탐색을 중단하고 법원에서 별도의 범죄혐의에 대한 압수·수색영장을 발부받은 경우에 한하여 그러한 정보에 대하여도 적법하게 압수·수색을 할 수 있다. (2011모1839) [변시 19]

ⅲ) **[전자정보에 대한 압수·수색이 허용되는 경우]** 피의자의 이메일 계정에 대한 접근권한에 갈음하여 발부받은 압수·수색영장에 따라 원격지의 저장매체에 적법하게 접속하여 내려받거나 현출된 전자정보를 대상으로 하여 범죄 혐의사실과 관련된 부분에 대하여 압수·수색하는 것은, 대물적 강제처분 행위로서 허용됨.
➜ 이러한 법리는 원격지의 저장매체가 국외에 있는 경우라 하더라도 동일 (2017도9747) [변시 19]

---

16) 정보저장매체 자체를 외부로 반출하기 위한 요건 ➜ 반출허용이 영장에 기재되어 있어야 함.

> **비교판례** **[허용되지 않는 경우]** 수사기관이 압수·수색영장으로 압수한 휴대전화가 클라우드 서버에 로그인되어 있는 상태를 이용하여 클라우드 서버에서 불법촬영물을 다운로드받아 압수한 경우 압수·수색영장에 적힌 '압수할 물건'에 원격지 서버 저장 전자정보가 기재되어 있지 않았다면 압수한 불법촬영물은 유죄의 증거로 사용할 수 없다. → 수사기관이 압수·수색영장에 적힌 '수색할 장소'에 있는 컴퓨터 등 정보처리장치에 저장된 전자정보 외에 원격지 서버에 저장된 전자정보를 압수·수색하기 위해서는 압수·수색영장에 적힌 '압수할 물건'에 별도로 원격지 서버 저장 전자정보가 특정되어 있어야 한다. 압수·수색영장에 적힌 '압수할 물건'에 컴퓨터 등 정보처리장치 저장 전자정보만 기재되어 있다면 컴퓨터 등 정보처리장치를 이용하여 원격지 서버 저장 전자정보를 압수할 수는 없다. (2022도1452) [변시 23 · 24]

4. 압수 · 수색의 절차★★★

① **[지방법원판사의 영장발부 불복 불가]** 지방법원판사가 한 압수영장발부의 재판에 대하여는 준항고로 불복할 수 없고 나아가 형사소송법 제402조, 제403조에서 규정하는 항고는 법원이 한 결정을 그 대상으로 하는 것이므로 법원의 결정이 아닌 지방법원판사가 한 압수영장발부의 재판에 대하여 그와 같은 항고의 방법으로도 불복할 수 없다. (97모66) [변시 16]

② **[영장의 유효기간은 집행착수종기를 의미]** 압수·수색영장에 기재되는 유효기간은 집행에 착수할 수 있는 종기를 의미하는 것일 뿐이므로, 앞서 발부받은 압수·수색영장의 유효기간이 남아있다고 하여 이를 제시하고 다시 압수·수색을 할 수는 없다. (2020도5336) [변시 16 · 17 · 19 · 22]

> **비교판례** 영장의 '압수·수색·검증할 장소 및 신체'란에 피고인의 주거지와 피고인의 신체 등이 기재되어 있는 경우, 비록 영장이 제시되어 피고인의 신체에 대한 압수·수색이 종료되었다고 하더라도, 영장에 의하여 피고인의 주거지에 대한 압수·수색을 집행한 조치는 위법한 것이라 할 수 없다. (2013도2511)

③ **[현존≠보관]** 영장에서 압수할 물건을 '압수장소에 보관 중인 물건'이라고 기재하고 있는 것을 '압수장소에 현존하는 물건'으로 해석할 수 없다. (2008도763) [변시 13 · 14]

④ 압수 · 수색영장의 제시 방법

  ⅰ) **[사전제시의 원칙]** 압수·수색영장은 처분을 받는 자에게 '반드시' 사전에 제시하여야 하고 처분을 받는 자가 피의자나 피고인인 경우에는 그 사본을 교부하여야 한다. 다만, 처분을 받는 자가 현장에 없는 등 영장의 제시나 그 사본의 교부가 현실적으로 불가능한 경우 또는 처분을 받는 자가 영장의 제시나 사본의 교부를 거부한 때에는 예외로 한다(제118조, 제219조). (2014도10978)[17] → 따라서 체포·구속영장의 집행시 인정되는 긴급집행은 압수·수색영장의 집행에서는 인정되지 않음.

---

17) 2022.2.3. 공포·시행된 개정 형사소송법은 피의자와 피고인의 방어권을 실질적으로 보장하기 위하여 영장제시 외 영장의 사본을 교부하도록 개정되었다.

ⅱ) [**원본 제시해야 함**] 팩스로 영장 사본을 송신한 경우 부적법 (2015도10648) [변시 19]

ⅲ) [**내용을 충분히 알 수 있도록 제시**] 법관이 발부한 영장에 의한 압수·수색이라는 사실을 확인함과 동시에 형사소송법이 압수·수색영장에 필요적으로 기재하도록 정한 사항이나 그와 일체를 이루는 사항을 충분히 알 수 있도록 압수·수색영장을 제시하여야 함. (2015도12400) [변시 19]

ⅳ) [**압수·수색을 당하는 사람이 여러 명일 경우 각각 개별 제시要**] 수사기관이 압수·수색에 착수하면서 그 장소의 관리책임자에게 영장을 제시하였다고 하더라도 물건을 소지하고 있는 다른 사람으로부터 이를 압수하고자 하는 때에는 그 사람에게 따로 영장을 제시하여야 한다. (2015도12400) [변시 17·21]

ⅴ) [**압수·수색영장을 제시하지 않은 것이 위법하지 않은 경우**] 영장제시가 현실적으로 불가능한 경우[18] **예** 피처분자가 현장에 없거나 현장에서 그를 발견할 수 없는 경우 (2014도10978) [변시 16·17·19·21·22]

⑤ [**사전제시 규정은 영장주의의 예외에 적용 ×**] 압수·수색영장의 제시에 관한 형소법 제118조는 사후에 영장을 받아야 하는 경우에 관한 형사소송법 제216조 등에 대하여는 적용되지 아니한다. (2014도3263)

⑥ [**압수·수색영장의 집행시 변호인의 참여권은 변호인에게 주어진 고유권**] 압수자가 수사기관에 압수·수색영장의 집행에 참여하지 않는다는 의사를 명시한 경우에 그 변호인에게 「형소법」제219조, 제122조의 영장집행과 참여권자에 대한 통지 규정에 따라 미리 집행의 일시와 장소를 통지하는 등으로 압수·수색영장의 집행에 참여할 기회를 별도로 보장하여야 함. → 고유권 (2020도10729) [변시 23·24]

> **관련판례** [**참여권을 보장하지 않아 위법한 경우**] 수사기관이 준항고인을 피의자로 하여 발부받은 압수·수색영장에 기하여 인터넷서비스업체인 甲 주식회사를 상대로 甲 회사의 본사 서버에 저장되어 있는 준항고인의 전자정보인 카카오톡 대화내용 등에 대하여 압수·수색을 실시하였는데, 수사기관이 압수·수색 과정에서 준항고인의 참여권을 보장하지 않은 경우 압수·수색에서 나타난 위법이 압수·수색절차 전체를 위법하게 할 정도로 중대하여 압수·수색을 취소한 사안. (2016모587)

⑦ 압수목록 작성·교부의 방법 및 시기

ⅰ) [**교부의 시기**] 압수 직후 현장에서 바로 작성하여 교부해야 하는 것이 원칙 (2008도763) [변시 16]

ⅱ) [**교부의 방법에는 제한 ×**] 서면을 교부하거나 전자파일 형태로 복사해 주거나 이메일을 전송하는 등의 방식으로도 可 → 압수·수색영장 제시의 경우 원본을 제시하여야 하는 것과 구별하여야 한다. (2017도13263) [변시 23]

---

18) 형소법 제118조 단서 참조

iii) [정보저장매체의 경우 개별 파일 명세 특정 要]

예 수사기관이 압수·수색영장에 기재된 범죄 혐의사실과의 관련성에 대한 구분 없이 임의로 전체의 전자정보를 복제·출력하여 이를 보관하여 두고, 그와 같이 선별되지 않은 전자정보에 대해 구체적인 개별 파일 명세를 특정하여 상세목록을 작성하지 않고 '···.zip'과 같이 그 내용을 파악할 수 없도록 되어 있는 포괄적인 압축파일만을 기재한 경우 ➜ 수사기관이 취득한 "정보 전체"에 대해 그 압수는 위법한 것으로 취소되어야 하고, 사후에 압수·수색영장이 발부받아도 하자 치유 × (2021모1586)

5. [Case] 압수 · 수색 · 검증과 영장주의의 예외***

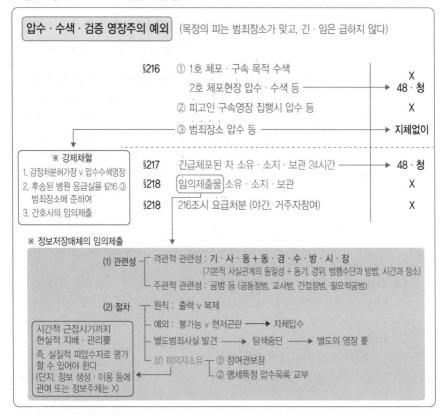

① 체포 · 구속 현장에서의 압수 · 수색 · 검증

　i) [체포영장에 의한 체포, 긴급체포, 현행범인의 체포를 불문] 검사 또는 사법경찰관은 피의자를 체포 또는 구속하는 경우에 필요한 때에는 영장 없이 체포현장에서 압수 · 수색 · 검증을 할 수 있다(제216조 제1항 제2호). [변시 12 · 13 · 14 · 16 · 22 · 23 · 24]

　ii) [압수 계속 필요시 48시간 이내 청구] 검사 또는 사법경찰관은 압수한 물건을 계속 압수할 필요가 있는 경우에는 지체 없이 압수 · 수색영장을 청구하여야 한다. 이 경우 영장의 청구는 체포한 때부터 48시간 이내에 하여야 한다(제217조 제2항). [변시 15 · 18 · 20 · 22] 검사 또는 사법경찰관은 청구한 압수 · 수색영장을 발부받지 못한 때에는 압수한 물건을 즉시 반환하여야 한다(제217조 제3항).

iii) **[사후영장을 발부받지 못한 경우의 압수물의 증거능력 ×]** 사법경찰관이 피의자를 긴급체포하면서 그 체포현장에서 물건을 압수한 경우 형소법 제217조 제2항, 제3항에 위반하여 압수·수색영장을 청구하여 이를 발부받지 아니하고도 즉시 반환하지 아니한 압수물은 이를 유죄 인정의 증거로 사용할 수 없음. → 피고인이나 변호인이 이를 증거로 함에 동의하였다고 하더라도 증거능력 × (2009도11401) [변시 12·13]

② 긴급체포된 자의 소유물 등에 대한 압수·수색·검증

　ⅰ) **[주체는 긴급체포된 자]** 검사 또는 사법경찰관은 긴급체포된 자가 소유·소지 또는 보관하는 물건에 대하여 긴급히 압수할 필요가 있는 경우에는 체포한 때부터 24시간 이내에 한하여 영장 없이 압수·수색 또는 검증을 할 수 있다(제217조 제1항). [변시 16·17]

　ⅱ) **[보이스피싱 범행과의 관련성 O]** 경찰관이 이른바 전화사기죄 범행의 혐의자를 긴급체포하면서 그가 보관하고 있던 다른 사람의 주민등록증, 운전면허증 등을 압수한 경우, 이는 해당 범죄사실의 수사에 필요한 범위 내의 압수로서 적법하므로 이를 위 혐의자의 점유이탈물횡령죄 범행에 대한 증거로 사용할 수 있다. (2008도2245) [변시 16·19]

　ⅲ) **[제216조 제1항 제2호와 제217조와의 관계]** *** 제217조에 따른 압수·수색 또는 검증은, 체포현장에서의 압수·수색 또는 검증을 규정하고 있는 형사소송법 제216조 제1항 제2호와 달리, 체포현장이 아닌 장소에서도 긴급체포된 자가 소유·소지 또는 보관하는 물건을 대상으로 할 수 있다. 예 긴급체포 현장에서 약 2km 떨어진 피고인의 주거지에서 메트암페타민 약 4.82g을 추가로 찾아내어 이를 압수한 것은 적법하다. (2017도10309) [변시 19]

　ⅳ) **[압수 계속 필요시 48시간 이내 청구]** 검사 또는 사법경찰관은 압수한 물건을 계속 압수할 필요가 있는 경우에는 지체 없이 압수·수색영장을 청구하여야 한다. 이 경우 영장의 청구는 체포한 때부터 48시간 이내에 하여야 한다(제217조 제2항). → 발부 × [변시 12·13·14·22]

③ 범죄장소에서의 긴급압수·수색·검증

　ⅰ) 범행 중 또는 범행 직후의 범죄장소에서 긴급을 요하여 판사의 영장을 받을 수 없는 때에는 영장없이 압수·수색·검증을 할 수 있다(제216조 제3항). [변시 20]

　ⅱ) 주취운전이라는 범죄행위로 당해 음주운전자를 구속·체포하지 아니한 경우에도 필요하다면 그 차량열쇠는 범행 중 또는 범행 직후의 범죄장소에서의 압수로서 형소법 제216조 제3항에 의하여 영장 없이 압수할 수 있다. (97다54482)

　ⅲ) 제216조 제3항의 요건 중 어느 하나라도 갖추지 못한 경우의 압수·수색은 위법하며 이 경우 사후영장을 발부받아도 위법성은 치유되지 않는다. (2014도16080)

　ⅳ) 음주운전 혐의가 있는 피의자가 교통사고를 야기한 후 의식불명의 상태로 병원 응급실에 후송되었고 피의자의 신체와 의복에서 술 냄새 등이 현저하다면 병원 응급실을 범죄장소에 준한다고 볼 수 있으므로 영장 없이 채혈할 수 있다. (2011도15258) [변시 14·16·18]

ⅴ) 범죄장소에서의 압수 등은 사후에 지체없이 압수 · 수색 · 검증영장을 발부받아
야 한다(제216조 제3항).

④ 임의제출물 또는 유류물의 압수

ⅰ) 검사 또는 사법경찰관은 피의자 기타인이 유류한 물건이나 소유자 · 소지자 · 보
관자가 임의로 제출한 물건을 영장없이 압수할 수 있다(제218조). [변시 17 · 19]

ⅱ) **[소유자, 소지자 또는 보관자가 '아닌 자'로부터의 제출은 증거능력 ×]** 소유자, 소지
자 또는 보관자가 '아닌 자'로부터 제출받은 물건을 영장 없이 압수한 경우, 그
압수물 및 압수물을 찍은 사진은 이를 유죄 인정의 증거로 사용할 수 없는 것이
고, 피고인이나 변호인이 이를 증거로 함에 동의하였다고 하더라도 달리 볼 것은
아니다. (2009도10092) [변시 13 · 18 · 20 · 22]

ⅲ) **[진료목적으로 채혈된 혈액을 간호사로부터 임의제출받은 경우 증거능력 O]** 경찰관
이 간호사로부터 진료목적으로 채혈된 피고인의 혈액 중 일부를 임의로 제출받
아 압수한 경우 압수절차가 피고인 또는 피고인의 가족의 동의 및 영장 없이 행
하여졌다고 하더라도 이에 적법절차를 위반한 위법이 없음. (98도968) [변시 13]

> **동지판례** 검사가 교도관으로부터 보관하고 있던 피고인의 비망록을 뇌물수수
> 등의 증거자료로 임의로 제출받아 이를 압수한 경우 → 그 압수절차가 피고인의 승낙
> 및 영장 없이 행하여졌다고 하더라도 이에 적법절차를 위반한 위법이 없음. (2008도1097) [변시
> 14 · 17]

ⅳ) **[제216조 vs 제218조]** 체포현장이나 범죄장소에서의 임의제출물의 압수의 경우
사후영장 不要 (2019도15178) [변시 23]

⑤ 영장주의의 예외와 요급처분의 가능성

ⅰ) 제216조의 규정에 의하여 영장에 의하지 않는 강제처분을 하는 경우에 급속을
요하는 때에는 영장의 집행과 책임자의 참여(제123조 제2항), 야간집행의 제한(제
125조)의 규정에 의함을 요하지 않음.

ⅱ) 제217조(긴급체포된 자의 소유물 등의 압색), 제218조(임의제출물의 압색)에 의하는
경우에는 요급처분의 예외가 허용되지 않음.

⑥ 정보저장매체에 대한 임의제출물의 압수★★★

ⅰ) **[제3자가 피의자 소유물을 임의제출한 경우]** 피해자 등 제3자가 피의자의 소유 · 관
리에 속하는 정보저장매체를 영장에 의하지 않고 임의제출한 경우에는 실질적
피압수자인 피의자가 수사기관으로 하여금 그 전자정보 전부를 무제한 탐색하
는 데 동의한 것으로 보기 어려울 뿐만 아니라 피의자 스스로 임의제출한 경우
피의자의 참여권 등이 보장되어야 하는 것과 견주어 보더라도 특별한 사정이 없
는 한 형사소송법 제219조, 제121조, 제129조에 따라 ⓘ **"피의자"에게 참여권
을 보장**하고 ⓘ 압수한 전자정보 **목록을 교부**하는 등 "피의자"의 절차적 권리
를 보장하기 위한 적절한 조치가 이루어져야 한다. (2016도348) [변시 23]

관련판례 [피고인이 이 사건 휴대전화를 임의제출한 경우] 수사기관이 甲을 성폭력 범죄의처벌등에관한특례법위반(카메라등이용촬영)의 현행범으로 체포하면서 휴대 전화를 임의제출받은 후 피의자신문과정에서 甲과 함께 휴대전화를 탐색하던 중 2022. 6.경의 동일한 범행에 관한 영상을 발견하고 그 영상을 甲에게 제시하였 으며 甲이 해당 영상을 언제, 어디에서 촬영한 것인지 쉽게 알아보고 그에 관해 구체적으로 진술하였던 경우에 甲에게 전자정보의 파일 명세가 특정된 압수목록 이 작성·교부되지 않았더라도 甲의 절차상 권리가 실질적으로 침해되었다고 볼 수 없다.[19] (2019도6730) [변시 23]

비교판례 [압수의 대상이 되는 전자정보와 그렇지 않은 정보가 혼재되어 있지 않은 경우] 다만 위 전원합의체 판결의 경우와 달리 수사기관이 임의제출받은 정보저 장매체가 그 기능과 속성상 임의제출에 따른 적법한 압수의 대상이 되는 전자정 보와 그렇지 않은 전자정보가 혼재될 여지가 거의 없어 사실상 대부분 압수의 대 상이 되는 전자정보만이 저장되어 있는 경우에는 소지·보관자의 임의제출에 따 른 통상의 압수절차 외에 피압수자에게 참여의 기회를 보장하지 않고 전자정보 압수목록을 작성·교부하지 않았다는 점만으로 곧바로 증거능력을 부정할 것은 아님.[20] (2019도7342) [변시 23]

ii) [피의자의 소유·관리에 속하는 정보저장매체] *** '피의자의 소유·관리에 속하는 정보저장매체'란, 피의자가 압수·수색 당시 또는 이와 **시간적으로 근접한 시 기**까지 해당 정보저장매체를 **현실적으로 지배·관리**하면서 그 정보저장매체 내 전자정보 전반에 관한 **전속적인 관리처분권을 보유·행사**하고, 달리 이를 자신의 의사에 따라 제3자에게 양도하거나 포기하지 아니한 경우로써, 피의자 를 그 정보저장매체에 저장된 전자정보에 대하여 **실질적인 피압수자로 평가**할 수 있는 경우를 말하는 것이다. 실질적인 피압수자에 해당하는지 여부는 민사법 상 권리의 귀속에 따른 법률적·사후적 판단이 아니라 압수·수색 당시 외형

---

19) 대법원은 피의자신문 시 이 사건 휴대전화를 피고인과 함께 탐색하는 과정에서 관련 범행에 관한 영상을 발견하였으므로, 피고인에게 참여권이 보장되었고, 경찰은 같은 날 곧바로 진행된 2회 피의자신문에서 이 사건 사진을 피고인에게 제시하였고, 5장에 불과한 이 사건 사진은 모두 동일 한 일시, 장소에서 촬영된 2014년 범행에 관한 영상을 출력한 것임을 육안으로 쉽게 알 수 있었 으므로 비록 피고인에게 전자정보의 파일 명세가 특정된 압수목록이 작성·교부되지 않았더라도 절차 위반행위가 이루어진 과정의 성질과 내용 등에 비추어 피고인의 절차상 권리가 실질적으로 침해되지 않았다고 판단하였다.
20) 甲이 A 소유 모텔 객실에 위장형 카메라를 몰래 설치하여 불법촬영을 하였는데 이후 甲의 범행을 인지한 수사기관이 A로부터 임의제출 형식으로 위 카메라를 압수한 경우, 카메라의 메모리카드 에 사실상 대부분 압수의 대상이 되는 전자정보만이 저장되어 있어 해당 전자정보인 불법촬영 동 영상을 탐색·출력하는 과정에서 위 임의제출에 따른 통상의 압수절차 외에 별도의 조치가 따로 요구되는 것은 아니므로, 甲에게 참여의 기회를 보장하지 않고 전자정보 압수목록을 작성·교부 하지 않았다는 점만으로 곧바로 위 임의제출물의 증거능력을 부정할 수 없다. [변시 23]

적·객관적으로 인식 가능한 사실상의 상태를 기준으로 판단하여야 한다. 정보저장매체의 외형적·객관적 지배·관리 등 상태와 별도로 **단지 피의자나 그 밖의 제3자가 과거 그 정보저장매체의 이용 내지 개별 전자정보의 생성·이용 등에 관여한 사실이 있다거나 그 과정에서 생성된 전자정보에 의해 식별되는 정보주체에 해당**한다는 사정만으로 그들을 실질적으로 **압수·수색을 받는 당사자로 취급하여야 하는 것은 아니다.** (2021도11170) [변시 23·24]

관련판례 [피고인이 전자정보의 생성·이용 등에 관여하였거나 정보주체인 경우 실질적인 피압수에 해당하는지 여부] ★★★

피고인이 허위의 인턴십 확인서를 작성한 후 갑의 자녀 대학원 입시에 활용하도록 하는 방법으로 갑 등과 공모하여 대학원 입학담당자들의 입학사정업무를 방해하였다는 공소사실과 관련하여, 갑 등이 주거지에서 사용하던 컴퓨터 내 정보저장매체(하드디스크)에 인턴십 확인서 등 증거들이 저장되어 있고, **갑은 자신 등의 혐의에 대한 수사가 본격화되자 을에게 지시하여 하드디스크를 은닉**하였는데, 이후 수사기관이 을을 증거은닉혐의 피의자로 입건하자 을이 이를 임의제출하였고, 수사기관은 하드디스크 임의제출 및 그에 저장된 전자정보에 관한 탐색·복제·출력 과정에서 **을 측에 참여권을 보장한 반면 갑 등에게는 참여 기회를 부여하지 않아** 그 증거능력이 문제 된 사안에서, 증거은닉범행의 피의자로서 하드디스크를 임의제출한 을에 더하여 **임의제출자가 아닌 갑 등에게도 참여권이 보장되어야 한다고 볼 수 없다.**

→ [판례해설] 공소외 1은 임의제출의 원인된 범죄혐의사실인 증거은닉범행의 피의자가 아닐 뿐만 아니라 이 사건 하드디스크의 존재 자체를 은폐할 목적으로 막연히 '자신에 대한 수사가 끝날 때까지' 은닉할 것을 부탁하며 이 사건 하드디스크를 공소외 3에게 교부하였다. 이는 자신과 이 사건 하드디스크 및 그에 저장된 전자정보 사이의 외형적 연관성을 은폐·단절하겠다는 목적 하에 그 목적 달성에 필요하다면 '수사 종료'라는 불확정 기한까지 이 사건 하드디스크에 관한 전속적인 지배·관리권을 포기하거나 공소외 3에게 전적으로 양도한다는 의사를 표명한 것으로 볼 수 있다. (대판(전) 2023.9.18. 2022도7453)

☑ 압수 · 수색 · 검증과 영장주의의 예외

	사후영장 필요여부	요급처분 허용여부(제220조)
체포구속 목적의 피의자 수색(제216조 제1항 제1호)	불요	급속을 요하는 경우 아래 규정 배제(요급처분 허용) ① 책임자참여(제123조 제2항) ② 야간집행 제한(제125조)
체포구속현장에서의 압수등 (제216조 제1항 제2호)	압수계속 필요시 지체없이(늦어도 체포시부터 48시간 이내) 청구하여 사후영장 발부 받아야 함 (제217조 제2항)	
피고인 구속영장 집행시 압수등(제216조 제2항)	불요	
범행중 범행직후 범죄장소에서 압수등(제216조 제3항)	지체없이 사후영장 발부 받아야 함	
긴급체포된 자에 대한 압수등 (제217조 제1항)	① 긴급체포후 24시간 이내 영장없이 압수등 허용 ② 압수계속 필요시 지체없이(늦어도 긴급체포시부터 48시간 이내) 청구하여 사후영장 발부받아야 함(동조 제2항)	요급처분을 허용하는 명문규정이 없음
임의제출물등에 대한압수 (제218조)	불요	

6. 압수물의 환부

① 실체법인 민법(사법)상 권리의 유무나 변동이 압수물의 환부를 받을 자의 절차법인 형사소송법(공법)상 지위에 어떠한 영향을 미친다고는 할 수 없음. ➡ 압수물의 환부는 단지 압수를 해제하여 압수 이전의 상태로 환원시키는 것에 불과 (94모51)

② [피압수자가 압수물에 대한 소유권을 포기한 경우] 압수물을 환부하여야 하는 수사기관의 환부 의무 면제 ×, 피압수자의 환부청구권 소멸 × (94모51) [변시 17 · 21]

7. 강제채혈 [≒강제채뇨] [변시 23 · 24]

① 수사기관이 피의자의 동의 없이 혈액을 취득 · 보관하는 방법 (2011도15258)
   i) 법원으로부터 압수 · 수색영장 또는 감정처분허가장을 발부받는 방법
   ii) 사고현장으로부터 곧바로 후송된 병원 응급실을 제216조 제3항의 범죄장소에 준하는 곳으로 보아 자격이 있는 자로 하여금 필요최소한의 한도 내에서 혈액을 채취하게 한 후 후 사후영장을 발부받는 방법
   iii) 경찰관이 간호사로부터 진료 목적으로 채혈된 피고인의 혈액 중 일부를 임의로 제출받아 압수하는 방법

② [위법한 절차에 의한 혈액채취 ➡ 영장주의 위반으로서 증거능력 ×] 영장 또는 감정처분허가장을 발부받지 아니한 채 피의자의 동의 없이 피의자의 신체로부터 혈액을 채취하고 더구나 사후적으로도 지체없이 이에 대한 영장을 발부받지 아니하고서 위와 같이 강제채혈한 피의자의 혈액 중 알코올 농도에 관한 감정이 이루어졌다면, 이러한 '감정결과보고서'의 증거능력 ➡ 영장주의와 적법절차 원칙의 위반으로서 증거능력이 없고, 피고인이나 변호인의 증거동의하여도 증거능력 없음. (2009도10871) [변시23]

실전연습 005 　전자정보에 대한 압수·수색과 복사본의 증거능력***

丙은 위와 같이 중간에 도망친 바람에 乙로부터 돈을 받기 어려워졌다고 생각하고 유흥비를 마련하기 위하여 휴대전화 메신저 어플리케이션을 이용하여 옛 여자친구 B에게 "내일까지 네가 3개월 전에 나한테서 빌려간 돈 100만 원을 무조건 갚아. 안 그러면 네 가족과 친구들이 이 동영상을 보게 될 거야."라는 메시지를 보내면서 과거 B와 성관계를 하면서 합의하에 촬영한 동영상을 캡처한 사진 파일을 첨부하였다. 위 메시지와 사진 파일을 받아 본 B는 겁을 먹고 경찰에 신고하였다.

B의 신고를 받은 경찰관 P는 수사를 거쳐 丙의 인적사항 등을 파악하였고, 위 (6)항 기재 내용을 범죄사실로 하는 압수수색영장을 발부받아 丙의 휴대전화를 압수하였다. 경찰관 P는 丙의 휴대전화에서 발견된 丙과 B의 성관계 동영상 파일을 CD에 복사하여 기록에 편철하였다. 공판에서 丙이 디지털 포렌식 과정에서의 절차 위반을 주장하면서 증거 부동의를 하는 경우 CD에 저장된 동영상 파일은 어떠한 요건을 갖추어야 증거능력이 인정되는가?　　　　　　　　　　　　　　【제11회 변호사시험 제1문】

1. 논점

· 휴대전화에서 발견된 성관계 동영상 파일을 CD에 복사한 경우 압수가 적법한지, 원본을 복사한 사본을 증거방법으로 사용할 수 있는지, 동영상 파일이 진술증거인지 여부가 문제된다.

2. CD의 저장된 동영상 파일의 증거능력을 인정하기 위한 요건

(1) 압수·수색 절차의 적법성

압수의 목적물이 정보저장매체인 경우에는 '기억된 정보의 범위를 정하여'(즉 범죄혐의사실과 관련된 부분만을) 출력하거나 복제하여 제출받아야 한다. 다만, 범위를 정하여 출력 또는 복제하는 방법이 불가능하거나 압수의 목적을 달성하기에 현저히 곤란하다고 인정되는 때에는 정보저장매체등을 압수할 수 있다(제219조, 제106조 제3항). 이 경우 압수·수색 시에는 형사소송법 제219조, 제121조, 제129조에 따라 ⅰ) "피의자"에게 참여권을 보장하고 ⅱ) 압수한 전자정보 목록을 교부하는 등 "피의자"의 절차적 권리를 보장하기 위한 적절한 조치가 이루어져야 한다.

사안에서 경찰관 P가 丙의 휴대전화를 압수한 후 이를 선별하고 다시 이를 CD에 복사하는 과정은 전체적으로 하나의 영장을 집행하는 유기적인 절차이므로 영장 집행에 있어 피의자의 절차적 권리를 보장하기 위한 적절한 조치가 이루어졌음을 증명하면 증거능력이 인정된다.

(2) 원본을 복사한 사본을 증거방법으로 사용할 수 있는지 여부

사안에서 제출된 CD는 휴대전화의 동영상을 복제한 복사본에 해당한다. 따라서 이를 증거로 사용하기 위해서는 최량증거의 법칙에 따라 ① 휴대전화의 동영상 원본이 존재하거나 존재하였고, ② 휴대전화기의 동영상 원본을 법정에 제출할 수 없거나 그 제출이 곤란한 사정이 있으며, 휴대전화의 동영상과 CD의 파일 영상이 정확하게 전사되었다는 사실이 증명되어야 한다(대판 : 2006도2556; 대판 : 2015도2275). 따라서 사안의 경우 이와 같은 증명이 없으면 위법하므로 증거로 사용할 수 없다.

(3) 동영상이 진술증거인지 여부[21)]

동영상은 범행상황을 촬영한 현장사진과 실질적으로 동일한 성질을 가진다. 한편 현장사진에 대하여는 사실의 보고라는 기능적인 성질을 가지고 있으므로 진술증거로 보아야 한다는 견해가 있다.[22)] 그러나 현장사진은 사람의 지각에 의한 진술이 아니므로 비진술증거로 보는 것이 타당하다(대판 : 2007도3906, 대판 : 97도1230 참고).[23)] 따라서 사안의 경우 동영상 파일은 내용의 진실성이 문제되지 않으므로 전문법칙이 적용되지 않는다.

3. 결론

정보저장매체에 대한 압수·수색 시 피압수자에 대한 절차적 권리보장과 사본을 증거로 하기 위한 요건을 갖추면 증거능력이 인정된다.

---

21) 증거방법의 성질에 따라 증거능력 인정요건이 달라지므로 반드시 논의를 하여야 한다.
22) 이 견해에 따르면 전문법칙이 적용되어 전문법칙의 예외요건을 구비하여야 증거능력이 인정된다(본 사례에서는 제313조의 요건을 구비하여야 한다). 저자는 비진술증거로 보는 견해를 자설로 선택하기로 하였으므로 진술증거로 볼 경우의 증거능력 인정요건은 생략하였다.
23) 그 밖에 현장사진을 비진술증거로 보면서도 그 작성과정의 오류나 조작가능성을 고려하여 검증조서에 준하여 증거능력을 인정하여야 한다는 견해(검증조서유추적용설)도 있다.

체포현장에서의 압수·수색★★ [변시 14]

이른바 보이스 피싱이라는 사기죄를 범한 甲은 경찰의 수사망이 좁혀오자 잠적을 하였다. 수사를 진행한 담당 경찰관 P는 甲이 은신하고 있는 호텔로 가서 호텔 종업원의 협조로 甲의 방 안에 들어가 타인 명의의 예금통장 십여 개와 甲이 투약한 것으로 의심되는 필로폰을 영장 없이 압수한 후, 호텔에 잠복하고 있다가 외출 후 호텔로 돌아오는 甲을 사기죄로 적법하게 긴급체포하였다.

경찰관 P의 예금통장 및 필로폰 압수는 적법한가? **【제3회 변호사시험 제2문】**

1. 논점

검사 또는 사법경찰관은 피의자를 체포하거나 피고인·피의자를 구속하는 경우에 필요한 때에는 영장없이 체포현장에서 압수·수색·검증을 할 수 있다(제216조 제1항 제2호, 동조 제2항). '체포현장'의 의미와 관련하여 압수·수색의 대상이 어디까지인지가 문제가 된다.

2. 학설

'체포현장'의 의미와 관련하여 ㉠ 체포행위에 시간적·장소적으로 근접해 있으면 되고 체포 전후를 묻지 않는다는 **시간적·장소적 접착설** ㉡ 압수·수색 당시 피의자가 현장에 있어야 한다는 **현장설** ㉢ 피의자가 현장에 있고 체포가 현실적으로 착수되면 족하다는 **체포착수설** ㉣ 피의자가 현실적으로 체포되어 있어야 한다는 **체포설** 등의 견해 대립이 있다.

3. 검토 및 결론

시간적·장소적 접착설은 압수·수색의 범위를 부당하게 확대할 위험이 있고, 피의자가 도주한 경우에도 압수·수색의 필요성이 인정되므로 체포착수설이 타당하다.

설문상 경찰관 P는 甲에 대한 체포에 착수하지 않은 상태에서 압수·수색을 한 것이므로 이는 위법하다. 물론 甲에 대한 긴급체포 전에 압수·수색을 한 것이므로 형사소송법 제217조 제1항에 의한 적법한 압수·수색으로 볼 수도 없다.

甲이 乙에게 채무변제를 독촉하면서 "너 혼자 몰래 A의 집에 들어가 A 소유의 도자기를 훔쳐 이를 팔아서 나에게 변제하라."라고 말하였다. 이를 승낙한 乙은 혼자 범행을 하는 것이 두려운 나머지 甲에게는 알리지 않은 채 친구 丙과 함께 A의 도자기를 훔치기로 공모하였다. 범행이 발각될 것이 두려웠던 甲은 乙에게 전화하여 범행단념을 권유하였으나, 乙은 甲의 제안을 단호히 거절하였고 2018. 6. 20. 10:00경 丙과 함께 A의 집에 도착하였다. 丙은 A의 집 앞에서 망을 보고, 곧바로 乙은 A의 집에 들어가 A의 도자기를 훔친 후 丙과 함께 도주하였다. 그 후 乙은 B를 기망하여 도자기를 1억 원에 판매하고 자신의 몫 5,000만 원을 은행에 별도 계좌를 개설하여 예금해 두었다가 며칠 후 그 전액을 수표로 인출하여 그 정을 알고 있는 甲에게 채무변제금 명목으로 지급하였다.

사건을 수사하던 사법경찰관 P는 2018. 6. 27. 22:00경 乙을 카페에서 적법하게 긴급체포한 직후, 乙이 자신의 노트북 컴퓨터로 작업하던 위 범행 관련 문서를 발견하고 노트북 컴퓨터를 그 자리에서 영장 없이 압수하였다. 그 후 P는 경찰서로 연행된 乙로부터 도자기 판매대금이 예치되었던 예금통장이 乙의 집에 있다는 임의의 자백을 듣고, 가족이 이를 훼손할 염려가 있는 등 긴급히 그 예금통장을 압수할 필요가 있다고 판단하였다. P는 2018. 6. 28. 01:00경 압수수색영장 없이 乙의 집에 들어가 그 집을 지키던 乙의 배우자를 집 밖으로 나가게 한 채 집을 수색하여 예금통장을 압수하고 나서 즉시 노트북 컴퓨터와 예금통장에 대하여 압수수색영장을 발부받았다.

P가 압수한 예금통장과 노트북 컴퓨터로부터 취득한 정보의 증거능력은 인정되는가?

【제8회 변호사시험 제1문】

1. 논점

적법한 절차에 따르지 아니하고 수집한 증거는 증거로 할 수 없는바(형사소송법 제308조의2, 이하 형사소송법 법명 생략), 예금통장과 노트북 컴퓨터의 정보가 적법한 절차에 따라 수집되었는지 문제된다.

2. 예금통장과 노트북 컴퓨터의 정보 수집의 적법여부와 증거능력 인정여부

(1) 영장에 의하지 아니하는 압수 · 수색의 적법요건

1) 긴급체포 현장에서의 압수

사법경찰관은 긴급체포(제200조의3)의 규정에 의하여 피의자를 체포하는 경우에 필요한 때에는 영장없이 체포현장[24]에서 압수할 수 있다(제216조 제1항 제2호). 다만, 압수는 긴급체포의 사유가 된 당해 범죄사실과 관련된 물건에 제한된다.

---

24) 본 사안의 체포현장의 의미에 관한 어느 견해에 의하더라도 체포현장이라고 인정되므로 학설을 구구절절 기술하는 것은 의미가 없다.

2) 긴급체포된 자의 소유물 등에 대한 압수·수색

사법경찰관은 제200조의3(긴급체포)에 따라 체포된 자가 소유·소지 또는 보관하는 물건에 대하여 긴급히 압수할 필요가 있는 경우에는 체포한 때부터 24시간 이내에 한하여 영장 없이 압수·수색을 할 수 있다(제217조 제1항). 본 조항에 의한 압수·수색은 제216조 제1항 제2호와 달리, 체포현장이 아닌 장소에서도 긴급체포된 자가 소유·소지 또는 보관하는 물건을 대상으로 할 수 있다(대판 : 2017도10309). 다만 압수는 긴급체포의 사유가 된 당해 범죄사실과 관련된 물건에 제한된다(대판 : 2008도2245).

3) 사후 압수·수색 영장의 청구

사법경찰관은 제217조 제1항 또는 제216조 제1항 제2호에 따라 압수한 물건을 계속 압수할 필요가 있는 경우에는 지체 없이 압수·수색영장을 청구하여야 한다. 이 경우 압수·수색영장의 청구는 체포한 때부터 48시간 이내에 하여야 한다(제217조 제2항).

4) 요급처분의 허용여부

제216조 제1항 제2호의 규정에 의한 처분을 하는 경우에 급속을 요하는 때에는 제123조 제2항(주거주, 간수자 등의 참여), 제125조(야간집행의 제한)의 규정에 의함을 요하지 아니한다(제220조). 다만 제217조 제1항에 의한 압수·수색의 경우에는 제220조가 적용되지 아니한다.

5) 정보저장매체에 기억된 정보의 압수

사법경찰관은 압수의 목적물이 정보저장매체인 경우에는 '기억된 정보의 범위를 정하여'(즉 범죄 혐의사실과 관련된 부분만을) 출력하거나 복제하여 제출받아야 한다. 다만, 범위를 정하여 출력 또는 복제하는 방법이 불가능하거나 압수의 목적을 달성하기에 현저히 곤란하다고 인정되는 때에는 정보저장매체등을 압수할 수 있다(제219조, 제106조 제3항).

(2) 사안의 검토

1) 노트북 컴퓨터의 정보 수집의 적법여부 및 증거능력 인정여부

사안에서 사경 P가 압수한 노트북 컴퓨터는 제216조 제1항 제2호의 체포현장에서 압수한 물건에 해당하고 체포한 때부터 48시간 이내에 압수·수색영장의 청구하여 발부받았으므로 제217조 제2항의 요건을 구비하였다. 또한 압수시간이 22:00경 이었을지라도 제216조 제1항 제2호의 압수의 경우 제220조에 의하여 제125조(야간집행의 제한)의 규정이 적용되지 아니하므로 이를 이유로 압수가 위법하다고 할 수 없다.

그러나 乙의 범행과 관련이 있는 것은 노트북 컴퓨터 자체가 아니라 노트북 컴퓨터에 저장된 범행 관련 문서(전자정보)임에도 사경 P는 그 문서를 출력하거나 복제하여 제출받지 아니하고 노트북 컴퓨터 자체를 압수하였고 사안에서는 이러한 압수를 정당화할 만한 예외적 사유[25](제106조 제3항 단서)도 보여지지 아니한다.

---

25) 이 부분도 간단하게라도 반드시 언급되어야 할 부분이다. 사안이 제106조 제3항 단서 요건을 구비할 수 있는 경우라면 노트북 컴퓨터 자체를 압수한 것만을 이유로 위법하다고 할 수 없기 때문이다.

따라서 P가 압수한 노트북 컴퓨터로부터 취득한 정보는 제106조 제3항을 위반하여 수집한 증거이므로 적법한 절차에 의하지 아니하고 수집한 증거로서 증거능력이 인정되지 않는다.

 2) 예금통장 압수의 적법여부 및 증거능력 인정여부

사안에서 사경 P에 의하여 압수된 예금통장은 긴급체포현장이 아닌 乙의 집에서 영장 없이 압수한 것이지만 이 경우도 적법하게 긴급체포된 乙의 소유물에 해당하고, 가족이 예금통장을 인멸할 염려가 있으므로 긴급히 압수할 필요가 인정되고, 체포한 때부터 24시간 이내에 압수하였으며 긴급체포의 사유가 된 사기 등의 범죄사실과 관련성도 인정되며 체포한 때부터 48시간 이내에 압수·수색영장의 청구하여 발부받았다. 따라서 사경 P의 예금통장 압수는 제217조 제1항, 제2항의 요건은 구비하였다.

그러나 제217조 제1항에 의한 압수·수색의 경우에는 제220조(요급처분의 허용)가 적용되지 아니함에도 사경 P는 01:00경 乙의 집에 들어가 집을 지키던 乙의 배우자를 집 밖으로 나가게 한 채 집을 수색하여 예금통장을 압수하였으므로 제123조 제2항(주거주, 간수자 등의 참여), 제125조(야간집행의 제한)의 규정에 위반한 것이다.

따라서 P가 압수한 예금통장은 적법한 절차에 따르지 아니하고 수집한 증거로서 증거능력이 인정되지 않는다.

3. 결론

P가 압수한 예금통장과 노트북 컴퓨터로부터 취득한 정보의 증거능력은 인정되지 않는다.

CASE 쟁점 020 **제3자가 피의자 소유물을 임의제출한 경우*** [변시 23]

甲의 여자친구 D는 甲이 잠이 든 D의 나체를 동의 없이 휴대전화를 이용하여 사진 촬영한 사실을 신고하면서 甲 몰래 가지고 나온 甲의 휴대전화를 사법경찰관 K에게 증거물로 제출하였다. K는 위 휴대전화를 압수한 후 D와 함께 휴대전화의 전자정보를 탐색하다가 D의 나체 사진 외에도 甲이 D와 마약류를 투약하는 장면이 녹화된 동영상을 발견하였고, 탐색을 계속하여 甲과 성명불상의 여성들이 마약류를 투약하는 장면이 녹화된 동영상을 발견하자 위 동영상들을 따로 시디(CD)에 복제하였다. 그 후 K는 위 시디(CD)에 대하여 영장을 발부받아 甲의 참여하에 이를 압수하였다.

甲이 위 동영상들과 관련된 범죄사실로 공소제기된 경우 甲의 변호인의 입장에서 위 시디(CD)의 증거능력을 부정할 수 있는 근거를 모두 제시하시오.

【제12회 변호사시험 제2문】

1. 논점

사법경찰관이 **피해자로부터 임의제출**을 받은 **피의자 소유의 휴대전화**에서 **별건**과 관련된 다른 피해자에 대한 동영상과 사진 등을 발견하고 이를 CD에 복제한 경우 증거능력을 부정할 수 있는 근거가 문제된다.

2. CD 압수의 적법성

(1) 임의제출물의 압수의 범위

수사기관이 제출자의 의사를 쉽게 확인할 수 있음에도 이를 확인하지 않은 채 특정 범죄혐의사실과 관련된 전자정보와 그렇지 않은 전자정보가 혼재된 정보저장매체를 임의제출 받은 경우, 그 정보저장매체에 저장된 전자정보 전부가 임의제출되어 압수된 것으로 취급할 수는 없다. 전자정보를 압수하고자 하는 수사기관이 정보저장매체와 거기에 저장된 전자정보를 임의제출의 방식으로 압수할 때, 제출자의 구체적인 제출 범위에 관한 의사를 제대로 확인하지 않는 등의 사유로 인해 임의제출자의 의사에 따른 전자정보 압수의 대상과 범위가 명확하지 않거나 이를 알 수 없는 경우에는 임의제출에 따른 압수의 동기가 된 범죄혐의사실과 관련되고 이를 증명할 수 있는 최소한의 가치가 있는 전자정보에 한하여 압수의 대상이 된다. 이때 범죄혐의사실과 관련된 전자정보에는 범죄혐의사실 그 자체 또는 그와 기본적 사실관계가 동일한 범행과 직접 관련되어 있는 것은 물론 범행 동기와 경위, 범행 수단과 방법, 범행 시간과 장소 등을 증명하기 위한 간접증거나 정황증거 등으로 사용될 수 있는 것도 포함될 수 있다(대판(전) : 2016도348).

(2) 임의제출물 압수 시 피압수자에 대한 절차적 요건

정보저장매체나 그 복제본을 임의제출받은 수사기관이 그 정보저장매체 등을 수사기관 사무실 등으로 옮겨 이를 탐색·복제·출력하는 경우, 그와 같은 일련의 과정에서 형사소송법 제219조, 제121조에서 규정하는 ⅰ) 피압수·수색 당사자(이하 '피압수자'라 한다)나 그 변호인에게 참여의 기회를 보장하고 ⅱ) 압수된 전자정보의 파일 명세가 특정된 압수목록을 작성·교부하여야 하며 범죄혐의사실과 무관한 전자정보의 임의적인 복제 등을 막기 위한 적절한 조치를 취하는 등 영장주의 원칙과 적법절차를 준수하여야 한다. 특히 피해자 등 제3자가 피의자의 소유·관리에 속하는 정보저장매체를 영장에 의하지 않고 임의제출한 경우에는 실질적 피압수자인 피의자가 수사기관으로 하여금 그 전자정보 전부를 무제한 탐색하는 데 동의한 것으로 보기 어려울 뿐만 아니라 피의자 스스로 임의제출한 경우 피의자의 참여권 등이 보장되어야 하는 것과 견주어 보더라도 특별한 사정이 없는 한 형사소송법 제219조, 제121조, 제129조에 따라 ⅰ) "피의자"에게 참여권을 보장하고 ⅱ) 압수한 전자정보 목록을 교부하는 등 "피의자"의 절차적 권리를 보장하기 위한 적절한 조치가 이루어져야 한다.

한편, 전자정보에 대한 압수·수색이 종료되기 전에 범죄혐의사실과 관련된 전자정보를 적법하게 탐색하는 과정에서 별도의 범죄혐의와 관련된 전자정보를 우연히 발견한 경우라면, ① 수사기관은 더 이상의 추가 탐색을 중단하고, ② 법원으로부터 별도의 범죄혐의에 대한 압수·수색영장을 발부받은 경우에 한해 그러한 정보에 대해서도 적법하게 압수·수색을 할 수 있다(대판(전) : 2016도348).

(3) 사안의 경우

甲의 변호인은 ① 임의제출자인 D의 의사가 명확하지 않으므로 피의사실인 성범죄 사실과 객관적 관련성이 있는 전자정보만을 압수해야 하는데 위 CD는 임의제출에 따른 압수의 동기가 된 성범죄 사실과 관련된 전자정보가 아니며, ② 위 전자정보를 탐색·복제·출력 시에 피의자나 변호인의 참여권을 보장하지 않았으며, ③ 별도의 마약범죄와 관련된 전자정보를 발견했음에도 탐색을 중단하지 않고 별도의 영장을 발부받지 않은 점은 중대한 영장주의 위반으로서 위법수집증거에 해당하며 이와 같은 영장주의의 중대한 위법이 있는 이상 사후에 압수·수색영장을 받아 압수 절차가 진행되었더라도 증거능력이 인정될 수 없음을 주장해야 한다.

3. CD 제출의 적법성

사안에서 제출된 CD는 휴대전화의 동영상들을 복제한 복사본에 해당한다. 따라서 이를 증거로 사용하기 위해서는 최량증거의 법칙에 따라 ① 휴대전화의 동영상 원본이 존재하거나 존재하였고, ② 휴대전화기의 동영상 원본을 법정에 제출할 수 없거나 그 제출이 곤란한 사정이 있으며, 휴대전화의 동영상과 CD의 파일 영상이 정확하게 전사되었다는 사실이 증명되어야 한다(대판 : 2006도2556; 대판 : 2015도2275). 따라서 사안의 경우 이와 같은 증명이 없으면 위법하므로 증거로 사용할 수 없다.

4. 사인의 위법수집증거

위법수집증거배제법칙은 국가기관(일반적으로 수사기관)이 위법하게 수집한 증거의 증거능력을 부정하는 법칙이다. 일반 사인이 불법적으로 수집한 증거에 대해서 이 법칙을 적용하자는 견해도 있을 수 있으나, 判例는 일반 사인이 불법적으로 수집한 증거의 증거능력에 대해서는 위법수집증거배제법칙 대신에 공익(형사소추 및 형사소송에서의 진실발견)과 사익(개인의 인격적 이익 등)을 비교형량하여 결정하고 있다.

사안에서 휴대전화는 甲의 성폭력 범죄와 관련하여 반드시 필요한 증거로 보이므로 설사 그것이 소유자가 아닌 D가 수사기관에 임의로 제출한 것이라고 하더라도 공익의 실현을 위하여는 휴대전화를 범죄의 증거로 제출하는 것이 허용되어야 하고, 이로 말미암아 피고인의 사생활 영역을 침해하는 결과가 초래된다 하더라도 이는 甲이 수인하여야 할 기본권의 제한에 해당한다.[26]

5. 결론

甲의 변호인은 CD는 위법하게 수집된 증거에 해당하여 증거능력이 인정되지 않으므로 (제308조의2) 사후에 압수·수색영장을 발부받았다거나 甲이 증거동의를 하더라도 증거로 사용할 수 없음을 근거로 제시해야 한다. 만약 이와 같은 사정이 인정되지 않더라도 CD 제출의 적법성을 다투어 증거능력을 부정할 수 있다.

---

26) "D가 甲의 휴대전화를 몰래 가지고 나와 제출한 것은 甲의 기본권 침해가 중대하고 휴대전화 내의 동영상의 확보는 신고 이후 일반적인 휴대전화의 압수·수색 절차를 통해서도 얼마든지 가능하므로 사안에서 휴대전화 제출은 위법수집증거에 해당한다."는 포섭도 가능하다. 다만 저자는, 일반적인 판례의 경향에 따라 답안을 서술하였다.

甲은 다이아몬드(시가 6,500만 원 상당)를 매도하려다가 경찰에 적발되어 관세법위반혐의로 구속수사를 받는 한편 위 다이아몬드를 압수당하게 되었는데, 甲은 수사관에 대하여 "다이아몬드에 대한 어떠한 권리나 소유권을 주장하지 않을 것임을 서약한다"는 내용의 소유권포기서를 작성·제출하였다. 이후 담당 검사는 다이아몬드의 최초 매매 알선 의뢰인인 乙의 소재가 불명하여 다이아몬드가 밀수품인지 여부를 알 수 없다는 이유로 甲을 기소중지 처분하였다.

甲은 검사에게 압수물의 환부를 청구할 수 있는가?

1. 논점

검사는 사본을 확보한 경우 등 압수를 계속할 필요가 없다고 인정되는 압수물 및 증거에 사용할 압수물에 대하여 공소제기 전이라도 소유자, 소지자, 보관자 또는 제출인의 청구가 있는 때에는 환부 또는 가환부 하여야 한다(제218조의2 제1항).

이와 관련하여 '기소중지 처분'을 한 경우에도 환부 청구가 가능한지, 그리고 피압수자가 소유권 등을 포기한 경우에도 환부 청구가 가능한지 문제가 된다.

2. 학설

(1) 기소중지 처분 관련

㉠ 기소중지는 수사의 잠정적 중단에 불과하고 나중에 여전히 수사의 필요성이 인정되므로 압수의 필요성이 인정된다는 견해(환부청구를 할 수 없다는 견해)와 ㉡ 법률상 처벌할 수 없는 사람의 소유물 등에 대하여 압수를 계속하는 것은 재산권을 침해할 우려가 있으므로 압수의 필요성이 인정되지 않는다는 견해(환부청구를 할 수 있다는 견해)가 대립한다.

(2) 소유권 등을 포기 관련

㉠ 피압수자가 압수물에 대한 소유권이나 압수물 환부청구권을 포기한 경우 이는 효력이 있어 환부청구를 할 수 없다는 견해와 ㉡ 피압수자가 압수물에 대한 소유권이나 압수물 환부청구권을 포기한 경우 이는 효력이 없어 환부청구를 할 수 있다는 견해가 대립한다.

3. 判例

(1) 기소중지 처분 관련

외국산 물품을 관세장물의 혐의가 있다고 보아 압수하였다 하더라도 그것이 언제, 누구에 의하여 관세포탈된 물건인지 알 수 없어 기소중지 처분을 한 경우에는 그 압수물은 관세장물이라고 단정할 수 없어 이를 국고에 귀속시킬 수 없을 뿐만 아니라 압수를 더 이상 계속할 필요도 없다(대결 : 94모51).

(2) 소유권 등을 포기 관련

　　압수물의 소유권이나 그 환부청구권을 포기하는 의사표시로 인하여 환부의무에 대응하는 압수물에 대한 환부청구권이 소멸하는 것은 아니다(대결 : 94모51).

4. 검토 및 결론

　　무죄추정의 원칙과 피압수자의 재산권을 고려해 보았을 때 판례의 입장이 타당하다. 사안의 경우 검사는 다이아몬드가 밀수품인지 여부를 알 수 없다는 이유로 기소중지 처분을 하였는데, 이것은 실질적으로 '혐의 없음' 불기소처분이라고 보아야 한다. 그리고, 甲이 소유권 포기서를 작성·제출하였더라도 이것은 무효이므로 甲은 검사에게 압수물의 환부를 청구할 수 있다.

03 수사상의 증거보전과 증인신문

선택형 핵심지문

1. 수사상의 증거보전

① 증거보전은 미리 증거를 보전하지 아니하면 그 증거를 사용하기 곤란한 사정 즉 '증거보전의 필요성'이 있을 때에 할 수 있다(제184조 제1항).

② '증거를 사용 곤란'에는 공판정에서 해당 증거의 증거조사가 곤란한 경우(예 증거물의 멸실·분산, 증인의 사망임박·질병·해외이주)뿐만 아니라 증명력의 변화가 예상되는 경우(예 진술의 변경가능성이 있는 경우)도 포함된다. [변시 14]

③ [제1회 공판기일 전] 증거보전은 제1회 공판기일 전에 한하여 이를 청구할 수 있다(제184조 제1항). ➔ 수사단계는 물론 공소제기 후라도 제1회 공판기일 전이면 가능

④ [검·피·피·변] 청구권자는 **검사·피의자·피고인·변호인**이다. 따라서 증거보전은 피고인 또는 피의자가 형사입건도 되기 전에 청구할 수는 없음. ➔ 피내사자는 청구권자 × (제184조 제1항) (79도792) [변시 24]

⑤ [압수·수색·검증·감정·증인신문만 가능] 증거보전으로 청구할 수 있는 것은 압수·수색·검증·증인신문·감정이다. 따라서 피의자신문 또는 피고인신문에 해당하는 사항을 증거보전의 방법으로 청구할 수 없다. ➔ 피고인 신문 ×
다만, 공동피고인과 피고인이 뇌물을 주고받은 사이로(필요적 공범관계에 있다고 하더라도) 검사는 수사단계에서 피고인에 대한 증거를 미리 보전하기 위하여 필요한 경우에는 판사에게 공동피고인을 증인으로 신문할 것을 청구할 수 있으나 공범이 형사입건이 되어 있지 않다면 그 공범에 관한 증거보전의 효력도 인정할 수 없다.

→ 공판절차에서 변론이 분리되지 않은 공범인 공동피고인들의 경우를 제외하고, 공범자들 상호간에 증인적격이 인정된다는 대법원의 기본입장을 고려하면 위 판례의 결론은 당연하다. (86도1646) [변시 17 · 18 · 24]

⑥ [참여권 침해 상태 작성된 증인신문조서 증거동의 시 증거능력 O] 증거보전절차로 증인 신문을 하는 경우 참여권을 보장하지 않은 상태에서 작성한 증인신문조서는 원칙적으로 증거능력이 없으나 예외적으로 증거동의가 있으면 증거능력 인정됨. (86도1646)

2. 수사상의 증인신문

① [검사가 · 제1회 공판기일 전 · 증인신문] 범죄의 수사에 없어서는 아니될 사실을 안다고 명백히 인정되는 자가 출석 또는 진술을 거부한 경우에는 검사는 제1회 공판기일 전에 한하여 판사에게 그에 대한 증인신문을 청구할 수 있다. → 증인신문청구는 증거보전과는 달리 '검사만' 할 수 있다(제221조의2). [변시 24]

② [피고인 퇴정 후 증인신문 진행이 가능하나 이 경우에도 피고인의 반대신문권 배제 불가] 재판장은 피고인을 퇴정하게 하고 증인신문을 진행함으로써 피고인의 직접적인 증인 대면을 제한할 수 있지만, 이러한 경우에도 피고인의 반대신문권을 배제하는 것은 허용되지 않는다(제297조). (2011도15608) [변시 23]

☑ 수사상의 증거보전 vs 수사상의 증인신문

구 분	증거보전	증인신문
공 통 점	① 제1회 공판기일 전까지 청구 가능 ② 수임판사에 의하여 행하여지며 판사의 권한도 동일 ③ 청구한 자의 소명을 요함 ④ 작성된 조서(법관의 면전조서) : 당연히 증거능력이 인정 ⑤ 당사자의 참여권이 인정됨	
요 건	증거의 사용곤란 (증거물의 멸실, 증명력 변화 등)	참고인의 출석 또는 진술의 거부
청구권자	검사, 피고인, 피의자, 변호인	검사
청구내용	압수 · 수색 · 검증 · 감정 · 증인신문	증인신문
작성된 조서	증거보전을 한 판사소속 법원이 보관	검사에게 송부
열람 · 등사권	인정	부정
판사의 결정에 대한 불복	즉시항고할 수 있음	불복할 수 없음

CASE 쟁점 022 증거보전과 증인신문★★ [변시 14]

> 검사 S는 甲의 교통사고 현장을 목격한 일본인 J에게 참고인조사를 위해 출석을 요구하였으나 J는 불응하면서 일본으로 출국하려 하고 있다.
>
> 이 경우 검사 S가 J의 진술을 확보하기 위해 취할 수 있는 조치는? (10점)

1. 논점

검사가 증거보전의 청구 및 증인신문을 청구할 수 있는지 문제된다.

2. 증거보전의 청구

검사는 미리 증거를 보전하지 아니하면 증거를 사용하기 곤란한 사정이 있는 때에는 제1회 공판기일 전이라도 판사에게 증인신문을 청구할 수 있다(제184조).

'증거를 사용하기 곤란한 사정이 있는 때'란 공판정에서 정상적인 증거조사를 할 때까지 기다려서는 증거를 사용하기 곤란한 사정이 있는 경우를 말한다.

사안에서 일본인 J는 검사의 참고인조사를 위한 출석요구에 불응하면서 일본으로 출국하려 하고 있는바, J가 일본인이라는 점, 국내에 있으면서도 출석요구에 불응하고 있다는 점을 고려하면 J가 본국인 일본으로 출국한 경우 다시 귀국하여 증인으로 출석할 가능성이 거의 없다고 보여진다. 이는 미리 증거를 보전하지 아니하면 그 증거를 사용하기 곤란한 사정이 있는 경우에 해당하므로 검사는 제1회 공판기일 전까지 판사에게 증인신문을 청구하여 J의 진술을 확보할 수 있다.

3. 증인신문의 청구

범죄의 수사에 없어서는 아니될 사실을 안다고 명백히 인정되는 자가 수사기관의 출석요구를 거부한 경우에는 검사는 제1회 공판기일 전에 한하여 판사에게 그에 대한 증인신문을 청구할 수 있다(제221조의2).

사안에서 J는 甲의 교통사고 현장을 목격한 자이므로 범죄의 수사에 없어서는 아니될 사실을 안다고 명백히 인정되는 자에 해당하고, 검사 S가 J에게 참고인조사를 위해 출석을 요구하였으나 J는 불응한 경우이다. 따라서 검사 S는 제1회 공판기일 전에 한하여 판사에게 그에 대한 증인신문을 청구하여 J의 진술을 확보할 수 있다.

4. 결론

검사 S는 J의 진술을 확보하기 위해 제184조와 제221조의2에 근거하여 판사에게 증인신문을 청구할 수 있다.

제3장 | 수사의 종결

01 재정신청

선택형 핵심지문

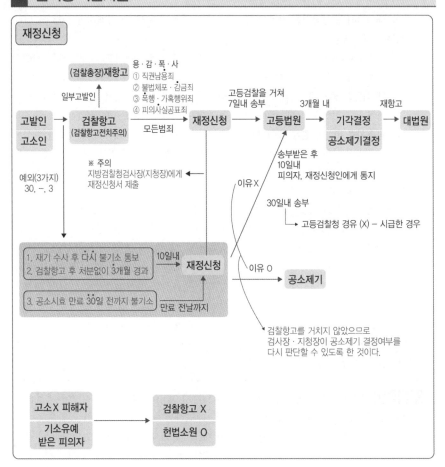

1. 재정신청 절차

① 재정신청권자

ⅰ) **[고소인 ➡ 모든 범죄 可 / 고발인 ➡ 용·감·폭·사만]** 검사로부터 불기소처분의 통지를 받은 고소인, 고발인이다. 고소인은 모든 범죄에 대하여 신청할 수 있으나, 고발인은 형법 제123조(직권남**용**), 제124조(불법체포, 불법**감**금), 제125조(**폭**행, 가혹행위), 제126조(피의사실공표)의 죄에 대하여만 할 수 있다. 다만, 제126조의 피의사실공표죄 경우에는 피공표자의 명시한 의사에 반하여 재정신청을 할 수 없다(제260조 제1항). [변시 15]

ⅱ) **[대리 可]** 재정신청은 대리인에 의해서도 가능하다(제264조 제1항).

② 재정신청의 대상

ⅰ) **[기소유예처분도 可]** 협의의 불기소처분은 물론 기소유예처분에 대해서도 재정신청을 할 수 있다. (86모58) [변시 15]

ⅱ) **[내사종결·공소제기·공소취소는 대상 ×]** 검사의 내사종결처리, 공소제기, 공소취소는 재정신청의 대상이 아님. ➡ 불기소처분이 아니므로 (91모68) [변시 15]

ⅲ) **[공소시효 완성된 경우 재정신청 불가]** 검사의 불기소처분 당시 공소시효가 완성되어 공소권이 없는 경우에는 위 불기소처분에 대한 재정신청은 허용되지 않는다. (90모34)

③ 검찰항고전치주의

ⅰ) **[원칙은 반드시 검찰항고]** 재정신청인이 재정신청을 하려면 원칙적으로 검찰청법 제10조에 따른 항고를 거쳐야 한다(제260조 제2항 본문). [변시 17]

ⅱ) **[예외적으로 30·다시·3]** ㉠ 검사가 공소시효 만료일 **30**일 전까지 공소를 제기하지 아니하는 경우(1호), ㉡ (검찰)항고 신청 후 항고에 대한 처분이 행하여지지 아니하고 **3**개월이 경과한 경우(2호), ㉢ 항고 이후 재기수사가 이루어진 다음에 **다시** 공소를 제기하지 아니한다는 통지를 받은 경우, 검찰항고를 거치지 않고 바로 재정신청을 제기할 수 있다(3호)(제260조 제2항 단서). [변시 17]

④ **[재소자특칙 적용 ×]** 재정신청서 제출에는 재소자의 특칙이 적용되지 않음. ➡ 도달주의 적용 (2013모2347)

> **관련판례** **[적법한 재정신청서의 제출로 볼 수 있는지 여부]** 구금 중인 고소인이 재정신청서를 법정기간 안에 교도소장 또는 직무를 대리하는 사람에게 제출한 것만으로는 적법한 재정신청서의 제출로 볼 수 없음. ➡ 재정신청서에 대하여 형소법 제334조 제1항과 같은 재소자 특례규정이 없으므로 (98모127) [변시 23·24]

⑤ 재정신청 제기 기간 경과 후에 재정신청 대상을 추가 不可 (97모30) [변시 23·24]

2. 고등법원의 심리와 결정

① **[재정신청 시 공소시효 진행 정지]** 재정신청이 있으면 고등법원의 재정결정이 확정될 때까지 공소시효의 진행이 정지된다(제262조의4 제1항). 재정신청권자가 수인인 경우에 공동신청권자 중 1인의 신청은 그 전원을 위하여 효력이 발생한다(제264조 제1항). ➔ 유리한 소송행위이므로 전원에게 효력 발생 [변시 15 · 24]

② **[취소 시 다시 신청 不可]** 재정신청은 고등법원의 재정결정이 있을 때까지 취소할 수 있다. 취소한 자는 다시 재정신청을 할 수 없다(제264조 제2항). 재정신청의 취소는 다른 공동신청권자에게 효력이 미치지 아니한다(동조 제3항). ➔ 불리한 소송행위이므로 효력이 미치지 않음. [변시 15 · 24]

③ **[비공개원칙]** 재정신청사건의 심리는 특별한 사정이 없는 한 공개하지 아니한다(제262조 제3항).

④ **[심리중 열람 · 등사 不可]** 재정신청사건의 심리 중에는 관련 서류 및 증거물을 열람 또는 등사할 수 없다(제262조의2 본문).

⑤ 검사의 무혐의 불기소처분이 위법하다 하더라도 기소유예의 불기소처분을 할 만한 사건이라고 인정되는 경우, 재정신청을 기각할 수 있다. (97모30)

⑥ 재정신청을 기각결정이 확정된 사건(고소인의 고소내용에 포함된 사건이 아니라, 재정신청 기각결정의 대상이 된 사건만을 의미)에 대하여 다른 중요한 증거를 발견한 경우(새로 발견된 증거를 추가하면 충분히 유죄의 확신을 가지게 될 정도의 증거가 있는 경우를 의미)를 제외하고 검사는 소추 不可. ➔ 단순히 재정신청기각결정의 정당성에 의문이 제기되거나 범죄피해자의 권리를 보호하기 위하여 형사재판절차를 진행할 필요가 있는 정도의 증거가 있는 경우는 '다른 중요한 증거를 발견한 경우'에 해당 × (제262조 제4항 후문) [변시23]

⑦ 공소제기결정이 있는 때에는 공소시효에 관하여 그 결정이 있는 날에 공소가 제기된 것으로 본다(제262조의4 제2항). ➔ 공소제기 결정 시와 검사의 공소제기 시의 사이의 기간 동안 공소시효의 진행을 방지하기 위한 규정이다.

⑧ **[공소제기 결정 불복 不可]** 고등법원의 재정신청기각결정에 대해서는 즉시항고(재항고의 의미임)할 수 있으나, 공소제기결정에 대하여는 불복할 수 없다(제262조 제4항 본문). [변시 15 · 18]

⑨ 공소제기 결정의 잘못을 그 본안사건에서 다툴 수 있는지 여부
[본안에서 다툼 不可] 잘못은 본안 사건에서 공소사실 자체에 대하여 무죄, 면소, 공소기각 등을 할 사유에 해당하는지를 살펴 무죄 등의 판결을 함으로써 그 잘못을 바로잡을 수 있는 것이다. (2009도224)

> **관련판례** 법원이 재정신청 대상 사건이 아닌 공직선거법 제251조의 후보자비방죄에 관한 재정신청임을 간과한 채 공소제기결정을 한 관계로 그에 따른 공소가 제기된 경우, 공소제기 결정의 잘못을 그 본안사건에서 다툴 수 없다. 따라서 공소제기절차가 법률의 규정에 위반하여 무효인 때에 해당한다하여 공소기각판결을 할 것이 아니다. → 대법원도 실체재판으로 들어가 유죄판결을 한 것은 적법하다고 판시함. (2009모224) [변시 23]

3. 검사의 공소제기

① 고등법원으로부터 공소제기를 결정한 재정결정서를 송부받은 관할 지방검찰청 검사장 또는 지청장은 지체 없이 담당 검사를 지정하고 지정받은 검사는 공소를 제기하여야 한다(제262조 제6항). [변시 17]

② 검사는 고등법원의 공소제기결정에 따라 공소를 제기한 때에는 이를 취소할 수 없다(제264조의2). [변시 17] → 공소제기 결정에 따라 제기한 공소를 검사가 임의로 취소할 수 있도록 한다면 재정신청 제도의 취지가 무의미하게 되기 때문

02 공소제기 후의 수사

선택형 핵심지문

1. 공소제기 후 피고사건에 대한 강제처분 등의 권한

[수소법원의 권한에 속함] 검사가 공소제기 후 형사소송법 제215조에 따라 수소법원 이외의 지방법원 판사에게 청구하여 발부받은 영장에 의하여 압수·수색을 하였다면, 그와 같이 수집된 증거는 적법한 절차에 따르지 않은 것으로서 원칙적으로 유죄의 증거로 삼을 수 없다. (2009도10412) [변시 12·14·16·23]

2. 공소제기 후 검사가 작성한 피고인에 대한 진술조서의 증거능력

검사 작성의 피고인에 대한 진술조서가 공소제기 후에 작성된 것이라는 이유만으로는 곧 그 증거능력이 없다고 할 수 없다. (84도1646) [변시 15·18]

3. 검사작성의 공판정 증언 후의 증인에 대한 증언 번복 진술서의 증거능력

공판준비 또는 공판기일에서 이미 증언을 마친 증인을 검사가 소환한 후 피고인에게 유리한 그 증언 내용을 추궁하여 이를 일방적으로 번복시키는 방식으로 작성한 진술조서는 피고인이 증거로 할 수 있음에 동의하지 아니하는 한 그 증거능력이 없다. 소환한 증인을 상대로 위증혐의를 조사한 내용을 담은 피의자신문조서도 마찬가지이다. (2012도534) [변시 17·20·22]

> **동지판례** 제1심에서 피고인에 대하여 무죄판결이 선고되어 검사가 항소한 후, 수사기관이 항소심 공판기일에 증인으로 신청하여 신문할 수 있는 사람을 특별한 사정 없이 미리 수사기관에 소환하여 작성한 진술조서는 피고인이 증거로 할 수 있음에 동의하지 않는 한 증거능력이 없다. 위 참고인이 나중에 법정에 증인으로 출석하여 위 진술조서의 성립의 진정을 인정하고 피고인 측에 반대신문의 기회가 부여된다고 하더라도, 위 진술조서의 증거능력을 인정할 수 없음은 마찬가지이다. ➔ **당사자주의·공판중심주의·직접심리주의**에 반하고 피고인의 공정한 재판을 받을 권리를 침해하기 때문 (2013도6825) [변시 23·24]

CASE 쟁점 023 공소제기 후 검사가 작성한 피고인에 대한 진술조서의 증거능력 [변시 15]

검사는 甲·乙·丙을 사기죄의 공동정범으로 공소제기를 한 이후에 다시 甲을 검찰청으로 소환하여 신문을 하고 진술조서를 작성하였다.
다른 피고인 乙에 대하여 甲에 대한 진술조서는 증거능력이 인정될 수 있는가?

1. 피고인 조사(신문)

공소제기 이후에 수사기관이 피고인을 소환하여 조사(신문)할 수 있는가에 관하여 견해가 대립한다.

2. 학설

ⓐ 긍정설

피의자신문은 임의수사이고 임의수사는 형사소송법 제199조 제1항에 의할 때 시기제한이 없으므로 이를 인정하는 견해이다.

ⓑ 부정설

형사소송법 제200조는 '피의자'신문만을 규정하고 있으므로 피고인은 이에 포함되지 않고, 수사기관에 의한 피고인신문을 인정하는 것은 피고인의 방어권을 침해하고 피고인의 당사자적 지위를 위협하며, 공판중심주의를 침해한다는 점을 근거로 이를 부정하는 견해이다.

ⓒ 절충설

일정한 요건하에 제1회 공판기일전에 한하여 검사에 의한 피고인 조사(신문)가 허용된다는 견해이다.

3. 判例 (긍정)

검사 작성의 피고인에 대한 진술조서가 공소제기 후에 작성된 것이라는 이유만으로는 곧 그 증거능력이 없다고 할 수 없다(대판 : 84도1646).

4. 검토 및 결론

피고인조사(신문)는 임의수사로서 피고인은 수사기관에의 출석을 거부할 수 있다. 그러므로 피고인이 임의로 수사기관에 출석하여 조사받는 것을 위법하다고 할 수 없다. 사안의 경우 甲에 대한 진술조서는 형사소송법 제312조 제1항에 규정된 요건을 구비하면 乙에 대하여 증거능력이 인정된다.

> 증인 乙은 피고인 甲의 변호사법위반 사건의 제1심 공판기일에 출석하여 甲의 변소내
> 용에 일부 부합하는 취지의 증언을 마쳤다. 이후 검사는 乙을 검찰청으로 소환한 후
> (乙을 별도의 위증사건 피의자로 입건, 신문하지 않고) 단순히 법정에서의 증언내용을 다시
> 추궁하여 乙로부터 "증언내용 중 甲의 변소에 일부 부합하는 부분은 진실이 아니다"
> 라는 취지의 번복진술을 받아낸 후 참고인진술조서를 작성하였다.
> 참고인진술조서는 증거능력이 인정될 수 있는가?

1. 논점

피고인에게 유리한 증언을 한 증인을 수사기관이 법정 외에서 다시 참고인으로 조사하
여 법정진술을 번복시키는 것이 허용되는지 여부가 문제가 된다.

2. 학설

㉠ 실무현실을 고려하여 (증명력이 부정되는지 여부는 별론으로 하고) 증거능력을 **인정**할
수 있다는 견해와 ㉡ 적법절차에 위반되는 수사이므로 증거능력이 **부정**된다는 견해가 대
립한다.

3. 判例 (부정)

공판준비 또는 공판기일에서 이미 증언을 마친 증인을 검사가 소환한 후 피고인에게
유리한 그 증언 내용을 추궁하여 이를 일방적으로 번복시키는 방식으로 작성한 진술조
서는 피고인이 증거로 할 수 있음에 동의하지 아니하는 한 그 증거능력이 없다(상세는
아래 결론 참고)(대판 : 2008도6985). [변시 17 · 18 · 20 · 22]

4. 검토 및 결론 Keyword 당 · 공 · 직

공판준비 또는 공판기일에서 이미 증언을 마친 증인을 검사가 소환한 후 피고인에게
유리한 증언 내용을 추궁하여 이를 일방적으로 번복시키는 방식으로 작성한 진술조서
를 유죄의 증거로 삼는 것은 **당사자주의 · 공판중심주의 · 직접주의를 지향하는 현행
형사소송법의 소송구조에 어긋나는** 것이고, **법관의 면전에서 재판을 받을 권리를
침해**하는 것이므로, 이러한 진술조서는 피고인이 증거로 할 수 있음에 동의하지 아니
하는 한 증거능력이 없다고 보는 것이 타당하다.

사안의 경우 乙에 대한 참고인진술조서는 피고인 甲이 증거로 함에 동의하지 않는 한
증거능력이 부정된다.

가출팸의 구성원인 甲(男, 17세)과 乙(男, 15세)은 밤늦게 A가 운영하는 패밀리마트에 야식을 먹으로 갔다가 점원이 없는 것을 발견하고 진열장에 놓여 있는 담배를 대량 절취하였다. 甲은 절도사실이 발각될 것에 대비하여 담배를 애인인 丙(女, 16세)의 집에 숨겨두고 소량씩 가출 청소년에 판매해 오고 있었다. A의 고소로 사건이 발생한 장소 부근에서 탐문수사를 해오던 경찰관 P는 공원 벤치에서 쉬고 있다가 甲과 乙이 다른 친구들에게 자신들의 절도사건에 대하여 무용담을 늘어놓는 것을 우연히 듣고 甲과 乙을 적법하게 긴급체포하였다. P는 甲과 乙을 경찰서로 연행하여 신문을 하는 과정에서 절취한 담배가 丙의 집에 숨겨져 있다는 진술을 듣고 긴급체포한 때로부터 10시간이 지난 당일 22:00 경에 압수수색 영장없이 丙의 집으로 가서 TV를 보고 있던 丙의 어머니를 참여시키지 않고 丙의 다락방에서 담배를 찾아내어 압수하였다. 그 후 경찰로부터 사건을 송치받은 검사는 甲과 乙의 범죄사실을 모두 확인하였으나 甲만 기소하고 乙에 대하여는 정상을 참작하여 기소유예처분을 하였다. 이에 A는 乙에 대한 기소유예 처분에 불만을 품고 검찰항고를 거친 후 재정신청을 하면서 재정신청서에 '재정신청을 이유있게 하는 사유'를 기재하지 아니하고 재정신청서를 제출하였으나 관할 고등법원은 공소제기 결정을 하였다.

한편 甲과 乙의 범죄현장의 목격자인 B는 피고인 甲의 절도사건의 제1심 공판기일에 출석하여 甲의 변소내용에 일부 부합하는 취지의 증언을 마쳤다. 이후 검사는 B를 검찰청으로 소환한 후 법정에서의 증언내용을 다시 추궁하여 B로부터 "증언내용 중 甲의 변소에 일부 부합하는 부분은 진실이 아니다"라는 취지의 번복 진술을 받아낸 후 참고인진술조서를 작성하였다.

1. 경찰관 P가 丙의 집에서 담배를 압수한 행위는 적법한가? (20점)

2. 乙에 대한 1심 공판절차에서 乙의 변호인은 A의 재정신청이 법률상 하자가 있음에도 고등법원이 공소제기결정을 하였다는 이유로 1심 법원에 대하여 공소기각판결을 요구할 수 있는가? (15점)

3. 사안에서 경찰관 P가 적법하게 甲을 긴급체포하였으나 석방되었다고 가정하고, (1) 체포적부심사를 통하여 甲이 석방된 경우와 (2) 구속영장이 발부되지 못하여 甲이 석방된 경우에, P가 보강수사를 거쳐 다른 중요한 증거를 발견하여 甲을 다시 긴급체포할 수 있는지를 각각 검토하시오. (15점)

4. 검사가 작성한 B에 대한 참고인진술조서는 증거능력이 인정되는가? (10점)

■ **중요쟁점**

> 1. 영장 없는 압수·수색의 적법여부(긴급체포시의 압수·수색)
> 2. 재정신청의 방식과 고등법원의 공소제기결정이 잘못이 있는 경우 불복방법
> 3. 긴급체포된 후 석방된 자에 대하여 동일한 범죄사실에 대하여 다시 긴급체포할 수 있는지 여부
> 4. 번복진술조서의 증거능력

[설문 1]

1. 논점

경찰관 P가 영장 없이 담배를 압수하였고, 압수가 야간에 참여자 없이 이루어졌으므로, 영장주의의 예외 요건을 갖추었는지, 압수 절차가 적법한지 문제된다.

2. 영장 없는 압수의 적법 여부

(1) 긴급체포 시의 압수·수색

검사 또는 사법경찰관은 제200조의3(긴급체포)에 따라 체포된 자가 소유·소지 또는 보관하는 물건에 대하여 긴급히 압수할 필요가 있는 경우 체포한 때부터 24시간 이내에 한하여 영장 없이 압수·수색을 할 수 있다(제217조 제1항).

다만, 압수대상은 긴급체포의 사유가 된 당해 범죄사실과 관련되었거나 관련되었다고 의심되는 물건이어야 한다(대판 : 2008도2245). 그리고 긴급체포시 그 체포현장에서의 압수·수색·검증은 제216조 제1항 제2호에 규정하고 있으므로, 제217조 제1항은 긴급체포 후 체포현장 이외의 장소에서 행하는 압수·수색을 의미한다.

(2) 사안의 경우

P는 甲을 긴급체포한 때로부터 10시간이 지난 시점인 24시간 이내에 담배를 압수했고, 담배는 긴급체포 사유인 절도죄 사실과 관련된 물건에 해당하고, 비록 긴급체포 현장이 아닌 丙의 집에 보관 중인 담배를 압수하였지만 제217조 제1항 요건을 구비했으므로, P가 丙의 집에서 담배를 압수한 행위는 적법하다.

3. 야간에 참여자 없이 이루어진 압수의 적법성

(1) 야간집행의 제한과 주거주 등의 참여

형소법 제125조에 의하면 일출 전, 일몰 후에는 압수·수색영장에 야간집행을 할 수 있는 기재가 없으면 그 영장을 집행하기 위하여 타인의 주거 내에 들어가지 못한다. 그리고 제123조 제2항에 의하면 타인의 주거 내에서 압수·수색영장을 집행함에는 주거주 또는 이에 준하는 자를 참여하게 하여야 한다.

(2) 요급처분

형소법 제220조에 의하면 제216조의 규정에 의한 처분을 하는 경우에 급속을 요하는 때에는 제123조 제2항, 제125조의 규정에 의함을 요하지 아니한다.

(3) 사안의 경우

제220조는 제216조에 의한 처분에는 적용되나 제217조 제1항의 긴급체포시의 영장없는 압수·수색의 경우에는 적용되지 아니한다. 사안에서 甲은 주거주인 丙의 어머니를 참여시키지 않고 야간에 압수를 했으므로, 이는 위법하다.

4. 사안의 해결

경찰관 P는 영장 없이 담배를 압수할 수 있는 경우지만 주거주를 참여시키지 않았고 야간에 압수하였으므로 P가 丙의 집에서 담배를 압수한 행위는 위법하다.

[설문 2]

1. 논점

고등법원의 공소제기 결정이 잘못이 있는 경우 그 잘못을 본안 사건에서 다툴 수 있는지가 문제된다.

2. 재정신청의 방식

① 재정신청을 하려는 자는 재정신청서를 제출하여야 하며(제260조 제3항), 재정신청서에는 재정신청의 대상이 되는 사건의 범죄사실 및 증거 등 재정신청을 이유 있게 하는 사유를 기재하여야 한다(제260조 제4항).

② 사안의 경우 A는 재정신청을 하면서 재정신청서에 '재정신청을 이유 있게 하는 사유'를 기재하지 아니하고 재정신청서를 제출하였으므로 위법하다. 그럼에도 고등법원이 공소제기 결정을 하였으므로 이 결정도 위법하다.

3. 고등법원의 공소제기 결정이 잘못이 있는 경우 불복방법

① 공소제기 결정에 위법 사유가 있는 경우 피고인을 구제할 필요성이 있으므로 본안 절차에서 다툴 수 있으며 그 경우 법원은 공소기각판결을 하여야 한다는 견해가 있다.

그러나 ② 본안 사건에서 위와 같은 잘못을 다툴 수 있다고 하면, 재정신청에 대한 인용 결정에 불복할 수 없도록 한 형소법 제262조 제4항의 규정 취지에 위배하여 형사소송절차의 안정성을 해칠 우려가 있고, 위와 같은 잘못은 본안 사건에서 공소사실 자체에 대하여 무죄, 면소, 공소기각 등을 할 사유에 해당하는지를 살펴 무죄 등의 판결을 함으로써 그 잘못을 바로잡을 수 있으므로 공소제기 결정에 위법 사유가 있는 경우라도 본안 절차에서 다투는 것은 허용되지 않는다고 보는 것이 타당하다.

4. 결론

乙의 변호인이 A의 재정신청이 법률상 하자가 있음에도 고등법원이 공소제기 결정을 하였다는 이유로 1심 법원에 대하여 공소기각판결을 요구하는 것은 허용되지 않는다.

[설문 3]

1. 논점의 정리

긴급체포된 후 석방된 자에 대하여 동일한 범죄사실에 대하여 다시 긴급체포할 수 있는지가 문제된다.

2. 체포적부심사를 통하여 甲이 석방된 경우

(1) 재체포의 제한

형소법 제214조의3 제1항에 의하면 체포적부심사결정에 의하여 석방된 피의자가 도망하거나 죄증을 인멸하는 경우를 제외하고는 동일한 범죄사실에 관하여 재차 체포하지 못한다.

(2) 사안의 경우

체포적부심사 결정에 의하여 석방된 甲에 대하여는 원칙적으로 동일한 범죄사실에 관하여 원칙적으로 다시 긴급체포할 수 없다. 그러나 甲이 도망하거나 죄증을 인멸하는 경우, 예외적으로 동일한 범죄사실에 관하여 재차 긴급체포 할 수 있다.

3. 구속영장이 발부되지 못하여 甲이 석방된 경우

(1) 재체포의 제한

긴급체포된 자에 대하여 구속영장이 청구되었으나 구속영장을 발부받지 못한 때에는 피의자를 즉시 석방하여야 한다(제200조의4 제2항). 이 경우, 영장 없이 동일한 범죄사실에 관하여 체포하지 못한다.

(2) 사안의 경우

긴급체포되었다가 구속영장이 발부되지 못하여 甲이 석방된 경우, 甲을 동일한 범죄사실로 다시 체포하려면 반드시 영장에 의하여야 하므로, 다른 중요한 증거를 발견한 경우라도 甲을 다시 긴급체포할 수는 없다.

[설문 4]

1. 논점

공판정에서 증언을 마친 증인을 검사가 소환한 후 피고인에게 유리한 증언 내용을 추궁하여 번복시키는 방식으로 작성한 참고인진술조서가 증거능력이 인정되는지 문제된다.

2. 번복진술조서의 증거능력

① 과거 판례는 원진술자인 증인이 다시 법정에 출석하여 그 진술조서의 성립의 진정함을 인정하고 피고인에게 반대신문의 기회가 부여되었다면 증거능력을 인정할 수 있다고 보았다.

그러나 ② 공판기일에 이미 증언을 마친 증인을 검사가 소환한 후 피고인에게 유리한 증언 내용을 추궁하여 이를 일방적으로 번복시키는 방식으로 작성한 진술조서를 유죄의 증거로 삼는 것은 법관의 면전에서 재판을 받을 권리를 침해하는 것이고, 당사자주의 · 공판중심주의 · 직접주의를 지향하는 현행 형사소송법의 소송구조에 어긋나므로, 이러한 진술조서는 피고인이 증거로 할 수 있음에 동의하지 아니하는 한 증거능력이 없다고 보는 것이 타당하다(대판 : 2012도13665).

3. 사안의 해결

검사가 작성한 B에 대한 참고인진술조서는 B가 증거로 할 수 있음에 동의하지 아니하는 한 증거능력이 인정될 수 없다.

제3편
공소제기

제1장 | 공소제기의 기본원칙

01 공소의 취소와 공소권남용이론

선택형 핵심지문

1. 공소 취소의 시기

[1심판결 선고 전까지] 공소 취소는 제1심 판결선고 전까지 할 수 있다(제255조 제1항). 따라서 제1심판결이 선고된 이상 동 판결이 확정되어 이에 대한 재심소송절차가 진행 중에 있다고 하더라도 공소 취소를 할 수 없다. ➜ 재심의 1심에서 고소의 취소가 가능한 것과 구별하여야 함에 유의

2. 공소 취소와 재기소의 제한

① 공소 취소에 의한 공소기각의 결정이 확정된 때에는 공소 취소 후 그 범죄사실에 대한 다른 중요한 증거를 발견한 경우에 한하여 다시 공소제기를 할 수 있다(제329조). [변시 20]

> **비교판례** 포괄일죄의 공소사실 일부를 공소장을 변경하여 철회하였다가 다른 중요한 증거의 발견 없이 다시 추가할 수 있다.

② 공소취소 후 재기소 제한에 관한 규정은 종전의 범죄사실의 내용을 추가 변경하여 재기소하는 경우에도 적용된다. (2008도9634)

3. 실체적경합 관계에 있는 수 개의 공소사실 중 일부를 소추대상에서 철회하는 절차

➜ 공소 취소 (91도1438)

4. 검사가 공소취소의 취지가 담긴 공소장변경신청을 한 경우 법원이 취해야 할 조치

➜ 공소 취소로 간주하여 공소기각 결정 고지 (86도1487)

5. 공소권남용의 인정 요건

① [소추재량권을 현저히 일탈] 검사가 자의적으로 공소권을 행사하여 피고인에게 실질적인 불이익을 줌으로써 소추재량권을 현저히 일탈한 경우에는 이를 공소권의 남용으로 보아 공소제기의 효력을 부인할 수 있으나, 자의적인 공소권의 행사로 인정되려면 단순히 직무상의 과실에 의한 것만으로는 부족하고 적어도 그에 관한 미필적이나마 어떤 의도가 있음이 인정되어야 한다. (2014도10199)

② [소추재량권을 현저히 일탈] 공소의 제기는 소추 재량권을 현저히 일탈하였다고 인정되지 않는 이상 공소권을 남용한 경우에 해당한다고 할 수 없다. (2004도482) [변시 13]

6. 공소권남용에 해당할 여지가 있는 사례

피고인이 절취한 차량을 무면허로 운전하다가 적발되어 절도 범행의 기소중지자로 검거되었음에도 무면허 운전의 범행만이 기소되어 유죄의 확정판결을 받고 그 형의 집행 중 가석방되면서 다시 그 절도 범행의 기소중지자로 긴급체포되어 절도 범행과 이미 처벌받은 무면허 운전의 일부 범행까지 포함하여 기소된 경우 (2001도3026)

7. 공소권남용에 해당하지 않는 경우

① 검사가 피고인의 여러 범죄행위를 일괄하여 기소하지 아니하고 수사진행 상황에 따라 여러 번에 걸쳐 나누어 분리 기소한 경우 (2007도5313)

② 어떤 사람에 대하여 공소가 제기된 경우 그 공소가 제기된 사람과 동일하거나 다소 중한 범죄구성요건에 해당하는 행위를 하였음에도 불기소된 사람이 있는 경우 → 똑같은 범죄구성요건에 해당하는 행위라고 하더라도 그 행위자 또는 그 행위 당시의 상황에 따라서 위법성이 조각되거나 책임이 조각되는 경우도 있을 수 있기 때문 (2010도9349)

③ 검찰이 수사와 기소 단계에서 제15대 대통령 선거의 당선자 측과 낙선자 측을 불평등하게 취급하는 정치적인 고려가 있었던 경우 (2004도482)

④ 변호인이 주장하는 불법연행 등 각 위법사유가 사실이라고 하더라도 그 위법한 절차에 의하여 수집된 증거를 배제할 이유는 될지언정 공소제기의 절차 자체가 위법하여 무효인 경우에 해당한다고 볼 수 없다. (90도1586)

제2장 | 공소제기의 방식과 효과

01 공소제기의 방식

선택형 핵심지문

I. 공소장

1. 공소장에 CD를 첨부한 경우 공소사실의 특정 여부의 판단

법원은 저장매체에 저장된 전자적 형태의 문서 부분을 고려함이 없이 서면인 공소장이나 공소장변경 신청서에 기재된 부분만으로 공소사실 특정 여부를 판단해야 함. ➜ 즉, 전자적 형태의 문서로 작성한 다음 종이문서로 출력하지 않은 채 저장매체 자체를 공소장에 첨부하여 제출한 경우, 서면에 기재된 부분에 한하여 적법하게 공소가 제기된 것으로 보아야 한다. (2016도19027)

> **관련판례** 검사가 기명날인 또는 서명이 없는 상태로 공소장을 관할법원에 제출한 경우, 공소제기의 효력은 무효이다. 다만, 검사가 공소장에 기명날인 또는 서명을 추후 보완하는 등 방법으로 공소제기가 유효하게 될 수 있다. (2019도17150)

2. 공소장의 기재 사항

① **[적용법조 기재의 기능 ➜ 공소 범위 확정을 위한 보조기능]** 적용법조의 기재에 오기가 있거나 그것이 누락된 경우라 할지라도 이로 인하여 피고인의 방어에 실질적 불이익이 없는 한 공소제기의 효력에는 영향이 없다. (2000도6113)

② **[방조범(교사범)의 공소사실 기재시 정범 범죄사실 기재 要]** 방조범(교사범)의 공소사실을 기재함에 있어서는 방조(교사)의 사실뿐만 아니라 그 전제가 되는 정범의 범죄 구성을 충족하는 구체적 사실을 기재하여야 함. (82도715) [변시 14 · 19]

③ **[상습사기의 경우 모든 피해자의 성명의 명시를 요하지 않음]** 포괄일죄에 있어서는 그 일죄의 일부를 구성하는 개개의 행위에 대하여 구체적으로 특정되지 아니하더라도 그 전체 범행의 시기와 종기, 범행방법, 범행횟수 또는 피해액의 합계 및 피해자나 상대방을 명시하면 이로써 그 범죄사실은 특정되는 것이므로 포괄일죄인 상습사기의 공소사실에 있어서 그 범행의 모든 피해자들의 성명이 명시되지 않았다 하여 범죄사실이 특정되지 아니하였다고 볼 수 없다. (90도833) [변시 14 · 19]

④ **[공소사실이 특정되지 않은 경우]** "피고인은 甲은 4회에 걸쳐 상습적으로 타인의 재물을 절취하였다"라는 공소장의 공소사실 기재 ➜ 추상적인 범죄 구성 요건의 문귀만이 적시되고 그 내용을 이루는 구체적인 범죄사실의 기재가 없으므로 무효. (71도1615)

⑤ **[사기죄의 실체적 경합의 경우 공소사실의 특정 요건]** 각 피해자와 피해자별 피해액을 특정할 수 있도록 기재하여야 한다. → 따라서 총 인원수만 표시하고 피해액도 각 피해자별 피해액의 총액만을 기재한 경우 공소사실이 특정 × (95도2121; 2003도382)

⑥ **[저작재산권은 저작물별로 죄가 성립]** 저작물의 저작재산권자가 누구인지 특정되어 있지 않은 경우라도 공소사실은 특정됨. → 침해 대상인 저작물 등이 기재되어 있으면 족함 (2014도1196)

⑦ **[변조된 유가증권이 압수되어 현존하고 있는 경우]** 유가증권변조의 공소사실이 범행 일자를 '2005. 1. 말경에서 같은 해 2. 4. 사이'로, 범행 장소를 '서울 불상지'로, 범행 방법을 '불상의 방법으로 수취인의 기재를 삭제'한 것으로 되어 있다 하더라도 유가 증권변조 여부가 문제가 된 사건에서 그 변조된 유가증권이 압수되어 현존하고 있는 이상 공소사실이 특정되지 아니하여 공소제기가 위법하다고 볼 수 없음. → 변조된 유가증권이 현존하는 이상 공소사실의 특정한 정도를 엄격하게 판단할 필요 × (2007도11000) [변시 14]

⑧ **[공소장의 기재가 불명확한 경우 법원의 조치]** 검사의 석명을 요구한 후 불응 시 공소 기각판결 (2004도5972)

⑨ **[범죄일시의 개괄적으로 기재 → 공소사실 특정 ×]** 범죄일시가 공소시효 완성을 판별할 수 없을 정도로 개괄적으로 기재되었다면 공소사실이 특정되었다고 볼 수 없다. (2023도2102)

⑩ **[각 저작물의 저작재산권자가 특정되지 않은 경우 → 공소사실 특정 O]** 각 저작물의 저작 재산권자가 누구인지 특정되어 있지 않았다고 하여 공소사실이 특정되지 않았다고 볼 것은 아니다. → 저작재산권은 저작재산권자가 같더라도 저작물별로 별죄 성립 (2014도1196)

3. 예비적 · 택일적 기재

① **[범죄사실의 동일성이 인정되지 않는 경우에도 可]** 수 개의 범죄사실 간에 범죄사실의 동일성이 인정되는 범위 내에서는 물론 그들 범죄사실 상호 간에 범죄의 일시, 장소, 수단 및 객체 등이 달라서 수 개의 범죄사실로 인정되는 경우에도 이들 수 개의 범죄사실을 예비적 또는 택일적으로 기재할 수 있다(제254조 제5항). (65도114) [변시 24]

② **[전부에 미침]** 예비적 · 택일적 공소사실 일부에 대한 상소 제기의 효력은 예비적 택일적으로 기재된 나머지 공소사실에 미침. (2006도1146)

③ 예비적 기재의 경우 주위적 공소사실을 먼저 심판해야 함. (76도1126)

④ 택일적 기재에서 어느 하나를 유죄로 인정한 경우, 검사는 상소할 수 없음. (81도1269)

CASE 쟁점 025   예비적·택일적 기재의 허용범위

> 甲은 A의 집에 방화를 할 목적으로 A가 외출하고 없는 사이 A의 집에 침입하여 안방
> 장롱에 들어 있는 옷가지에 불을 붙여 A의 집을 소훼케 하였다는 범죄혐의로 수사를
> 받고 검사에 의해 현주건조물방화와 주거침입의 범죄사실로 기소되었다. 이때 검사는
> 공소장에 현주건조물방화의 범죄사실을 주위적 공소사실로, 주거침입의 범죄사실을
> 예비적 공소사실로 기재하여 공소를 제기하였다.
>
> 검사의 공소제기는 적법한가?

1. 논점

범죄사실의 동일성이 있는 경우 공소사실의 예비적·택일적 기재가 허용되지만, 동
일성이 없는 경우에도 공소사실의 예비적·택일적 기재가 허용되는지가 문제된다.

2. 학설

㉠ '수개의 범죄사실과 적용법조를 예비적 또는 택일적으로 기재할 수 있다'라는 형사
소송법 조문을 근거로 허용된다는 **긍정설**과 ㉡ 조건부 공소제기를 허용하는 결과를 초
래할 수 있다는 점에 허용될 수 없다는 **부정설**이 대립한다.

3. 判例 **Keyword** 기소편의주의

형소법 제254조 5항에 '수 개의 범죄사실과 적용법조를 예비적 또는 택일적으로
기재할 수 있다' 함은 수 개의 범죄사실 간에 범죄사실의 동일성이 인정되는 범위
내에서는 물론 그들 범죄사실 상호간에 범죄의 일시, 장소, 수단 및 객체 등이 달
라서 수개의 범죄사실로 인정되는 경우에도 이들 수개의 범죄사실을 예비적 또는
택일적으로 기재할 수 있다고 해석할 것이며 이렇게 보더라도 공소장에 수개의 범죄사
실을 특정하여 기재하고 있는 만큼 피고인의 방어권행사에 경합범으로 기소된 경우에
비하여 더 지장이나 불이익을 준다고 볼 수 없을 것일 뿐만 아니라 택일적 또는 예비적
기소는 검사의 **기소편의주의** 입장에서도 법률상 용인될 것임이 명백하다(대판 : 65도
114).

4. 검토 및 결론

형사소송법 제254조 제5항의 규정을 고려하면 공소사실의 동일성이 인정되지 않
는 수개의 범죄사실을 예비적 또는 택일적으로 기재할 수 있다고 보아야 한다. 이와 같
이 해석해도 공소장에 수 개의 범죄사실을 특정하여 기재하고 있으므로 피고인의 방어
권 행사에 불이익이 있다고 볼 수 없고 또한 검사의 기소편의주의 입장에서도 택일적

또는 예비적 기소는 허용된다고 보아야 한다. 현주건조물방화의 범죄사실과 주거침입의 범죄사실은 공소사실의 동일성이 인정되지 않으나 형사소송법 제254조 제5항의 규정상 검사의 공소제기는 적법하다.

II. 공소장일본주의

1. 공소사실의 특정을 위하여 첨부 또는 인용이 허용되는 경우

명예훼손·모욕·협박 등과 같이 특정한 표현의 구체적인 내용에 따라 범죄의 성립 여부가 판가름 되는 경우나 특허권·상표권 침해 사범처럼 사안의 성질상 도면 등에 의한 특정이 필요한 경우 등에는 서류 기타 물건의 내용을 직접 인용하거나 요약 또는 사본하여 첨부할 수밖에 없다. (2012도214)

2. 공소장일본주의에 위반되지 않는 경우

① **[소년부송치처분과 직업 없음을 기재]** 피고인을 특정할 수 있는 사항에 속하는 기재에 해당 (90도1813)

② **[누범이나 상습범을 구성하지 않는 전과 사실을 기재]** 피고인을 특정할 수 있는 사항에 속하는 기재에 해당 (2007도3906)

③ **[범행동기의 기재]** 공소장에 기재된 첫머리 사실이 공소사실의 범의나 공모관계, 공소 범행에 이르게 된 동기나 경위 등을 명확히 나타내기 위하여 적시한 것으로 보이는 때에는 공소제기의 방식이 공소장일본주의에 위배되어 위법하다고 할 수 없음. (2009도7436)

3. 공소장일본주의의 적용 범위

① **[약식명령 또는 즉결심판청구에 적용 ×]** 공소장일본주의는 정식의 공판절차에서만 적용됨. → 약식명령과 즉결심판의 경우 공소제기와 동시에 수사 기록과 증거물이 제출되므로 공소장일본주의의 예외에 해당 (2007도3906)

② **[약식명령과 즉결심판에 대한 정식재판청구사건 → 공소장일본주의 적용 ×]** 약식명령에 대한 정식재판청구가 제기되었음에도 법원이 증거서류 및 증거물을 검사에게 반환하지 않고 보관하고 있다고 하여 그 이전에 이미 적법하게 제기된 공소제기의 절차가 위법하게 된다고 할 수도 없다. (2007도3906) [변시 15·17]

③ 공소장일본주의 위배된 공소제기 → 공소기각 판결

④ 공소장일본주의 위반을 다툴 수 있는 시간적 한계 → 법관의 심증형성이 이루어지기 전까지 이의제기 要 (2012도2957)

4. 공소장일본주의의 위반의 효과와 하자의 치유

공소장 기재 방식에 대하여 피고인 측으로부터 이의가 유효하게 제기되어 있는 이상, 공판절차가 진행되어 법관의 심증 형성의 단계에 이르렀다고 하여 공소장일본주의 위배의 하자가 치유된다고 볼 수 없다. (2012도2957)

02 공소장변경

1. **공소장변경의 한계** [Keyword] 공·사·기 / 사·사·기 + 규범적 요소★★★
   ① 공소장변경은 **공소사실과 동일성이 인정**되는 범위에서만 허용된다.
   ② 공소사실의 동일성은 **공소사실의 기초가 되는 사회적 사실관계가 기본적인 점에서** 동일하면 그대로 유지되는 것이며, 이러한 기본적 사실관계의 동일성을 판단함에 있어서는 **규범적 요소**도 아울러 고려하여야 한다. (97도3297)
   ③ 공소사실의 동일성이 인정되는 경우
   "피고인들이 흉기를 휴대하고 다방에 모여 강도예비를 하였다"는 공소사실과 "정당한 이유 없이 폭력 범죄에 공용될 우려가 있는 흉기를 휴대하고 있었다."는 폭처법 제7조 소정의 공소사실 (86도2396) [변시 14]

   > **관련판례** 변제할 의사와 능력 없이 금원을 편취하였다고 기소된 사실을 공소장변경 절차 없이 피해자에게 제3자를 소개하게 하여 동액의 금원을 차용하고 피해자에게 그에 대한 보증채무를 부담케 하여 재산상 이익을 취득하였다는 사실로 인정하였다 할지라도 거기에 어떠한 위법이 있다 할 수 없다. (84도312) [변시 24]

   ④ 공소사실의 동일성이 인정되지 않는 경우
   [포괄일죄 범죄에서 중간에 동일성이 인정되는 다른 범죄사실에 대한 유죄의 확정판결이 있는 경우] 포괄일죄인 영업범에서 공소제기의 효력은 공소제기된 범죄사실과 동일성이 인정되는 범죄사실 전체에 미치므로 공판심리 중에 그 범죄사실과 동일성이 인정되는 범죄사실이 추가로 발견된 경우, 검사는 공소장변경에 의하여 그 범죄사실을 공소사실로 추가할 수 있다. 그러나 공소제기 된 범죄사실과 추가로 발견된 범죄사실 사이에 그 범죄사실과 동일성이 인정되는 또 다른 범죄사실에 대한 유죄의 확정판결이 있는 때에는 추가로 발견된 확정판결 후의 범죄사실은 공소제기 된 범죄사실과 분단되어 동일성이 없는 별개의 범죄가 된다. 이때 검사는 공소장변경 절차에 의하여 확정판결 후의 범죄사실을 공소사실로 추가할 수는 없고 별개의 독립된 범죄로 공소를 제기하여야 한다. (2016도21342)

   > **관련판례** **[포괄일죄의 경우 공소장 변경 허가여부 결정]** 변경된 공소사실이 전체적으로 포괄일죄의 범주 내에 있는지, 즉 단일하고 계속된 범의하에 동종의 범행을 반복하여 행하고 피해법익도 동일한 경우에 해당한다고 볼 수 있는지에 초점을 맞추어야 한다. (2022도8806) [변시 24]

2. 공소장변경의 요부에 대한 판단기준***[1] Keyword 공·사·동＋방·실·익

① [공소장변경 없이 법원이 직권으로 사실인정 가능한 경우] 공소사실의 동일성 인정＋피고인의 방어권행사에 실질적 불이익 초래할 염려가 없는 경우 (2004도3934) [변시 15]

② 법원이 인정하는 범죄사실이 공소사실과 동일성이 인정되고 형의 경중에 차이 없는 정당한 법을 적용하는 경우 ➡ 공소장 변경 不要

> 관련판례 공소장 변경 절차를 거치지 않고서도 직권으로 당초 공소사실과 다른 공소사실에 대하여 유죄를 인정할 수 있는 예외적인 경우, 공소장 변경 절차를 거친 다음 변경된 공소사실을 유죄로 인정하는 것은 심판 대상을 명확히 특정함으로써 피고인의 방어권 보장을 강화하는 것이므로 특별한 사정이 없는 한 위법하다고 할 수 없다. (2022도10564)

③ 공소제기 된 범죄사실에 포함된 가벼운 범죄사실이 인정되는 경우 ➡ [방·실·익] 피고인의 방어권 행사에 실질적 불이익이 없는 경우, 인정되는 범죄사실이 친고죄나 반의사불벌죄라도 공소장 변경 不要 (99도2530; 96도1922) [변시 18]

3. 공소장변경을 요하는 경우

① [범죄단체에 가입한 일시 변경] 가입한 일시는 범죄에 대한 공소시효가 완성되었는지를 결정짓는 요소이므로 직권 인정 不可 (92도2596)

② [금품을 수수하였다는 알선수재죄의 공소사실 ➡ 금융상의 편의 제공을 받아 이익을 수수한 것으로 인정] 범죄행위의 내용 내지 태양이 서로 달라 피고인의 방어권행사상 실질적인 불이익을 초래하므로 위법함. (98도667)

③ [관세포탈미수로 인한 특가법위반죄로 공소제기 ➡ 관세포탈예비로 인한 특가법위반죄 인정] 검사가 공소장변경을 하지 아니한 이상 법원은 이에 관하여 심판할 수 없다. (82도2939) [변시 15]

④ [일반법 구성요건해당 사실로 공소제기 ➡ 특별법 위반죄 인정] 일반법과 특별법이 동일한 구성요건을 가지고 있고 그 구성요건에 해당하는 어느 범죄사실에 대하여 검사가 그 중 형이 가벼운 일반법의 법조를 적용하여 그 죄명으로 기소하였는데 법원은 공소장변경 없이는 형이 더 무거운 특별법의 법조를 적용하여 특별법위반의 죄로 처단할 수 없다. 예 형법상의 제3자뇌물공여교사를 특가법상의 제3자뇌물공여교사로 인정함에는 공소장변경이 필요하다. ➡ [시·노·비] 방어권 행사에 있어서 실질적인 불이익 여부를 판단할 때 피고인이 자신의 방어에 들일 노력·시간·비용에 관한 판단을 달리할 가능성이 뚜렷한지도 고려하여야 하기 때문이다. (2007도10601) [변시 12·13]

4. 공소장변경을 요하지 않는 경우

① [허위사실적시 출판물명예훼손죄 기소 ➡ 사실적시 출판물명예훼손죄 인정] 법원은 공소장변경절차 없이도 사실적시 출판물에 의한 명예훼손죄로 인정할 수 있다. (96도2234) [변시 13·17]

---

1) 위 쟁점은 법원이 어떤 범위에서 공소장변경절차 없이 공소장에 기재된 공소사실과 동일성이 인정되는 사실을 인정할 수 있는가의 문제이므로 결국 공소장변경의 필요성 문제이다.

② **[배임죄로 기소 → 횡령죄 인정]** 법원은 배임죄로 기소된 공소사실에 대하여 공소장변경 없이도 횡령죄를 적용하여 처벌할 수 있다. → 횡령죄와 배임죄는 다같이 신임관계를 기본으로 하고 있는 같은 죄질의 재산범죄로서 그 형벌에 있어서도 경중의 차이가 없고 동일한 범죄사실에 대하여 단지 법률적용만을 달리하는 경우에 해당하기 때문 (99도2651) [변시 12·13·15]

③ **[포괄일죄 기소 → 실체적 경합범 인정]** 불고불리의 원칙에 위반되지 않음. → 죄수에 관한 법률적 평가를 달리한 것에 불과할 뿐이지 소추 대상인 공소사실과 다른 사실을 인정한 것도 아니고 또 피고인의 방어권행사에 실질적으로 불이익을 초래할 우려도 없기 때문 (87도527) [변시 12·13]

④ **[정범 기소 → 간접정범을 인정]** 공소장 변경 없이 직권으로 간접정범 규정을 적용 可 → 간접정범은 정범과 동일한 형 또는 그보다 감경된 형으로 처벌되는 점 등에 비추어 피고인의 방어권 행사에 실질적인 불이익을 초래 × (2010도875)

> **비교판례** **[간접정범 기소 → 방조범 인정] 공소장 변경 要**
>
> 단독범 기소 → 공동정범 인정, 공동정범 기소 → 방조범 인정 사례에서 '방어권의 행사에 실질적 불이익을 줄 우려'가 있는지 여부를 구체적으로 확인하여 그 여부에 따라 공소장변경이 필요한 경우인지 아닌지를 달리 판단하고 있다. 그러므로 공소장변경이 필요하지 아니하다고 일의적으로 판단하여서는 안 됨에 유의.

5. 공소장에 기재된 적용법조의 구성요건이 충족됨에도 법원이 공소장 변경의 절차를 거치지 아니하고 다른 법조를 적용하여 처단할 수 있는지 여부

[부정] 적용법조의 구성요건이 충족되지 않을 때에는 공소사실의 동일성이 인정되는 범위 내로서 피고인의 방어에 실질적인 불이익을 주지 않는 한도에서 법원이 공소장변경 없이 직권으로 공소장 기재와 다른 법조를 적용할 수 있다. (2015도12372)

6. 공소장의 변경이 없음에도 공소사실과 다른 범죄사실을 유죄로 판단할 의무가 있는지 여부 (예외적 의무)*** Keyword 현저히 정·형·반

① 실제로 인정되는 범죄사실의 사안이 중대하여 피고인을 처벌하지 않는 것이 **현저히 정**의와 **형**평에 **반**하는 경우에만 예외적으로 다른 범죄사실을 유죄로 판단할 의무가 있다. → 예외적 의무설의 입장 (2009도10701; 2014도12275; 2014도1196)

② 유죄판결이 '법원의 의무인 경우'

ⅰ) 히로뽕 투약 기수죄 공소제기 → 히로뽕 투약 미수죄 인정되는 경우 (99도3674)

ⅱ) 특가법 제5조의3 제1항 위반죄(도주차량운전) 공소제기 → 업무상과실치상죄 인정되는 경우 (91도253)

ⅲ) 장물취득죄 공소제기 → 장물보관죄 인정되는 경우 (2003도1366)

③ 유죄판결이 '법원의 의무가 아닌 경우'

ⅰ) 허위사실적시 명예훼손죄 공소제기 → 사실적시 명예훼손죄 인정 (96도2234) [변시 15] [2]

ⅱ) 특수강도죄 공소제기 → 공동 폭행·협박 또는 특수강도의 방조범 인정되는 경우 [변시 13]

ⅲ) 상해치사죄 공소제기 → 폭행죄 인정되는 경우 (90도1090)

---

2) 공소장변경 없이 유죄를 인정할 수 있는지의 쟁점과 구별하여야 한다.

7. 기소된 사기 공소사실의 재산상 피해자와 공소장에 기재된 피해자가 다른 것이 판명된 경우, 법원이 취해야 할 조치 (2013도564)

① [사실관계] "甲은 A에 대한 2,000만 원의 대여금 채권이 없었음에도 불구하고, A 명의의 차용증을 허위로 작성하고, A 소유의 빌라에 관하여 甲 앞으로 근저당권설정등기를 마친 다음, 그에 기하여 빌라에 관한 부동산임의경매를 신청하여 경매절차가 진행된 결과 빌라는 B에게 매각되었으며 그 후 배당금 1,000만 원을 교부받았다."라는 공소사실로 검사는 甲을 A에 대한 사기죄로 기소하였다.

② [피해자는 경락인] 위 경매절차는 무효로서 채무자나 물상보증인은 부동산의 소유권을 잃지 않고, 매수인은 부동산의 소유권을 취득할 수 없다. 따라서 공소사실에 따른 실제 피해자는 부동산 매수인 B이다.

③ [공소장변경 不要 ➜ 직권으로 실제 피해자 적시하여 유죄판결] 기소된 공소사실의 재산상 피해자와 공소장에 기재된 피해자가 다른 것이 판명된 경우, 곧바로 피고인에게 무죄를 선고할 것이 아니라 공소사실의 동일성을 해하지 않고 피고인의 방어권 행사에 실질적 불이익을 주지 않는 한 공소장변경 없이 직권으로 공소장 기재와 다른 실제의 피해자를 적시하여 유죄로 인정하여야 한다.

8. 공소장변경의 절차

① 공소장변경허가신청서의 제출

> **관련판례** 검사가 공소장변경허가신청서를 제출하지 않고 공소사실에 대한 검사의 의견을 기재한 서면을 제출하였더라도 이를 곧바로 공소장변경허가신청서를 제출한 것이라고 볼 수는 없다. (2021도13108)

② 공소장변경의 신청 시한

[원칙적으로 변론종결 전까지] 법원이 적법하게 공판의 심리를 종결한 뒤에 이르러 검사가 공소장변경허가신청을 한 경우에는 반드시 공판의 심리를 재개하여 공소장변경을 허가하여야 하는 것은 아님. (2001도6484)

③ 공소장변경과 피고인 등에 대한 고지 · 송달

피고인 변호인 중 어느 한쪽에 송달하면 족함(제298조 제3항 ; 형사소송규칙 제142조 제3항). [변시 18]

④ 공소장변경 신청이 공소사실의 동일성을 해하지 아니하는 경우 법원은 이를 의무적으로 허가해야 함(제298조 제1항).

⑤ [공소장변경 허가결정에 대하여 불복불가] 법원의 공소장변경 허가결정은 판결 전의 소송절차에 관한 결정이므로 그 결정에 대하여 독립하여 항고할 수 없다.

> **관련판례** 공소장변경 허가여부 결정을 공판정에서 고지했다면 공판조서의 필요적 기재사항에 해당함(제403조 제1항). [변시 15 · 17 · 24]

⑥ 공소사실의 동일성이 인정되지 않는 등의 사유로 공소장변경 허가결정에 위법사유가 있는 경우 공소장변경허가를 한 법원이 스스로 취소할 수 있다. (2001도116) [변시 17]

⑦ 공소장변경 허가 후 공판절차를 정지하지 않아도 위법하지 않은 경우
방어권 행사에 실질적 불이익이 없는 경우 **예** 경합범으로 기소되었던 수개의 범죄사실을 상습범으로 변경한 정도인 경우 → 죄수판단은 법원의 전권사항이기 때문 (2005도6402)

9. 법원의 공소장변경의 요구

[법원의 재량] 법원이 검사에게 공소장변경을 요구할 것인지 여부는 재량에 속하는 것이므로 법원이 검사에게 공소장의 변경을 요구하지 아니하였다고 하여 위법하다고 할 수 없다. → 재량설 (99도3003) [변시 14]

10. 항소심에서도 공소장변경을 할 수 있는지 여부

현행법상 형사 항소심의 구조가 오로지 사후심으로서의 성격만을 가지고 있는 것은 아니어서 공소장의 변경은 항소심에서도 할 수 있는 것이다. 따라서 상고심에서 원심판결을 파기한 후 항소심에 환송한 경우, 공소장변경 可 (86도621) [변시 17 · 18]

11. 기타 절차에서의 공소장변경 인정여부

① **[간이공판절차 → 허용]** 간이공판절차는 증거조사절차 간이화와 증거능력 제한의 완화 이외에는 통상의 공판절차와 동일하기 때문에 공소장변경이 당연히 허용됨.

② **[약식명령절차 → 허용안됨]** 약식명령절차는 공판절차가 아니므로 공판절차를 전제로 하는 공소장변경은 허용되지 아니함.

12. 포괄일죄의 일부에 대한 추가기소의 법적효과

① ⅰ) **[석명권 행사 要]** 단순범행이 먼저 기소된 후 상습범행이 추가로 기소되었으나 심리과정에서 기소된 범죄사실이 포괄하여 하나의 상습범을 구성하는 것으로 밝혀진 경우 법원은 석명권 행사한 후 공소장변경을 의제하여 실체재판 可 (99도3929)

ⅱ) **[석명권 행사 要]** 석명에 의하여 1개의 죄에 대하여 중복하여 공소를 제기한 것이 아님이 분명하여진 경우, 위의 추가 기소에 의하여 공소장변경이 이루어진 것으로 보아 전후에 기소된 범죄사실 전부에 대하여 실체 판단을 하여야 하고 추가기소에 대하여 공소기각판결을 할 필요는 없다. (96도1698; 99도3929)

② **[석명권 행사 不要]** 수 개의 협박 범행이 먼저 기소된 후 다시 별개의 협박 범행이 추가로 기소되었으나 심리과정에서 포괄하여 하나의 협박죄를 구성하는 것으로 밝혀진 경우, 법원은 석명권 행사 없이 실체재판 可[3] (2007도2595) [변시 22]

---

3) **[판례해설]** 위 ②사안의 경우 ①사안과 달리 법원이 석명절차를 거치지 아니하였더라도 실체재판을 할 수 있다는 점을 유의해야 한다. ①사안은 중한 상습범으로의 변경이므로 석명을 통하여 공소장변경취지임을 확인하여야 하지만, ②사안은 법원이 실체적 경합범으로 기소된 범죄사실에 대하여 그 범죄사실을 그대로 인정하면서 다만 죄수에 관한 법률적인 평가만을 달리하여 포괄일죄로 처단하는 것이 피고인의 방어에 불이익을 주는 것이 아니기 때문이다.

13. 항소심에서 공소장 변경과 심판의 대상이 달라진 경우 법원의 조치
　① 검사가 항소심에서 법원의 허가를 얻어 공소장변경을 하였고, 이로써 공소사실이 변경되거나 심판의 대상이 제1심과 달라진 경우 항소심은 제1심판결을 파기하고 변경된 공소사실에 대하여 새로이 심리하여 판단하여야 한다. (2017도14879)
　② 일반교통방해죄에 관한 공소사실의 기재에 있어서 범죄의 일시와 장소는 범죄의 성립에 영향을 미치는 중요한 요소로서 그 일시와 장소가 변경되었다면 특별한 사정이 없는 한, 심판 대상도 변경되었다고 봄이 타당하다. (2017도14879)

사례형 쟁점정리

☑ 빈출쟁점 정리***

쟁점	키워드 암기	
검사의 공소장변경이 허용되는가?	공소사실의 동일성 판단기준 ① 학설 　ⅰ) 기본적 사실동일설, ⅱ) 죄질동일설, 　ⅲ) 구성요건공통설, ⅳ) 소인공통설 ② 判例 공소사실의 기초가 되는 사회적 사실관계가 기본적인 점에서 동일한지 여부 + 규범적 요소	공·사·기/ 사·사·기/ 규범적 요소
법원이 어떤 범위에서 공소장변경절차 없이 공소장에 기재된 공소사실과 동일성이 인정되는 사실을 인정할 수 있는가? (공소장변경의 요부)	공소사실의 동일성 인정 + 피고인의 방어권행사에 실질적 불이익 초래할 염려가 없는 경우 + (방어권 행사에 있어서 실질적인 불이익 판단할 때) 피고인이 자신의 방어에 들일 노력·시간·비용 고려	공·사·동/ 방·실·익/ 시·노·비
공소장의 변경이 없음에도 공소사실과 다른 범죄사실을 유죄로 판단할 의무가 있는가?	처벌하지 않는 것이 현저히 정의와 형평에 반하는 경우에만 예외적으로 다른 범죄사실을 유죄로 판단할 의무가 있다. ➡ 예외적 의무설	정·형·반
법원이 검사에게 공소장변경을 요구해야 하는가?	제298조 제2항 '요구하여야 한다'를 '할 수'로 해석 즉, 법원의 재량	법원재량
항소심에서의 공소장변경	항소심은 사후심적 성격이 가미된 속심	속심

CASE 쟁점 026 　축소사실 인정의 의무성 또는 재량성***

1. 논점

구성요건이 달라지는 경우에도 법원이 축소사실을 인정하는 경우에는 '大는 小를 포함한다'라는 이론에 의하여 공소장변경이 필요 없다. 그런데, 공소사실을 인정되지 아니하고 축소사실만이 인정이 되는 경우 법원이 의무적으로 그 축소사실에 대하여 유죄판결을 선고해야 하는지가 문제가 된다.

2. 학설

㉠ 판결편의주의에 비추어 축소사실의 인정은 **법원의 재량**이라는 견해와 ㉡ 실체적 진실주의에 비추어 축소사실의 인정은 **법원의 의무**라는 견해가 대립하고 있다.

3. 判例 (예외적 의무)

법원은 원칙적으로 공소장의 변경이 없는 한 공소사실과 다른 범죄사실을 유죄로 판단할 의무가 없고, 적정절차에 의한 신속한 실체적 진실의 발견이라는 형사소송의 목적에 비추어 볼 때 피고인을 처벌하지 않는 것이 현저히 정의와 형평에 반하는 경우에만 예외적으로 다른 범죄사실을 유죄로 판단할 의무가 있다(대판 : 2009도10701).

4. 검토 및 결론

불고불리의 원칙과 형사소송법 이념인 실체적 진실주의를 고려할 때 예외적 의무설이 타당하다.

CASE 쟁점 027 　법원의 공소장변경 요구의 의무성***

1. 학설

공소장변경요구가 법원의 재량인가 의무인가에 관하여 ㉠ 법원의 의무라는 **의무설** ㉡ 법원의 재량이라는 **재량설** ㉢ 원칙적으로 법원의 재량이지만, 사안이 중대하고 증거가 명백함에도 공소장변경을 요구하지 않고 무죄를 선고하는 것이 현저히 정의와 형평에 어긋나는 경우에는 의무라는 **예외적 의무설**의 견해 대립이 있다.

2. 判例 (법원의 재량)

법원이 검사에게 공소장변경을 요구할 것인지 여부는 재량에 속하는 것이므로 법원이 검사에게 공소장의 변경을 요구하지 아니하였다고 하여 위법하다고 할 수 없다(대판 : 99도3003).

3. 결론 (위 판례 인용)

1. 논점의 정리

항소심에서도 공소장변경이 허용되는지 여부에 대하여 항소심의 구조와 관련하여 문제가 된다.

2. 학설

㉠ 항소심은 사후심이므로 허용되지 않는다는 **부정설** ㉡ 항소심은 속심이므로 허용된다는 **긍정설** ㉢ 항소심은 원칙적으로 사후심, 예외적으로 속심이므로 항소심이 파기자판을 하는 경우에 한하여 허용된다는 **절충설**의 견해 대립이 있다.

3. 判例 (긍정)

형사소송법에 의하면 항소심은 사후심적 성격이 가미된 속심이라고 할 것이므로, 공소장변경은 항소심에서도 할 수 있다(대판 : 2013도7101).

4. 검토 및 결론

항소심은 속심이고, 제1심의 공판절차에 관한 규정이 항소심에도 적용되므로 항소심에서도 공소장변경이 허용된다고 보는 것이 타당하다.

실전연습 008

한편 甲은 乙이 B로부터 교직원 채용의 대가로 1억 원을 받았다는 사실을 알고 그중 5,000만 원을 자신에게 이체할 것을 乙에게 요구하면서 '5,000만 원을 주지 않으면 부정채용으로 경찰에 고발하겠다'는 문자를 일주일 동안 수십 차례 보냈다. 문자를 받고 겁을 먹은 乙은 甲에게 5,000만 원을 이체하였다.

검사는 위 범죄사실에 대해 甲을 기소하였다. 만약 제1심 공판 진행 중에 乙이 甲의 문자 내용에 겁을 먹은 것이 아니라 甲을 불쌍하게 여겨 5,000만 원을 이체한 것으로 밝혀졌다면 법원이 취해야 할 조치는?[4]   **【제9회 변호사시험 제2문】**

1. 논점

乙이 甲을 불쌍하게 여겨 5,000만 원을 이체한 것으로 밝혀졌다면 甲에 대하여는 공갈죄 미수의 사실이 인정되는바,[5] 공갈죄 기수로 기소된 甲에 대하여 법원은 공소장변경 없이도 직권으로 공갈죄 미수의 사실을 인정할 수 있는지, 공갈죄 미수의 사실을 인정하여야 하는지 아니면 공소장변경을 요구하여야 하는지 문제된다.

---

4) 제9회 변호사시험 제2문
5) 형법 논점과 달리 공갈죄의 미수가 인정되는 이유까지 시시콜콜 밝힐 필요는 없다고 본다.

2. 공소장변경 없이 법원이 직권으로 다른 사실을 인정하기 위한 요건[6]

(1) 요건

법원은 '공소사실의 동일성이 인정'되는 범위 내에서 공소가 제기된 범죄사실에 포함된 보다 가벼운 범죄사실이 인정되는 경우, 심리의 경과에 비추어 '피고인의 방어권 행사에 실질적 불이익을 초래할 염려가 없다고 인정'되는 때에는 공소장이 변경되지 않았더라도 직권으로 공소장에 기재된 공소사실과 다른 공소사실을 인정할 수 있다(대판 : 2004도3934).

(2) 사안의 경우

사안에서 공갈죄의 기수의 공소사실과 공갈죄의 미수의 공소사실은 甲이 乙에 대하여 '부정채용으로 경찰에 고발하겠다'는 문자를 보냈다는 사실과 乙이 甲에게 5,000만 원을 이체하였다는 사실에 기초한 것으로서 기본적 사실이 동일하므로 공소사실의 동일성이 인정된다고 보여진다.

또한 제1심 공판 진행 중에 乙이 甲의 문자 내용에 겁을 먹은 것이 아니라 甲을 불쌍하게 여겨 5,000만 원을 이체한 것으로 밝혀졌다는 점에서 공갈의 수단인 협박에 해당하는 문자메시지를 보냈다는 사실에 대하여는 피고인인 甲도 충분히 방어권 행사를 하였다고 보여진다. 따라서 법원이 甲에 대하여 공갈죄의 미수의 사실을 인정하더라도 방어권행사에 실질적인 불이익을 초래할 염려는 없다고 보아야 한다.

(3) 소결

법원은 공소장이 변경되지 않았더라도 직권으로 공갈죄의 미수의 사실을 인정할 수 있다.

3. 법원이 甲에 대하여 공갈죄 미수의 사실을 인정하여야 하는지 여부[7]

공소장변경 없이 법원이 직권으로 다른 사실을 인정할 수 있는 경우라고 하더라도, 공소가 제기된 범죄사실과 대비하여 볼 때 '실제로 인정되는 범죄사실의 사안이 중대'하여 공소장이 변경되지 않았다는 이유로 이를 '처벌하지 않는다면 현저히 정의와 형평에 반하는 것으로 인정되는 경우'가 아닌 한 법원이 직권으로 그 범죄사실을 인정하지 아니하였다고 하여 위법한 것이라고까지 볼 수는 없다(대판 : 2013도658).

사안에서 밝혀진(인정되는) 공갈죄 미수의 사실은 공소가 제기된 공갈죄(기수) 사실 못지 않게 사안이 중대하므로 공소장이 변경되지 않았다는 이유로 이를 처벌하지 않으면 현

---

6) 벌조 또는 구성요건에 변경이 없는 한 공소장변경이 필요 없다는 견해(동일벌조설)와 구체적 사실 관계가 다르더라도 법률구성에 영향이 없는 경우에는 공소장변경이 필요 없다는 견해(법률구성설)가 있다. 그러나 이러한 학설(학설의 명칭)을 장황하게 소개하는 것보다는 정확하게 판례이론을 인용한 후 사안포섭을 충실하게 하는 것이 간명한 방법일 것이다. 물론 학설과 판례이론을 모두 기술한다면 금상첨화일 것이나 변호사시험 공부의 현실 – 모든 학설까지 공부하기에는 공부기간이 짧다. – 이나 시험에서의 시간적 제약을 고려한다면 일단 판례이론을 충실히 공부하고 그를 기초로 답안을 작성하는 것이 현실적인 방법일 것이라 생각된다.

7) 공소장변경 없이 법원이 직권으로 다른 사실을 인정할 수 있는 경우, 학설로서는 그 다른 사실의 인정은 판결편의주의에 비추어 법원의 재량이라는 견해와 실체적 진실주의에 비추어 법원의 의무라는 견해가 대립하고 있다.

저히 정의와 형평에 반한다고 보여지므로, 법원은 공갈죄 미수의 사실을 유죄로 인정하여야 한다.

4. 공소장변경을 요구하여야 하는지 여부

본 사안의 경우 법원은 공소장이 변경되지 않았더라도 직권으로 공갈죄의 미수의 사실을 인정할 수 있고 더 나아가 공갈죄 미수의 사실을 유죄로 인정하여야 하므로, 형소법 제298조 제2항의 공소장변경의 요구는 그것이 법원의 의무인지 재량인지 여부를 불문하고 법원의 조치의 내용이 될 수 없다.[8]

5. 결론

법원은 검사의 공소장변경이 없어도 공갈죄의 미수의 사실을 유죄로 인정하여야 한다.

실전연습 009

세무공무원 甲은 유흥업소를 운영하는 乙로부터 세금이 적게 나오도록 해 달라는 부탁을 받으면서 乙로부터 3,000만 원을 뇌물로 수수한 혐의로 조사를 받았다. 검사는 甲을 특정범죄가중처벌등에관한법률위반(뇌물)죄로 공소를 제기하면서 乙도 뇌물을 공여한 혐의로 甲과 함께 기소하였다. 법원은 재판을 진행한 결과 甲이 乙로부터 수수한 금원 중 일부가 뇌물로 보기 어려워 특정범죄가중처벌등에관한법률위반(뇌물)죄에 해당하지 않는다는 심증을 가지게 되었다.

법원이 甲에게 공소장변경 없이 형법상 뇌물수수죄로 유죄판결을 선고할 수 있는가? (20점)

■ **중요쟁점**

1. 공소장변경의 요부
2. 공소장변경 필요성의 판단기준

1. 논점

법원이 어느 범위에서 공소장변경 없이 공소사실과 다른 사실을 인정할 수 있는지 문제된다.

---

8) 공소장변경의 요구는 공소장변경이 필요한 경우를 전제로 하는 규정이므로 사안과 같이 공소장변경이 없어도 피고인에게 다른 사실을 인정해야 하는 경우 즉 공소장변경이 불필요한 경우에는 공소장변경의 요구는 법원이 고려할 사항이 아니라고 보아야 한다(공소장변경이 불필요한데 공소장변경을 요구할 필요가 있겠는가?). 본 사안에 대한 기출해설 교재 중에서는 공소장변경의 요구를 선결적으로 검토해야 한다는 전제에서 이를 제일 먼저 학설과 판례까지 상세히 기술한 후 검토과정을 거쳐 공소장변경을 요구함이 타당하다는 결론을 내고 있는 교재도 있다(김정철 등 2인 공저). 이러한 결론에 이르렀다면 (공소장변경 없는 경우에도) 축소사실의 인정이 법원의 의무인지는 더 이상 논할 필요가 없음에도 앞의 교재는 그 다음 항목에서 이를 논점으로 삼아 다시 상세히 기술하고 있는데 이는 논리적 모순이라고 판단된다.

2. 공소장변경 필요성

(1) 공소장변경의 요부

공소사실과 동일성이 인정되는 사실이 공소장변경에 의하여 비로소 법원의 현실적 심판대상이 된다고 하더라도, 법원이 공소사실과 조금이라도 다른 사실을 인정(심판)할 때 항상 공소장변경절차를 거쳐야 한다면 소송이 지연되는 결과가 발생하고 오히려 피고인에게 불리하게 작용할 수도 있다.

따라서 법원이 공소장변경절차 없이 공소사실과 다른 사실을 인정할 수 있도록 할 필요가 있다.

(2) 공소장변경 필요성의 판단기준

① 벌조 또는 구성요건에 변경이 없는 한 공소장변경이 필요없다는 견해(동일벌조설)와 구체적 사실관계가 다르더라도 법률구성에 영향이 없는 경우에는 공소장변경이 필요없다는 견해(법률구성설)가 있다.

그러나 ② 공소장변경제도는 피고인의 방어권 행사를 보장하기 위한 제도이므로 공소사실과 다른 사실을 인정하더라도 피고인의 **방어권 행사에 실질적인 불이익을 초래할 염려가 없는 경우**에는 **공소사실의 동일성이 인정되는 범위 내**에서 다른 사실을 인정할 수 있다(사실기재설)고 보는 것이 타당하다(대판 : 2013도13444).

3. 사안의 경우

① 특정범죄가중처벌등에관한법률위반(뇌물)죄의 공소사실과 뇌물수수죄의 공소사실은 뇌물의 수수의 일시 장소가 동일하고 다만 수수한 뇌물의 가액에서 차이가 있을 뿐이므로 **두 개의 공소사실은 비양립적 관계**에 있다고 보아야 한다. 따라서 **공소사실의 동일성은 인정**된다.

② 뇌물수수죄의 공소사실은 특정범죄 가중처벌 등에 관한 법률 위반(뇌물)죄의 공소사실을 다툴 때 이미 충분히 방어의 기회가 주어진 **축소사실에 불과**하다는 점에서 법원이 공소장변경절차를 거치지 아니하고 뇌물수수사실을 인정하였다고 할지라도 피고인의 **방어권 행사에 실질적인 불이익을 초래할 염려가 없는 경우**이다.

4. 사안의 해결

법원은 甲에게 공소장변경 없이 형법상 뇌물수수죄의 유죄판결을 할 수 있다.

03 공소시효

선택형 핵심지문

1. **공소시효의 계산** [변시 19]

① **[법정형 기준]** 공소시효 기간은 법정형을 기준으로 계산한다. 2개 이상의 형을 병과하거나 2개 이상의 형에서 1개를 과할 범죄에는 중한 형을 기준으로 공소시효기간을 계산(제250조).

② **[형법상 형의 가중·감경 시 → 가중·감경하지 아니한 형이 기준]** 형법에 의하여 형을 가중·감경할 경우, 가중 또는 감경하지 아니한 형에 의하여 공소시효 기간을 계산한다(제251조). 형법 이외의 특별법에 의하여 형을 가중·감경하는 경우, 특별법상의 법정형(가중·감경한 형)을 기준으로 공소시효 기간을 계산한다.

③ **[교사범과 종범은 정범을 기준으로 판단]** 교사범과 종범은 정범의 법정형을 기준으로 공소시효기간을 계산한다. → 다만, 필요적 공범의 경우에는 각각 개별적으로 결정

④ **[신법의 법정형]** 범죄 후 법률의 개정에 의하여 법정형이 가벼워진 경우, 형법 제1조 제2항에 의하여 당해 범죄사실에 적용될 가벼운 법정형이 공소시효기간의 기준이 된다. (2008도4376) [변시 15]

⑤ **[별도 계산]** 상상적 경합범의 경우 각각의 범죄사실을 분리하여 별도로 공소시효를 계산해야 함. → 변호사법 위반죄의 공소시효가 완성되었다고 하여 그 죄와 상상적 경합관계에 있는 사기죄의 공소시효까지 완성되는 것은 아님. (2006도6356) [변시 12]

⑥ 공소장변경이 있는 경우
  ⅰ) 공소시효 기간의 기준 → 변경된 공소사실의 법정형 (2002도2939) [변시 17·18·23]
  ⅱ) 공소시효 완성여부의 기준시점 → 당초의 공소제기 시 (2018도6252) [변시 23]

⑦ 공소시효의 기산점에 관하여 규정하는 형사소송법 제252조 제1항의 범죄행위가 종료한 때에서 '범죄행위'는 당해 범죄행위의 결과까지도 포함하는 취지로 해석함이 상당하다. (94도35)

⑧ **[미수범은 더 이상 범죄가 진행될 수 없는 때에 시효 진행]** 미수범의 범죄행위는 행위를 종료하지 못하였거나 결과가 발생하지 아니하여 더 이상 범죄가 진행될 수 없는 때에 종료하고 그때부터 미수범의 공소시효가 진행한다. (2016도14820)

⑨ **[즉시범의 공소시효 기산점]** 도주죄는 즉시범으로서 범인이 간수자의 실력적 지배를 이탈한 상태에 이르렀을 때 기수가 되어 도주 행위가 종료하는 것이므로 이때 이미 공소시효가 진행된다. (91도1656)

⑩ **[계속범의 경우]** 법익침해상태가 계속되고 있는 동안은 공소시효 진행하지 않음. **예** 공익법인이 주무관청의 승인을 받지 않은 채 수익사업을 하는 행위는 계속범에 해당한다고 보아야 할 것이니 승인을 받지 않은 수익사업이 계속되고 있는 동안에는 아직 공소시효가 진행하지 않는 것이다. (2004도4751) [변시 14]

⑪ 강제집행면탈죄 범죄의 공소시효 기산점

  ⅰ) [채권의 허위양도 → 양도통지 시] 강제집행 면탈의 목적으로 채무자가 제3채무자에 대한 채권을 허위로 양도한 경우, 늦어도 그 통지가 있는 때에는 그 범죄행위가 종료하여 그때부터 공소시효가 진행된다. (2011도6855) [변시 17]

  ⅱ) [허위의 채무를 부담하는 내용의 채무변제계약 공정증서를 작성 후 채권압류 및 추심명령을 받은 경우 → 채권압류 및 추심명령을 받은 때] 채권압류 및 추심명령을 받은 때에 강제집행면탈죄가 성립함과 동시에 그 범죄행위가 종료되어 공소시효가 진행한다. (2009도875) [변시 16]

⑫ [초일 산입] 공소시효의 초일은 시간을 계산함이 없이 1일로 산정한다(제66조 제1항 단서).

2. 공소시효의 정지

① [공소의 제기로 정지] 공소시효는 공소의 제기로 진행이 정지된다(제253조 제1항). 공소제기로 정지된 공소시효는 공소기각 또는 관할위반의 재판이 확정된 때로부터 다시 진행한다(제253조 제1항). [변시 24]

> **관련판례** ** 형사소송법 제253조 제3항에서 정지의 대상으로 규정한 '공소시효'는 범죄행위가 종료한 때로부터 진행하고 공소의 제기로 정지되는 구 형사소송법 제249조 제1항의 시효를 뜻하고, 그 시효와 별개로 공소를 제기한 때로부터 일정 기간이 경과하면 공소시효가 완성된 것으로 간주된다고 규정한 구 형사소송법 제249조 제2항에서 말하는 '공소시효'는 여기에 포함되지 않는다. (2020도13547)
>
> **신설조문** 피고인이 형사처분을 면할 목적으로 국외에 있는 경우 그 기간 동안 제249조 제2항[9]에 따른 기간의 진행은 정지된다(제253조 제4항). [신설 2024. 2. 13.][10]

② [공소장의 제출일자와 접수인 날짜가 다른 경우 공소장 제출일을 기준] 공소제기는 공소장이 법원에 도달한 때 그 효력이 발생하므로, 공소장의 제출 일자와 법원 직원이 접수인을 찍은 날짜가 다르다면 공소장 제출 일자를 공소제기일로 보아야 하나 통상의 경우 공소장에 접수일로 찍혀 있는 날짜는 공소제기일로 추정된다. (2002도690)

③ 피고인의 신병이 확보되기 전에 공소가 제기된 경우에도 공소시효의 진행이 정지됨.

④ '공소제기로 인한' 공범의 1인에 대한 시효정지는 다른 공범자에 대하여 효력이 미치고 당해 사건의 재판이 확정된 때로부터 진행한다(제253조 제2항). → 범인이 형사처분을 면할 목적으로 국외에 있는 경우 그 기간 동안 공소시효는 정지되나(제253조 제3항), [변시 23 · 24] 이 경우 공소시효 정지는 다른 공범자에게 미치지 않는다. [변시 16 · 24]

---

9) 공소가 제기된 범죄는 판결의 확정이 없이 공소를 제기한 때로부터 25년을 경과하면 공소시효가 완성한 것으로 간주한다(제249조 제2항).

10) 위 판례를 계기로 제253조 제4항을 신설하여 피고인이 형사처분을 면할 목적으로 국외에 있는 경우 그 기간 동안 공소시효가 완성한 것으로 간주하기 위한 기간의 진행이 정지되도록 하였다.

⑤ [**공소제기로 인한 공소시효 정지에 있어 공범에 대향범 포함 ×**] 공소시효 정지에 관한 형사소송법 제253조 제2항의 '공범'에 뇌물공여죄와 뇌물수수죄 사이와 같은 대향범 관계에 있는 자는 포함되지 않음. (2012도4842) [변시 16 · 17 · 24]

⑥ [**공범 중 1인이 후단 무죄 시 진범에 대한 시효정지 효력 발생 ×**] 공범의 1인으로 기소된 자가 구성요건에 해당하는 위법행위를 공동으로 하였다고 인정되기는 하나 책임조각을 이유로 무죄로 되는 경우와는 달리 범죄의 증명이 없다는 이유로 공범 중 1인이 무죄의 확정판결을 선고받은 경우, 그를 공범이라고 할 수 없어 그에 대하여 제기된 공소로써는 진범에 대한 공소시효 정지의 효력이 없다. (98도4621) [변시 12 · 16 · 17]

⑦ [**공범 중 1인에 대한 재판 확정은 재판의 종류 불문**] 공범 중 1인에 대한 공소의 제기로 다른 공범자에 대한 공소시효의 진행이 정지되더라도 공소가 제기된 공범 중 1인에 대한 재판이 확정되면, 그 재판의 결과가 형사소송법 제253조 제1항이 규정한 공소기각 또는 관할위반인 경우뿐 아니라 유죄, 무죄, 면소인 경우에도 그 재판이 확정된 때로부터 다시 공소시효가 진행된다고 볼 것이고,[11] 이는 약식명령이 확정된 때에도 마찬가지라고 할 것이다. ➡ 다만, 공범 중 1인에 대해 약식명령이 확정된 후 그에 대한 정식재판청구권회복결정이 있었다고 하더라도 그 사이의 기간 동안에는, 특별한 사정이 없는 한, 다른 공범자에 대한 공소시효는 정지함이 없이 계속 진행한다고 보아야 함. (2011도15137)

---

11) 단독범에 대하여 정지된 공소시효가 다시 진행되기 위한 요건인 "공소기각 또는 관할위반의 재판이 확정된 때"와 차이가 있다는 점을 유의하여야 한다.

사례형 쟁점정리

> 甲은 A와 공모하여 2007. 2. 3. 공무원 B에게 뇌물 1,000만 원을 교부하였다. 그 후
> 甲은 국내에서 도피생활을 하는 등으로 기소되지 않았는데, A와 B는 2008. 1. 10.
> 각각 뇌물교부죄, 뇌물취득죄로 기소되어 A에 대해서는 2009. 4. 27. 유죄판결이
> 확정되고, B에 대해서는 2009. 7. 27. 유죄판결이 확정되었다. 그 후 甲이 검거되
> 자 검사는 2013. 6. 29. 뇌물교부죄로 甲을 기소하였다. 이에 甲의 변호인은 공소시
> 효 완성을 이유로 면소판결을 선고하여야 한다고 주장하고 있다. (※ 다만 본 사례에서
> 는 현행법과 무관하게 뇌물교부죄의 공소시효 기간은 5년임을 전제한다)
>
> 사례에서 변호인의 주장은 타당한가? (25점)

■ 중요쟁점

> 1. 시효의 정지와 효력
> 2. 공범의 1인에 대한 시효의 정지의 효력이 미치는 공범의 범위

1. 논점
시효의 정지와 그 효력이 미치는 범위가 어디까지인지 문제된다.

2. 시효의 정지와 효력
공소시효는 범죄행위가 종료한 때로부터 진행하며(제252조 제1항), 공소의 제기로 진행
이 정지된다(제253조 제1항). 그리고 공범의 1인에 대한 공소제기로 인한 시효정지는 다
른 공범자에게 대하여 효력이 미치고, 당해 사건의 재판이 확정된 때로부터 진행한다
(제253조 제2항). 다만 여기의 '공범'에 임의적 공범이 포함됨은 문제가 없으나 필요적
공범이 포함될 수 있는지 문제된다.

3. 형사소송법 제253조 제2항의 공범에 필요적 공범이 포함되는지 여부
뇌물공여죄와 뇌물수수죄는 필요적 공범으로서, 서로 대향된 행위의 존재를 필요로
할 뿐 각자 자신의 구성요건을 실현하고 별도의 형벌규정에 따라 처벌되는 것이어서,
**2인 이상이 가공하여 공동의 구성요건을 실현하는 공범관계에 있는 자와는 본질
적으로 다르며**, 대향범 관계에 있는 자 사이에서는 각자 상대방의 범행에 대하여 형법
총칙의 공범 규정이 적용되지 아니한다.

따라서 제253조 제2항에서 말하는 '공범'에는 뇌물공여죄와 뇌물수수죄 사이와 같은 대향범 관계에 있는 자는 포함되지 않는다고 보아야 한다(대판 : 2012도4842).[12]

4. 사안의 경우

(1) A에 대한 시효정지의 효력이 미치는 범위

甲은 A와 뇌물죄의 공동정범으로서 임의적 공범에 해당하므로 A에 대한 공소제기로 인한 시효정지의 효력은 甲에게도 미친다.

사안에서 A가 2008. 1. 10. 공소가 제기되어 2009. 4. 27. 판결이 확정된 바 있으므로 이 기간(1년 3개월 17일)동안 A의 공소시효가 정지되며 甲에게도 마찬가지이다. 따라서 甲의 공소시효 만료일은 범죄행위가 종료한 때(2007. 2. 3.)로부터 공소시효 기간인 5년에 정지기간을 더한 2013. 5. 20.이다.

사안에서 검사는 2013. 6. 29. 뇌물교부죄로 甲을 기소하였는바 이는 이미 공소시효가 완성된 후이므로 법원은 甲에 대하여 면소판결(제326조 제3호)을 하여야 한다.

(2) B에 대한 시효정지의 효력이 미치는 범위

甲과 B는 뇌물교부죄와 뇌물취득죄 대향범에 지나지 않으므로 B에 대한 공소제기로 인한 시효정지의 효력은 甲에게도 미치지 않는다.

사안에서 B가 2008. 1. 10. 공소가 제기되어 2009. 9. 27. 판결이 확정된 바 있으므로 이 기간(1년 6개월 17일) 동안 B의 공소시효가 정지되어도 그 효력은 甲에게도 미치지 않는다.[13] 따라서 甲의 공소시효 만료일은 범죄행위가 종료한 때(2007. 2. 3.) 로부터 공소시효 기간인 5년을 더한 2012. 2. 2.이다.

사안에서 검사는 2013. 6. 29. 뇌물교부죄로 甲을 기소하였는바 이는 이미 공소시효가 완성된 후이므로 법원은 甲에 대하여 면소판결(제326조 제3호)을 하여야 한다.

5. 사안의 해결

甲의 변호인이 공소시효 완성을 이유로 면소판결을 선고하여야 한다는 주장은 타당하다.

---

12) 대법원은 위 조항이 공소제기 효력의 인적 범위를 확장하는 예외를 마련하여 놓은 것이므로 원칙적으로 엄격하게 해석하여야 하고 피고인에게 불리한 방향으로 확장하여 해석해서는 아니 된다는 것을 고려하여 해석하였다.

13) 만약 판례와 반대되는 해석을 하여 필요적 공범에게도 공소시효 정지의 효력이 인정된다고 해석하게 되면 甲의 공소시효 만료일은 범죄행위가 종료한 때(2007. 2. 3.)로부터 공소시효 기간인 5년에 정지기간(1년 6개월 17일)을 더한 2013. 8. 20.이다. 검사는 2013. 6. 29. 뇌물교부죄로 甲을 기소하였는바 이는 공소시효가 완성 전에 해당하므로 면소판결을 할 수 없게 된다. 따라서 본 사례는 이러한 차이점을 묻고 있는 문제인 것이다.

제4편
소송주체와 소송절차의
일반이론

제1장 | 소송주체

01 법원의 관할

1. 토지관할

① 지방법원 본원과 지방법원 지원

[토지관할 분배에 있어 대등] 지방법원 지원에 제1심 토지관할이 인정된다는 사정만 으로 당연히 지방법원 본원에도 제1심 토지관할이 인정된다고 볼 수는 없음. (2015 도1803) [변시 24]

② 토지관할의 기준인 '현재지'

[적법한 강제에 의한 현재지 포함] 공소제기 당시 피고인이 현재한 장소로서 임의에 의한 현재지뿐만 아니라 적법한 강제에 의한 현재지도 이에 해당한다. **에** 소말리아 해 적 사건 부산지방법원에 토지관할 인정 (2011도12927) [변시 18]

③ 토지관할의 우열

[우열 없음] 제1심법원이 피고인의 현재지인 이상, 그 범죄지나 주소지가 아니더라도 그 판결에 토지관할 위반의 위법은 없다. (83도3333) [변시 22]

2. 관련사건 관할

① 관련사건 관할이 병합 기소나 병합심리를 전제로 하는지의 여부

[병합기소나 병합심리는 요건 ×] 고유 관할사건 계속 중 고유 관할법원에 관련사건이 계속된 이상 그 후 양 사건이 병합되어 심리되지 아니한 채 고유사건에 대한 심리 가 먼저 종결되었다 하더라도 관련사건에 대한 관할권은 여전히 유지 (2006도8568)

② 사물관할의 병합심리

ⅰ) '사물관할을 달리하는' 수 개의 관련사건이 각각 법원 합의부와 단독판사에 계속 된 때에는 합의부는 결정으로 단독판사에 속한 사건을 병합하여 심리할 수 있다 (제10조). 사물관할의 병합심리는 관련사건이 법원 합의부와 단독판사에 계속된 각 사건이 토지관할을 달리하는 경우에도 적용한다(형사소송규칙 제4조 제1항). [변 시 22]

ⅱ) 사물관할을 달리하는 수 개의 관련 항소 사건이 각각 고등법원과 지방법원 본원 합의부에 계속된 때에는 고등법원은 결정으로 지방법원 본원합의부에 계속한 사건을 병합하여 심리할 수 있다(형사소송규칙 제4조의2 제1항).

iii) 치료감호사건이 지방법원이나 지방법원지원에 청구되어 피고사건 항소심을 담당하는 합의부에 배당된 경우 그 합의부는 치료감호사건과 피고사건을 모두 고등법원에 이송하여야 함. (2009도6946) [변시 24]

③ 토지관할의 병합심리

[사물관할이 동일함을 전제] '사물관할이 동일하지만' 토지관할을 달리하는 수개의 관련사건이 각각 다른 법원에 계속된 때에는 공통되는 직근 상급법원은 검사 또는 피고인의 신청에 의하여 결정으로 1개 법원으로 하여금 병합심리 하게 할 수 있다(제6조). [변시 22]

예 관련사건이 마산지방법원 항소부와 부산고등법원에 각각 계속된 경우에 '토지관할 병합심리' 不可 ➜ 마산지방법원 항소부는 '단독사건'의 항소심이며 부산고등법원은 '합의부사건'의 항소심이다. 사물관할은 '제1심'을 기준으로 하므로 양 사건은 사물관할이 다르다는 점을 주의해야 한다. 이는, 사물관할이 다르기 때문에 토지관할의 병합심리의 전제가 충족되지 못한 경우이다. [변시 14]

> **기출지문** 피고인 甲의 A사건은 지방법원 본원 항소부에, 甲의 B사건은 고등법원에 각각 계속되어 있는 경우 甲은 대법원의 결정에 의하여 고등법원에서 병합심리를 받을 수 있다. [변시 14]   [×]

☑ **관련사건의 병합심리**

제1사건	제2사건	병합심리유형	병합심리 결정 법원
서울 남부 합의부	서울 남부 단독	사물관할	서울 남부 합의부
서울 중앙 합의부	대구 단독	사물관할	서울 중앙 합의부
부산 고등법원 (합의 항소)	마산 항소부 (단독 항소)	사물관할	부산 고등법원
서울 중앙 합의부	서울 동부 합의부	토지관할	서울고등법원
서울 중앙 단독	광주 단독	토지관할	대법원

3. **관할의 이전**[1]

[검사는 의무, 피고인은 권리] 검사는 관할 이전의 사유가 있으면 직근 상급법원에 관할 이전을 신청하여야 한다(검사의 신청은 의무). 피고인도 이를 신청을 할 수 있다(피고인의 신청은 권리이며 의무가 아님)(제15조). [변시 14]

4. **관할의 경합**

① '동일사건'이 대하여 둘 이상의 법원이 관할권을 갖게 되는 경우를 말한다.

② 사물관할의 경합

'동일사건'이 사물관할을 달리하는 수 개의 법원에 계속된 때에는 법원 합의부가 심판한다(제12조). [변시 22]

---

1) 관할법원이 재판권을 행사할 수 없거나 재판의 공평을 유지하기 어려운 경우 사건을 관할권 없는 다른 법원으로 옮기는 것을 말한다.

③ 토지관할의 경합

[선착수 우선의 원칙] '동일사건'이 사물관할을 같이하는 수 개의 법원에 계속된 때, 토지관할 경합의 경우 원칙적으로 먼저 공소를 받은 법원이 심판(제13조).

5. 관할위반 판결의 선고

① 관할이 없으면 관할위반 판결을 선고하여야 하며, 임의적으로 관할권 있는 법원으로 이송 결정을 할 수 없다(제319조).

② 토지관할에 관하여 법원은 피고인의 신청이 없으면 관할위반 판결을 선고할 수 없다(제320조 제1항).

③ 피고인의 관할위반 신청은 피고사건에 대한 진술 전에 하여야 한다.

④ 소송행위는 관할위반인 경우에도 그 효력에는 영향이 없다(제2조). 따라서 관할위반 판결을 선고한 법원이 작성한 공판조서·증인신문조서 등은 여전히 증거가 될 수 있다. [변시 24] 또한 관할권이 없는 법원에 대한 공소제기도 공소시효를 정지시키는 효력이 있다.

6. 공소장 변경과 합의부 이송 (필요적 이송)

① 단독판사의 관할 사건이 공소장 변경에 의하여 합의부 관할 사건으로 변경된 경우에는 단독판사는 '관할위반의 판결을 선고하지 않고' 결정으로 관할권이 있는 법원인 합의부에 이송한다(제8조 제2항). [변시 14]

② 항소심에서 공소장 변경에 의하여 단독판사의 관할 사건이 합의부 관할 사건으로 된 경우에도 법원은 사건을 관할권이 있는 법원에 이송하여야 하고 항소심에서 변경된 위 합의부 관할 사건에 대한 관할권이 있는 법원은 고등법원이라고 봄이 상당하다. (97도2463) [변시 13·14]

③ 제1심에서 합의부 관할 사건에 관하여 단독판사 관할 사건으로 죄명, 적용법조를 변경하는 공소장변경 허가신청서가 제출된 경우, 합의부는 공소장변경허가결정을 하였는지에 관계없이 사건의 실체에 들어가 심판하였어야 하고, 사건을 단독판사에게 재배당 할 수 없다.[2] (2013도1658) [변시 18·22·24]

> **기출지문** 제1심에서 합의부 관할사건에 관하여 단독판사 관할사건으로 죄명과 적용법조를 변경하는 공소장변경 허가신청서가 제출된 경우, 사건을 배당받은 합의부가 공소장변경을 허가하는 결정을 하였다면 합의부는 결정으로 관할권이 있는 단독판사에게 사건을 이송하여야 한다. [×]

---

2) **[판례해설]** 형사소송법 제8조 제2항은 단독판사 관할사건이 합의부 관할사건으로 변경된 경우 합의부로 이송해야 한다고 규정하고 있으나, 그 역으로 합의부 관할사건이 단독판사 관할사건으로 변경된 경우에 대해서는 형사소송법에 명문의 규정이 없으며 제8조 제2항이 적용될 수도 없으므로 그냥 합의부가 심판해야 하고 단독판사에게 이송할 수 없다는 취지의 판례이다.

7. 국민참여재판 관할법원 이송

피고인이 국민참여재판을 원하는 의사를 표시한 경우, 지방법원 지원 합의부가 배제결정을 하지 아니하는 경우, 국민참여재판절차 회부결정을 하여 사건을 지방법원 본원 합의부로 이송하여야 한다(형사재판 참여에 관한 법률 제10조 제1항). [변시 14]

■ 사례형 쟁점정리

CASE 쟁점 029 | 항소심에서 합의부 관할사건으로 공소장변경이 된 경우 항소심의 조치★★ [변시 13]

1심에서 甲에 대한 단순횡령죄로 기소하여 단독 재판부에서 유죄판결을 받은 후 항소심인 지방법원 합의부에서 재판 도중 검사는 합의부사건에 해당하는 특정경제범죄가중처벌법위반(횡령)으로 공소장 변경신청을 하여 법원은 공소장변경을 허가하였다.
법원은 어떠한 조치를 하여야 하는가?

1. 논점

항소심에서 단독판사 관할사건이 합의부 관할사건으로 공소장변경이 된 경우 형사소송법 제8조 제2항을 적용할 수 있는지, 만약 적용된다면 관할권이 있는 법원이 어디인지 문제가 된다.

2. 학설

㉠ 항소심(지방법원본원 합의부)이 제1심으로 재판하여야 한다는 견해 ㉡ 항소심이 제2심으로 재판하여야 한다는 견해 ㉢ 항소심이 제8조 제2항을 적용하여 고등법원으로 사건으로 이송하여야 한다는 견해 ㉣ 항소심이 관할위반판결을 선고하여야 한다는 견해가 대립한다.

3. 判例 (관할권 있는 고등법원으로 이송조치)

항소심에서 공소장변경에 의하여 단독판사의 관할사건이 합의부 관할사건으로 된 경우에도 법원은 사건을 관할권이 있는 법원에 이송하여야 하고 항소심에서 변경된 위 합의부 관할사건에 대한 관할권이 있는 법원은 고등법원이라고 봄이 상당하다(대판 : 97도2463).

4. 검토 및 결론 | Keyword | 소송경제

소송경제를 고려한 형사소송법 제8조 제2항의 취지에 비추어 보았을 때, 항소심은 제8조 제2항을 적용하여 고등법원으로 사건으로 이송하여야 한다는 견해가 타당하다.
사안의 경우 법원은 공소장변경 신청을 허가한 후, 사건을 관할권이 있는 고등법원으로 이송하여야 한다.

02 제척 · 기피 · 회피

선택형 핵심지문

1. **제척**

   ① **사실혼 배우자가 '친족'에 해당하는지 여부[3]**

   관련 통역인이 피해자의 사실혼 배우자라고 하여도 통역인에게 제척사유가 있다고 할 수 없다. ➡ 사실혼 관계에 있는 사람은 민법 소정의 친족이라고 할 수 없으므로[4] (2010도 13583) [변시 16]

   ② **통역인이 사건에 관하여 증인으로 증언한 때[5]**

   직무집행에서 제척되고, 제척사유가 있는 통역인이 통역한 증인의 증인신문조서는 유죄 인정의 증거로 사용할 수 없다. (2010도13583) [변시 16]

   ③ **법관이 제척되지 않는 경우[6]**

   ⅰ) 약식명령을 발부한 법관이 정식재판 절차의 제1심판결에 관여 (2002도944) [변시 14 · 21 · 24]

   ⅱ) 파기환송 판결 전의 원심에 관여한 재판관이 환송 후의 원심 재판관으로 관여 (78도3204) [변시 16]

   ⅲ) 형소법 제17조 제7호의 '법관이 사건에 관하여 그 기초 되는 조사에 관여한 때'라 함은 전심재판의 내용 형성에 사용될 자료의 수집 · 조사에 관여하여 그 결과가 전심재판의 사실인정 자료로 쓰여진 경우를 말한다. (99도155)

   ⅳ) 법관이 수사단계에서 피고인에 대하여 구속영장을 발부한 경우 (89도612)

   ⅴ) 법관이 구속적부심사에 관여 [변시 16]

   ⅵ) 공소제기 전에 검사의 증거보전 청구에 의하여 증인신문을 한 법관 (71도974)

   ⅶ) 법관이 피고인에 대한 구속영장 발부에 있어서 심문을 담당 (2001도7095)

   ⅷ) 검사가 불기소한 부분에 관하여 한 재정신청 사건에 관여하여 이를 기각한 법관들이, 고발 사실 중 공소가 제기된 사건의 항소심에서 재판장과 주심판사로 관여 (2013도10316)

   ④ **법관이 제척되는 경우**

   ⅰ) 제1심판결에서 유죄의 증거로 사용된 증거를 조사한 판사가 항소심 재판에 관여 (99도3534)

   ⅱ) 약식명령을 한 판사가 그 정식재판 절차의 항소심 판결에 관여 (2011도17) [변시 15 · 17 · 20]

---

3) 법관이 피고인 또는 피해자의 친족 또는 친족관계가 있었던 자인 때(제2호)
4) 본장의 규정은 제17조 제7호의 규정을 제한 외에는 법원서기관 · 법원사무관 · 법원주사 또는 법원주사보(이하 "법원사무관등"이라 한다)와 **통역인에 준용**한다(제25조).
5) 법관이 사건에 관하여 증인, 감정인, 피해자의 대리인으로 된 때(제4호)
6) 법관이 사건에 관하여 전심재판 또는 그 기초되는 조사, 심리에 관여한 때(제7호)

2. 기피

① 기피의 사유가 되는 경우

법관이 심리 중 피고인으로 하여금 유죄를 예단하는 취지로 미리 법률판단을 한 때 (74모68)

② 기피의 사유가 되지 않는 경우

ⅰ) 공소장변경 허가신청에 대하여 불허가결정 (95모93)

ⅱ) 재판장이 피고인의 증인에 대한 신문을 제지한 사실 (95모10)

ⅲ) 재판부가 당사자의 증거신청을 채택하지 아니하거나 이미 한 증거결정을 취소 (95모10) [변시 16]

③ 간이기각결정

기피신청이 소송의 지연을 목적으로 함이 명백하거나 기피신청이 부적법 한 때 (관할권 없는 법원에 신청한 경우)에는 신청을 받은 법원 또는 법관은 결정으로 이를 기각한다. 간이기각결정에 대하여 즉시항고 할 수 있으나 통상의 즉시항고와는 달리 재판의 집행(소송절차가)이 정지되지 아니한다(제23조 제2항).

④ 기피신청을 받은 법관이 소송 진행을 정지하지 않고 한 소송행위의 효력

[무효] 기피신청을 받은 법관이 본안의 소송절차를 정지하지 않은 채 그대로 소송을 진행하여서 한 소송행위는 그 효력이 없고, 이는 그 후 그 기피신청에 대한 기각결정이 확정(불공정 재판 염려가 없었다는 의미임) 되었다고 하더라도 마찬가지이다. (2012도8544) [변시 16]

⑤ 기피신청 기각결정에 대하여는 즉시항고 할 수 있다(제23조 제1항). [변시 16]

⑥ 검사에 대한 제척·기피 부정

사례형 쟁점정리

CASE 쟁점 030   약식명령을 발부한 법관이 정식재판을 담당한 경우 제척되는지 여부

2018. 10. 1.부터 2019. 1. 31.경까지 약 4개월간 10회에 걸쳐 상습도박을 한 혐의로 검사가 甲을 약식기소하였다. 위 약식사건에서 벌금 200만 원의 약식명령을 발령한 판사가 甲이 청구한 정식재판을 다시 심리하여 벌금 300만 원을 선고하였다.

판사의 재판은 적법한가?

1. 학설

약식명령을 발부한 법관이 그 정식재판절차의 제1심에 관여한 경우, 제척되는지 여부에 관하여 ㉠ 예단과 편견 때문에 불공평한 재판의 염려가 있으므로 제척된다는 견해와 ㉡ 약식명령과 그 정식재판절차의 제1심은 동일 심급에서 절차만 달리하는 것이므로 제척되지 않는다는 견해가 대립한다.

2. 판례 `Keyword` 동일한 심급 내에서 절차만 달리

약식절차와 정식재판 청구에 의하여 개시된 제1심 공판절차는 **동일한 심급 내에서 서로 절차만 달리**할 뿐이므로, 약식명령이 제1심 공판절차의 전심재판에 해당하는 것은 아니고, 따라서 약식명령을 발부한 법관이 정식재판 절차의 제1심판결에 관여하였다고 하여 형소법 제17조 제7호에 정한 '법관이 사건에 관하여 전심재판 또는 그 기초되는 조사, 심리에 관여한 때'에 해당하여 제척의 원인이 된다고 볼 수는 없다(대판 : 2002도944).

3. 검토 및 결론

약식절차와 그에 대한 정식재판절차는 모두 제1심으로 동일한 심급에 해당한다. 따라서 약식명령을 발부한 법관이 그 정식재판절차의 제1심에 관여하더라도 제척의 사유가 되지 않는다고 보아야 한다.

사안의 경우 약식명령을 발부한 판사가 다시 정식재판절차에 관여하여 재판을 한 것은 위법하다고 할 수 없다.

한편 피고인이 정식재판을 청구한 사건에 대하여는 약식명령의 형보다 중한 종류의 형을 선고하지 못한다(제457조의2 제1항).

사안의 경우 판사는 약식명령의 벌금 200만 원 보다 중한 벌금 300만 원을 선고하였지만, 이는 중한 종류의 형을 선고한 것은 아니므로 위법하다고 할 수 없다.

실전연습 011

검사 S는 甲이 주먹으로 A의 복부를 수회 때려 중상해를 입힌 사실로 폭행치상죄로 기소하였다. 1심에서 법원은 甲에게 징역 1년을 선고하였고 甲은 이에 불복하여 항소하였다. 그런데 항소심 계속 중에 입원치료를 받고 있던 A가 중상해로 인한 합병증으로 사망하였다.

1. 사례에서 항소심 재판부에 수사단계에서 검사의 증거보전신청에 따른 증인신문을 담당한 판사 B1과 1심에서 수탁판사로서 유죄의 증거로 사용된 증거조사를 한 판사 B2가 합의부원으로 참여하고 있었다면 B1과 B2는 제척대상에 해당하는가? (25점)

2. 사례에서 검사 S가 항소심에서 甲에 대한 공소사실을 단독판사 관할사건인 폭행치상에서 합의부 관할 사건인 상해치사로 공소장변경을 신청하는 경우 법원은 어떠한 조치를 취해야 하는가? (25점)

■ 중요쟁점

1. 형사소송법 제17조 7호의 제척사유
2. 증거보전신청에 따른 증인신문을 담당한 판사가 제척대상인지 여부
3. 1심에서 수탁판사로서 증거조사를 한 판사가 제척대상인지 여부
4. 항소심에서도 공소장변경이 허용되는지 여부
5. 항소심에서 단독판사 사건이 합의부사건으로 공소장변경이 된 경우 법원의 조치

[설문 1]

1. 논점

형소법 제17조 7호의 제척사유에 의하여 제척되는 대상인 법관의 범위가 어디까지인지 문제된다.

2. 형소법 제17조 7호의 제척사유 | Keyword | 내용 형성에 사용될 자료 수집·조사

제척이란 구체적 사건의 심판에서 법관이 불공평한 재판을 할 우려가 현저한 경우를 유형적으로 정해 놓고 그 사유에 해당하는 법관을 직무집행에서 당연히 배제시키는 제도를 말한다.

형소법 제17조 7호는 '법관이 사건에 관하여 전심재판 또는 그 기초되는 조사, 심리에 관여한 때'를 제척사유로 규정하고 있다. 여기의 **'전심재판'이란 상소에 의하여 불복이 신청된 재판을 의미**한다. 즉 제2심에 있어서는 제1심이, 제3심에 있어서는 제2심 또는 제1심이 전심이 된다. 그리고 '법관이 사건에 관하여 **전심재판 기초되는 조사에 관여한 때'라 함은 전심재판의 내용 형성에 사용될 자료의 수집·조사에 관여하여 그 결과가 전심재판의 사실인정 자료로 쓰여진 경우**를 말한다(대판 : 99도155).

3. 증거보전신청에 따른 증인신문을 담당한 판사가 제척대상인지 여부

① 증거보전절차에 관여한 경우 사건에 대하여 예단을 가질 우려가 있으므로 전심재판 기초되는 조사에 관여한 때에 해당한다고 보아 제척대상으로 보는 견해가 있다.

그러나 ② **증거보전은 사건 전체에 대하여 판단을 하는 것이 아니므로** 증거보전절차에 관여한 법관은 제척대상에 해당하지 않는다고 보는 것이 타당하다.

③ 判例도 공소제기 전에 검사의 증거보전청구에 의하여 증인신문을 한 법관은 전심재판 또는 기초되는 조사, 심리에 관여한 법관이라고 할 수 없다는 입장이다(대판 : 71도974).

4. 1심에서 수탁판사로서 증거조사를 한 판사가 제척대상인지 여부

① 수탁판사는 소송절차의 일부에 관여한 것에 불과하므로 제척대상이 아니라는 견해가 있다.

그러나 ② 제1심판결에서 피고인에 대한 유죄의 증거로 사용된 증거를 조사한 판사는 전심재판의 기초가 되는 조사, 심리에 관여하였다 할 것이므로 제척대상이 된다고 보는 것이 타당하다(대판 : 99도3534).

5. 사안의 해결

증거보전신청에 따른 증인신문을 담당한 판사 B1은 제척대상에 해당하지 않는다.
1심에서 수탁판사로서 증거조사를 한 판사 B2는 제척대상에 해당한다.

[설문 2]

1. 논점

항소심에서 단독판사 사건을 합의부사건으로 공소장변경이 가능한지 여부와 허용
된다면 형소법 제8조 제2항이 적용될 수 있는지 문제된다.

2. 항소심에서도 공소장변경이 허용되는지 여부

(1) 항소심의 성격과 공소장 변경의 허용여부

① 항소심을 사후심적 성격을 갖는 것으로 보아 허용되지 않는다는 견해(소극설)가 있다.
그러나 ② 형사소송법상 **항소심은 기본적으로 속심적 성격**을 가지며 소송경제상 필
요로 인하여 사후심적 요소를 가미한 것으로 보아야 하므로 항소심에서도 공소장변
경이 가능하다고 보는 것이 타당하다(대판 : 82도2829).
③ 判例도 항소심에서 공소장변경을 긍정한다(대판 : 94도1520).

(2) 항소심에서 단독판사 사건을 합의부사건으로 공소장변경이 가능한지 여부

① 공소장변경을 허용하는 경우 합의부에 의하여 1심 재판을 받을 권리가 침해되므
로 허용될 수 없다는 견해가 있다.
그러나 ② 공소장변경은 공소사실의 동일성이 인정되는 범위에서 허용되는 것이므
로 반드시 1심 재판을 받을 권리가 침해된다고 할 수는 없으므로 허용된다고 보는
것이 타당하다.
③ 判例도 항소심에서 공소장변경에 의하여 단독판사의 관할사건이 합의부 관할사
건으로 된 경우 법원은 사건을 관할권이 있는 법원에 이송하여야 한다고 하여 공소장
변경의 허용을 전제하고 있다(대판 : 97도2463).

(3) 사안의 경우

항소심에서 甲에 대한 공소사실을 단독판사 관할사건인 폭행치상에서 합의부 관할
사건인 상해치사로 공소장변경을 신청하는 경우 공소사실의 동일성이 인정되므로
법원은 공소장변경을 허가하여야 한다(제298조 제1항).

3. 항소심에서 단독판사 사건이 합의부사건으로 공소장변경이 된 경우 법원의 조치

형소법 제8조 제2항은 단독판사의 관할사건이 공소장변경에 의하여 합의부 관할사
건으로 변경된 경우에 법원은 결정으로 '관할권이 있는 법원'에 이송한다고 규정하
고 있다.
① 과거의 판례는 형소법 제8조 제2항은 1심에서만 적용되므로 지방법원항소부는 공소장
변경을 허가한 후 관할위반의 판결을 선고하여야 한다(관할위반판결설)고 판시한 바 있다.

그러나 ② 현재 判例는 항소심에서 공소장변경에 의하여 단독판사의 관할사건이 합의부 관할 사건으로 변경된 경우에도 법원은 사건을 관할권이 있는 법원에 이송하여야 하고, 항소심에서 변경된 위 합의부 관할사건에 대한 관할권이 있는 법원은 고등법원이라고 판시한 바 있다(대판 : 97도2463).[7]

법률이 정한 법관에 의하여 재판을 받을 권리와 신속한 재판을 받을 권리 조화시킬 수 있다는 점에서 제8조 제2항을 적용하고 '관할권 있는 법원'을 고등법원으로 보아 이송하는 것이 타당하다.

4. 사안의 해결

법원은 공소장변경을 허가하고 사건을 고등법원으로 이송하여야 한다.

03 피고인

선택형 핵심지문

1. 피고인 특정의 기준

[성명모용] 공소제기의 효력은 검사가 피고인으로 지정한 자에 대하여만 미치는 것이고, 따라서 피의자가 다른 사람의 성명을 모용한 탓으로 공소장에 피모용자가 피고인으로 표시되었다 하더라도 이는 당사자의 표시상의 착오일 뿐이고 검사는 모용자에 대하여 공소를 제기한 것이므로 모용자가 피고인이 되고 피모용자에게 공소의 효력이 미친다고 할 수 없다. (92도2554)

2. 성명모용소송 – 피의자 甲(모용자)이 乙(피모용자)의 성명을 모용

① 모용자 甲만 피고인이고 피모용자 乙은 피고인이 아니다.

② 甲(모용자)이 공판정에 출석한 경우의 처리방법

   i) [공소장 정정] 공소장에 피고인으로 기재된 '乙'은 공소장기재의 착오에 불과하므로 검사는 공소장정정으로 (공소장변경 不要) 피고인을 피모용자(乙)에서 모용자(甲)로 바로 잡으면 족하다.

   ii) [별도의 판단 不要] 피모용자(乙)는 피고인이 아니므로 소송절차에 관여한 사실이 없으면 별도의 판단을 할 필요 없이 절차에서 배제하면 족하다. 즉 무죄판결이나 공소기각판결을 할 필요가 없다.

---

7) 그 밖에 지방법원항소부가 1심부터 다시 심판해야 한다는 견해와 제8조 제2항은 1심에만 적용되므로 지방법원항소부는 변경된 합의부사건에 대하여도 계속 관할권을 가지고 항소심으로서 심판해야 한다는 견해가 있다.

iii) **[정정 × → 공소기각판결]** 만약 검사가 피고인표시를 정정하여 모용관계를 바로잡지 아니한 경우에는 외형상 피모용자 乙을 상대로 공소가 제기된 것으로 되어 있는데, 이는 공소제기의 방식이 법률에 위반하여 무효이므로 법원은 공소기각판결을 선고하여야 한다.

③ 乙(피모용자)이 공판정에 출석한 경우의 처리방법

i) 검사가 피고인을 피모용자의 성명인 乙로 기재하여 법원에 약식명령을 청구한 경우 약식명령을 송달받은 피모용자 乙은 이에 불복하여 정식재판을 청구하여 乙이 공판정에 출석하게 된다.

ii) '실질적 피고인'은 모용자인 甲이 되고, 피모용자인 乙은 피고인이라고 할 수 없으나 乙도 공판정에 출석하여 심리를 받는 등 사실상의 소송 계속이 발생했다는 의미에서 '형식적 피고인'이라고 할 수 있다.

iii) **[공소기각판결]** 법원은 피모용자 乙에게 적법한 공소의 제기가 없었음을 밝혀주고 형사소송법 제327조 제2호에 의하여 공소기각판결을 선고해야 한다.

iv) **[표시정정 후 약식명령서 송달]** 모용자 甲은 공소가 제기된 진정·실질적 피고인이지만 아직 재판서(약식명령서)를 송달받지 못했으므로 약식명령서를 甲에게 송달해야 한다. 이를 위해 검사는 공소장 피고인표시를 '甲'으로 정정하고 법원은 이에 따라 약식명령서의 피고인표시를 정정하여 본래의 '약식명령'과 함께 이 '경정결정'을 모용자 甲에게 송달하여야 한다. 송달받은 후 7일 이내에 정식재판 청구를 하지 않으면 당연히 약식명령은 확정된다. 다만 이 경우에도 검사가 피고인표시를 정정하여 모용관계를 바로잡지 아니한 경우에는 공소제기의 방식이 법률에 위반하여 무효이므로 법원은 공소기각판결을 선고하여야 한다.

④ 성명모용의 법리는 경범죄처벌법에 따른 경찰서장의 통고처분의 효력에도 마찬가지로 적용된다고 보아야 한다. (2023도751)

3. 위장출석

① 검사가 甲을 피고인으로 지정하여 공소를 제기하였으나 공판단계에서 乙이 甲인 것처럼 행세하면서 법정에 출석하여 재판을 받는 경우를 말한다.

② 甲만 피고인이고 위장출석자인 乙은 피고인이 아니지만 乙도 마치 피고인처럼 행위를 한다는 의미에서 '형식적 피고인'이 된다.

③ 인정신문단계에서 위장출석 사실이 밝혀진 경우, 乙을 퇴정시키고 甲을 소환하여 절차를 진행하면 된다.

④ 위장출석 사실이 사실심리 단계에서 밝혀진 경우, 공소기각판결로서 乙을 절차에서 배제시키고(제327조 제2호) 피고인인 甲을 소환하여 절차를 진행하면 된다. 이 경우 다시 甲을 상대로 공소제기를 할 필요는 없다.

⑤ 위장출석자 乙에게 판결이 선고된 경우, 이는 항소 또는 상고의 이유가 된다. 상소심에서도 역시 공소기각판결로서 乙을 절차에서 배제시킨다. 이 경우 甲을 소환하여 제1심 절차를 진행하면 족하고 다시 공소제기를 할 필요가 없다.

4. 진술거부권

① **[호흡≠진술]** 음주 측정에 불응한 경우를 처벌하는 것이 진술거부권 조항에 위배되지 않음. (2009도7924) [변시 12]

② **[인정신문도 可]** 진술거부권의 대상인 진술에는 제한이 없으므로 수사기관이나 재판장의 인정신문에 대하여도 당연히 진술을 거부할 수 있다(다수설). [변시 12]

③ **[참고인은 진술거부권 고지 대상 ×]** 피의자의 지위에 있지 아니한 자 (에 참고인)에 대하여는 진술거부권이 고지되지 아니하였더라도, 진술의 증거능력을 부정할 것은 아님. (2011도8125) [변시 14]

④ 고지의 방법

   ⅰ) **[피의자의 경우 시간적 간격이 있는 경우 다시 고지 要]** 피의자신문의 경우 신문 시마다 할 필요는 없지만, 신문이 상당 기간 중단되었다가 다시 신문하거나 또는 신문자가 변경된 경우 다시 고지하여야 함. [변시 12]

   ⅱ) **[피고인의 경우 공판절차 갱신시 다시 고지 要]** 피고인에 대하여는 통상 인정신문 이전에 진술거부권에 대하여 1회 고지하면 되지만, 공판절차를 갱신하는 때에는 다시 고지하여야 함(형사소송규칙 제144조 제1항). [변시 12]

⑤ 피고인이 진술을 거부하거나 거짓 진술을 하는 것을 가중적 양형의 조건으로 참작할 수 있는지의 여부

  [원칙 허용 ×, 예외적 가능] 가중적 양형의 조건으로 삼는 것은 결과적으로 피고인에게 자백을 강요하는 것이 되어 허용될 수 없다. 그러나 그러한 태도나 행위가 피고인에게 보장된 방어권 행사의 범위를 넘어 객관적이고 명백한 증거가 있음에도 진실의 발견을 적극적으로 숨기거나 법원을 오도하려는 시도에 기인한 경우에는 가중적 양형의 조건으로 참작될 수 있음. (2001도192) [변시 20]

5. 소송능력

[피의자에게 의사능력이 있는 경우] 음주운전과 관련한 도로교통법 위반죄의 범죄수사를 위하여 미성년자인 피의자의 혈액채취가 필요한 경우에도 피의자에게 의사능력이 있다면 피의자 본인만이 혈액채취에 관한 유효한 동의를 할 수 있고, 피의자에게 의사능력이 없는 경우에도 채혈동의를 허용하는 명문의 규정이 없는 이상 법정대리인이 피의자를 대리하여 동의할 수는 없다. (2013도1228) [변시 18 · 21]

04 변호인

선택형 핵심지문

1. 변호인의 선임

① 변호인 선임권자(제27조 제1항 및 제30조에 규정된 자에 한정)

[피고인/피의자/법정대리인/배우자/직계혈족/형제자매] 피고인 및 피의자로부터 그 선임권을 위임받은 자가 피고인이나 피의자를 대리하여 변호인 선임 不可.

② 국선변호인 선정의 효력은 이후 병합된 다른 사건에도 미침. (2010도3377)

③ 변호인 선임신고서를 제출하지 않은 변호인이 변호인 명의로 재항고장을 제출한 경우, 그 재항고장은 적법·유효한 재항고로서의 효력이 없다. (2017모1377)

④ 공소제기 전 변호인 선임은 제1심에도 효력이 있음(제32조 제2항). [변시 15]

⑤ 제1심법원(항소심)에서의 변호인 선임은 항소심(상고심)의 파기환송·파기이송이 있은 후에도 그 효력이 있음(형사소송규칙 제158조). [변시 15]

⑥ 변호인 선임에 관한 서면을 제출하지 않았지만 변호인이 되려는 의사를 객관적으로 변호인이 될 가능성이 있는 경우에 수사기관이 정당한 이유없이 접견을 거부해서는 안 된다. ➜ 변호인이 되려는 자에게도 피의자를 접견할 권한이 있기 때문 (2013도16162) [변시 23]

2. 국선변호인

① 구속 전 피의자심문에 있어 심문할 피의자에게 변호인이 없는 때에는 지방법원판사는 직권으로 변호인을 선정하여야 한다. 이 경우 변호인의 선정은 피의자에 대한 구속영장 청구가 기각되어 효력이 소멸한 경우를 제외하고는 제1심까지 효력이 있다(제201조의2 제8항). [변시 15·17]

② 체포·구속적부심사를 청구한 피의자에게 변호인이 없는 때에는 법원은 국선변호인을 선정하여야 한다(제214조의2 제10항).

③ 일반공판절차에서 국선변호인의 선정사유

ⅰ) [직권선정 : 구·미·70세 이상·농·심 3단·쌓기] 법원은 피고인이 ㉠ 구속된 때 ㉡ 미성년자인 때 ㉢ 70세 이상인 때 ㉣ 농아자인 때 ㉤ 심신장애의 의심이 있는 때 ㉥ 사형, 무기 또는 단기 3년 이상의 징역이나 금고에 해당하는 사건으로 기소된 때에 변호인이 없는 때에는 직권으로 변호인을 선정하여야 한다(제33조 제1항). [변시 12]

ⅱ) [청구에 의한 선정] 법원은 피고인이 빈곤 그 밖의 사유로 변호인을 선임할 수 없는 경우에 피고인의 청구가 있는 때에는 변호인을 선정하여야 한다(제33조 제2항).

ⅲ) [권리보호의 필요성으로 인한 선정] 법원은 피고인의 연령·지능 및 교육 정도 등을 참작하여 권리보호를 위하여 필요하다고 인정하는 때에는 피고인의 명시적 의사에 반하지 아니하는 범위 안에서 변호인을 선정하여야 한다(제33조 제3항). [변시 19]

④ 필요적 변호 사건에서 변호인 없이 이루어진 공판절차에서의 일체의 소송행위는 무효 (2011도6325)

> **비교판례** 필요적 변호사건에서 변호인 없이 공판절차가 진행되어 그 공판절차가 위법하게 된 경우, 그 이전에 이루어진 소송행위의 효력은 유효함. (90도646) [변시 12]

⑤ 필요적 변호사건에서 1심의 공판절차가 변호인 없이 이루어진 경우, 항소심의 조치
[변호인 선임 후 파기자판] 제1심의 소송행위는 무효이므로 항소심은 변호인이 있는 상태에서 소송행위를 새로이 한 후 위법한 제1심판결을 파기하고 항소심에서의 진술 및 증거조사 등 심리결과에 기하여 다시 판결하여야 함. (2011도6325) [변시 12]

⑥ **[국선변호인 선정이 위법한 경우]** 이해가 상반된 피고인들 중 어느 피고인이 특정 법무법인을 변호인으로 선임하고, 해당 법무법인이 담당 변호사를 지정하였을 때, 법원이 담당 변호사 중 1인 또는 수인을 다른 피고인을 위한 국선변호인으로 선정한 경우, 국선변호인 선정은 국선변호인의 조력을 받을 피고인의 권리를 침해한다. (2015도9951) [변시 19]

3. 변호인의 진실의무에 위반되지 않는 경우

헌법상 권리인 진술거부권이 있음을 알려주고 그 행사를 권고하는 것 (2006모656) [변시 14]

4. 변호인의 참여권

피압수자가 수사기관에 압수·수색 영장의 집행에 참여하지 않는다는 의사를 명시하였다고 하더라도, 특별한 사정이 없는 한 변호인에게 형소법 제219조, 제122조의 영장집행과 참여권자에 대한 통지규정에 따라 미리 집행 일시와 장소를 통지하는 등 압수·수색영장의 집행에 참여할 기회를 별도로 보장하여야 한다. ➡ 변호인의 참여권은 피압수자 보호를 위한 변호인의 고유권이기 때문 (2020도10729) [변시 23]

5. 참여권 제한에 대한 불복

[준항고] 형소법 제243조의2에 의한 변호인의 참여 등에 관한 처분에 불복이 있으면 직무집행지의 관할법원 또는 검사의 소속경찰청에 대응한 법원에 그 처분의 취소 또는 변경을 청구할 수 있다(제417조). [변시 23]

제2장 | 소송절차의 일반이론

01 소송행위

선택형 핵심지문

1. 소송행위의 방식

① 원래 공소제기가 없었음에도 피고인의 소환이 이루어지는 등 사실상의 소송계속이 발생한 상태에서 검사가 약식명령을 청구하는 공소장을 제1심법원에 제출하고, 위 공소장에 기하여 공판절차를 진행한 경우, 제1심법원으로서는 이에 기하여 유·무죄의 실체판단을 하여야 한다. (2003도2735) [변시 16]

② 서면인 공소장의 제출 없는 공소제기의 효과

[공소제기 불성립] 예 전자적 형태의 문서가 저장된 저장매체 자체를 서면인 공소장에 첨부하여 제출한 경우, 위 저장매체에 저장된 전자적 형태의 문서 부분까지 공소가 제기된 것이라고 할 수는 없다. 이 경우 피고인과 변호인이 이의를 제기하지 않고 변론에 응하였다고 하여 달리 볼 것도 아니다. ➔ 이러한 법리는 공소장변경허가신청의 경우에도 적용 (2015도3682) [변시 24]

2. 착오에 의한 절차형성적 소송행위가 무효가 되기 위한 요건

① **[착오의 중요성]** 첫째, 착오가 없었다면 그러한 소송행위를 하지 않았으리라고 인정되는 중요한 점(동기를 포함)에 관하여 착오가 있을 것

② **[귀책사유가 없을 것]** 둘째, 착오가 행위자 또는 대리인이 책임질 수 없는 사유로 인하여 발생하였을 것

③ **[현저히 정의에 반할 것]** 셋째, 그 행위를 유효로 하는 것이 현저히 정의에 반한다고 인정될 것 (92모1)

3. 소송행위의 하자의 치유가 인정되지 않는 경우

① **[국선변호인 사건에서 변호인 없는 소송절차]** 필요적 변호 사건에 관하여 변호인 없이 변론을 진행하였다면 그 소송절차는 위법이라 할 것이고 이러한 위법한 소송절차에서 한 증거절차 또한 위법임. ➔ 이 위법은 그 후에 변호인이 선임되어 변론이 진행되었다 하더라도 그 사실만으로써 곧 그 위법이 치유될 수 없음.

② **[변호인선임의 추완 부정]** 변호인선임계를 제출치 아니한 채 항소이유서만을 제출하고 동 이유서 제출 기간 경과 후에 동 선임계를 제출하였다면 이는 적법·유효한 변호인의 항소이유서로 볼 수 없다(제32조 제1항). (2013도8165) [변시 15]

③ **[고소의 추완 부정]** 친고죄의 경우 기소 이후의 고소의 추완은 허용되지 아니한다.
➔ 전속고발범죄도 동일 (82도1504)

甲은 농수산물의원산지표시에관한법률위반 · 사기 · 사기미수의 범죄사실로 기소되어 1심에서 유죄판결이 선고되었다. 그런데 甲의 변호인으로 선임된 변호사 L은 실수로 변호인 선임서를 제출하지 아니한 채 항소이유서만을 제출하였고 항소이유서 제출기간이 경과한 후에 비로소 변호인 선임서를 항소법원에 제출하였다.

1. 변호인 L이 제출한 항소이유서는 효력이 있는가? (15점)

2. 사안에서 1심에서 유죄판결을 선고받은 甲이 유죄판결이 선고된 것으로 알고 일단 항소를 제기하였다가 무죄판결되었다는 취지의 교도관의 말과 공판출정 교도관이 작성한 판결선고결과보고서의 기재를 믿은 나머지 착오에 빠져 판결등본송달을 기다리지 않고 항소취하를 함으로써 유죄판결이 확정되었다면 이러한 항소취하의 효력은 어떠한가? (15점)

■ 중요쟁점

1. 변호인 선임서 제출 전의 항소이유서 제출의 유효성 여부
2. 변호인선임의 추완의 인정여부
3. 착오로 인하여 행하여진 절차형성적 소송행위의 효력(착오에 의한 상소취하의 효력)

[설문 1]

1. 논점

항소이유서 제출기간이 경과한 후에 변호인 선임서를 제출한 것에 의하여 변호인 선임서 제출 전의 항소이유서 제출이 유효하게 될 수 있는지 변호인선임의 추완을 인정할 수 있는지 문제된다.

2. 변호인 선임서 제출 전의 항소이유서 제출의 유효성 여부

변호인의 선임은 심급마다 변호인과 연명 날인한 서면으로 제출하여야 하므로(제32조 제1항) 변호인 선임서를 제출하지 아니한 채 상고이유서를 제출한 경우 그 항소이유서는 적법 · 유효한 항소이유서가 될 수 없다.

3. 변호인 선임의 추완 인정 여부 Keyword 동적 · 발전적 성격

① 피고인의 이익 보호를 위하여 추완을 인정하자는 견해와 항소이유서 제출기간 내에 변호인선임서가 제출된 경우에 한하여 추완을 인정하자는 견해가 있다.

그러나 ② 형사소송절차의 동적, 발전적 성격과 변호인 선임서 제출의 소송법적 효과와 중요성을 고려할 때 추완을 인정할 수 없다고 보는 것이 타당하다.

③ 判例도 변호인 선임서를 제출하지 아니한 채 항소이유서만을 제출하고 항소이

유서 제출기간이 경과한 후에 변호인 선임서를 제출하였다면 그 항소이유서는 적법·유효한 항소이유서가 될 수 없다고 판시했다(대판 : 2013도9605).

4. 사안의 해결

변호인 L이 변호인 선임서를 제출하지 아니한 채 제출한 항소이유서는 유효하지 못하며, 그 후 항소이유서 제출기간이 경과한 후에 변호인 선임서를 항소법원에 제출하였다고 하여도 항소이유서는 유효하지 않다.

[설문 2]

1. 논점

착오로 인하여 행하여진 항소취하가 유효인지 무효인지 문제된다.

2. 착오로 인하여 행하여진 절차형성적 소송행위의 효력

① 소송절차는 형식적 확실성이 중요하므로 외부적으로 표시된 것에 따라 판단해야 한다는 이유로 무효라고 볼 수 없다는 견해(유효설)과 피고인의 이익과 정의의 희생이 커서는 안되므로 무효라고 보는 견해(무효설)가 있다.

그러나 ② 절차형성적 소송행위가 착오로 인하여 행하여진 경우, 절차의 형식적 확실성을 고려하면서도 피고인의 이익과 정의의 희생이 커서는 안 된다는 측면에서 그 소송행위의 효력을 고려할 필요가 있으므로 착오에 의한 소송행위가 무효로 되기 위하여서는 첫째, 통상인의 판단을 기준으로 하여 만일 착오가 없었다면 그러한 소송행위를 하지 않았으리라고 인정되는 중요한 점(동기를 포함)에 관하여 착오가 있고(착오의 중요성), 둘째, 착오가 행위자 또는 대리인이 책임질 수 없는 사유로 인하여 발생하였으며(착오에 귀책사유가 없을 것), 셋째, 그 행위를 유효로 하는 것이 현저히 정의에 반한다고 인정(유효로 인정하는 것이 정의에 반할 것) 되어야 한다(대결 : 92모1).

3. 사안의 경우

甲의 항소취하가 무효가 되기 위하여, 위 첫째의 요건은 갖추었다고 인정된다. 그러나 甲이 착오를 일으키게 된 과정에 교도관의 과실이 개입되어 있었다 하더라도, 유죄판결이 선고된 것으로 알고 일단 항소를 제기한 甲이 교도관의 말과 판결선고 결과보고서의 기재를 믿은 나머지 판결등본송달을 기다리지 않고 항소 취하를 하였다는 점에 있어서는 甲에게 귀책사유가 인정되므로 위 둘째 요건을 구비하였다고 볼 수 없다.

4. 사안의 해결

甲의 항소 취하는 甲의 귀책사유로 인한 것으로서 무효라고 할 수 없다.

02 소송서류의 송달과 소송조건

선택형 핵심지문

1. **교도소·구치소에 구속된 자에 대한 송달 방법** → 소장에게 송달해야 유효
   ① 항소심 법원이 구치소로 소송기록접수통지서를 송달하면서 송달받을 사람을 구치소의 장이 아닌 재항고인으로 한 경우, 송달받을 사람을 재항고인으로 한 송달은 효력이 없으므로, 소송기록접수의 통지는 효력이 없음. (2017모1680)
   ② 교도소 또는 구치소에 구속된 자에 대한 송달은 그 소장에게 송달하면 구속된 자에게 전달된 여부와 관계없이 효력이 발생한다. (94도2687)
   ③ 수소법원이 송달을 실시함에 있어 당사자 또는 소송관계인의 수감사실을 모르고 종전의 주·거소에 하였다고 하여도 송달의 효력은 발생하지 않는다. (95모14)

   > **관련판례** 재소자에 대한 특칙 규정은 집행유예취소결정에 대한 즉시항고권회복청구서의 제출에도 적용된다. → 즉시항고도 상소의 일종이기 때문 (2022모1004)

2. **소송조건의 흠결이 있는 경우 법원이 취해야 할 조치(=형식재판)**
   [무죄 사유와 형식재판 사유 경합] 교특법위반의 공소사실에 대하여 무죄사유와 공소기각 판결 사유가 경합하는 경우 공소기각 판결을 해야 함. → 원칙에 해당 (2012도11431)

   > **비교판례** 사건의 실체에 관한 심리가 이미 완료되어 교통사고처리 특례법 제3조 제2항 단서에서 정한 사유가 없는 것으로 판명되고 달리 피고인이 같은 법 제3조 제1항의 죄를 범하였다고 인정되지 않는 경우, 공소사실에 대하여 무죄의 실체판결을 선고하였더라도 이를 위법이라고 볼 수는 없다. → 피고인의 이익을 위한 것이기 때문(예외에 해당) (2013도10958)

3. **소송조건의 흠결이 치유되는 경우**
   ① 친고죄에서 피해자의 고소가 없거나 고소가 취소되었음에도 친고죄로 기소되었다가 그 후 비친고죄로 공소장변경이 허용된 경우 그 공소제기의 흠은 치유되고, (96도2151) 친고죄로 기소된 후에 피해자의 고소가 취소되더라도 제1심이나 항소심에서 다른 공소사실로 공소장을 변경할 수 있으며, 이러한 경우 변경된 공소사실에 대하여 심리·판단하여야 한다. (89도1317) → 공소장변경에 의한 소추조건의 하자가 치유될 수 있음에 주의 (2011도2233) [변시 15]

② 공갈죄의 수단으로서 한 협박은 공갈죄에 흡수될 뿐 별도로 협박죄를 구성하지 않으므로 그 범죄사실에 대한 피해자의 고소는 결국 공갈죄에 대한 것이라 할 것이어서 그 후 고소가 취소되었다 하여 공갈죄로 처벌하는 데에 아무런 장애가 되지 아니하며, 검사가 공소를 제기할 당시에는 그 범죄사실을 협박죄로 구성하여 기소하였다 하더라도 그 후 공판 중에 공갈미수로 공소장변경이 허용된 이상 그 공소제기의 하자는 치유된다. (96도2151) [변시 18]

해커스변호사
law.Hackers.com

제5편
공판

제1장 | 공판절차

01 공판정의 구성

선택형 핵심지문

1. 공개주의 위반의 효과

공개금지사유가 없음에도 불구하고 재판의 심리에 관한 공개를 금지하기로 결정하였다면 그 절차에 의하여 이루어진 증인의 증언은 증거능력이 없다고 할 것이고, 변호인의 반대신문권이 보장되었더라도 마찬가지이다. (2005도5854) [변시 17 · 21 · 22 · 23]

2. 소송주체의 출석

① 검사의 출석

검사의 출석은 개정 요건이므로 검사가 공판기일에 출석하지 아니하면 개정하지 못한다(제275조 제2항). 그러나 검사가 공판기일의 통지를 2회 이상 받고 출석하지 아니하거나 판결만을 선고하는 때에는 검사의 출석 없이 개정할 수 있다(제278조).

② 피고인의 출석 없이 개정할 수 있는 경우

ⅰ) 공소기각 또는 면소의 재판을 할 것이 명백한 사건(제277조 제2호)

ⅱ) 약식명령에 대하여 피고인만이 정식재판의 청구를 하여 판결을 선고하는 사건 (제277조 제4호)

ⅲ) 필요적 변호 사건에서 피고인이 재판장의 허가 없이 퇴정하고 변호인마저 이에 동조하여 퇴정해 버린 경우, 피고인이나 변호인의 재정 없이도 심리판결 可 (91 도865) [변시 13]

ⅳ) 피고인의 출석 없이 공판절차를 진행하기 위해서는 단지 구속된 피고인이 정당한 사유 없이 출석을 거부하였다는 것만으로는 부족하고, 더 나아가 교도관에 의한 인치가 불가능하거나 현저히 곤란하다고 인정되어야 한다(제277조의2 제1항).

> **관련판례** 피고인이 공판기일에 출석하지 아니한 때에는 특별한 규정이 없으면 개정하지 못하는 것이 원칙이고, 예외적으로 제1심 공판절차에서 피고인 불출석 상태에서의 재판이 허용되지만, 이는 피고인에게 공판기일 소환장이 적법하게 송달되었음을 전제로 하기 때문에 공시송달에 의한 소환을 함에 있어서도 공시송달 요건의 엄격한 준수가 요구된다. (2022모439)

02 공판기일 전의 절차와 증거개시

선택형 핵심지문

1. 공판기일 전의 절차

① 피고인에 대한 공판기일 소환

피고인에 대한 공판기일 소환은 형소법이 정한 소환장의 송달 또는 이와 동일한 효력이 있는 방법에 의하여야 하고, 그 밖의 방법에 의한 사실상 기일의 고지 또는 통지 등은 적법한 피고인 소환이라고 할 수 없다. → 피고인이 공판기일에 불출석하자 검사가 피고인과 통화하여 피고인이 변호인으로 선임한 甲 변호사의 사무소로 송달을 원하고 있음을 확인하고 피고인의 주소를 甲 변호사 사무소로 기재한 주소보정서를 원심에 제출하자, 법원이 피고인에 대한 공판기일 소환장을 甲 변호사 사무소로 발송하여 그 사무소 직원이 수령하였더라도 형소법이 정한 적법한 방법으로 피고인의 소환이 이루어졌다고 볼 수 없다. (2018도13377)[1]

② 법원은 공판준비기일이 지정된 사건에 관하여 변호인이 없는 때에는 직권으로 변호인을 선정하여야 한다(제266조의8 제4항).

③ 재판장은 공판준비기일에 출석한 피고인에게 진술을 거부할 수 있음을 알려주어야 한다. → 공판준비기일에서 피고인의 출석은 절차개시요건에 해당하지 않는다. 다만 법원이 필요하면 소환하거나, 소환이 없어도 피고인이 출석할 수 있다(제266조의8 제6항). [변시 12·21]

2. 증거개시

① 피고인에게 변호인이 있는 경우에는 피고인은 열람·등사 또는 서면의 교부 중 '열람만'을 신청할 수 있다(제266조의3 제1항 단서). [변시 13·21]

② 검사는 국가안보 등을 이유로 열람·등사 또는 서면의 교부를 거부하거나 그 범위를 제한할 수 있다(제266조의3 제2항). 다만, 검사는 '서류 등의 목록'에 대하여는 열람 또는 등사를 거부할 수 없다(제266조의3 제5항). [변시 13]

③ 법원의 열람·등사 허용 결정에 대하여 불복 不可 (2012모1393)

④ 법원의 열람·등사 허용 결정에도 불구하고 검사가 이를 신속하게 이행하지 아니하는 경우에는 해당 증인 및 서류 등을 증거로 신청할 수 없는 불이익을 받는 것에 그치는 것이 아니라, 그러한 검사의 거부행위는 피고인의 열람등사권을 침해하고, 나아가 피고인의 신속공정한 재판을 받을 권리 및 변호인의 조력을 받을 권리까지 침해하게 되는 것이다. (2009헌마257) [변시 13]

---

1) 검사가 피고인의 주소로서 보정한 甲 변호사의 사무소는 피고인의 주소, 거소, 영업소 또는 사무소 등의 송달장소가 아니고, 피고인이 형사소송법 제60조에 따라 송달영수인과 연명하여 서면으로 신고한 송달영수인의 주소에도 해당하지 아니하며, 달리 그곳이 피고인에 대한 적법한 송달장소에 해당한다고 볼 자료가 없다. 따라서 원심이 피고인에 대한 공판기일소환장 등을 위 변호사 사무소로 발송하여 그 사무소의 직원이 수령하였다고 하더라도, 형사소송법이 정한 적법한 방법으로 피고인의 소환이 이루어졌다고 볼 수 없다.

⑤ **[심 · 징]** 검사는 피고인 또는 변호인이 공판기일 또는 공판준비절차에서 **현장**부재 · **심**신상실 또는 심신미약 등 법률상 · 사실상의 주장을 한 때에 한하여 증거개시를 요구할 수 있다(제266조의11 제1항). [변시 13]

03 공판기일의 절차

선택형 핵심지문

1. 피고인이 철회한 증인을 법원이 신문할 수 있는지

① **[신문 미]** 증인은 법원이 직권에 의하여 신문할 수도 있고 증거의 채부는 법원의 직권에 속하는 것이므로 피고인이 철회한 증인을 법원이 직권 신문하고 이를 채증하더라도 위법이 아님. (82도3216)

② **[Case]** '증거물인 서면'을 조사하기 위해서는 증거서류의 조사방식인 낭독 · 내용고지 또는 열람의 절차와 증거물의 조사방식인 제시의 절차가 함께 이루어져야 한다. (2013도2511) [변시 15 · 24]

> **기출지문** 甲의 무고사건에서 甲의 고소장에 대한 증거조사는 낭독 또는 내용의 고지 방법으로 하여야 하고, 제시가 필요한 것은 아니다. [변시 15] ➔ 甲의 고소장은 증거물인 서면에 해당하므로 제시 要 [×]

③ 증거신청에 대한 법원의 결정에 독립하여 불복(항고) 不可 (86모25) [변시 14 · 24]

④ 최종의견 진술의 기회는 피고인과 변호인 모두에게 주어져야 한다. 피고인이나 변호인에게 최종의견 진술의 기회를 주지 아니한 채 변론을 종결하고 판결을 선고하는 것은 소송절차의 '법령위반'에 해당한다. (2018도327) [변시 24] ➔ 공소장변경을 허가한 경우 그에 대한 고지는 피고인과 변호인 중 택일적으로 하면 된다는 점과 구별해야 함(제303조).

2. 종결한 변론의 재개

[법원의 재량] 종결한 변론을 재개하느냐 여부는 법원의 재량에 속하는 사항으로서 원심이 변론종결 후 재개신청을 들어주지 아니하였다고 하여 심리미진의 위법이 있는 것은 아니다. (86도769) [변시 24]

04 증거조사

I. 증인신문

1. 증인적격

① 당해 사건을 수사한 수사경찰관의 증인적격

[인정] 현행범을 체포한 경찰관의 진술(증언)이라 하더라도 범행을 목격한 부분에 관하여는 여느 목격자와 다름없이 증거능력이 있다. (95도535) [변시 15]

② **[Case] 공범인 공동피고인의 증인적격*****

[변론이 분리되면 증인적격 인정] 공범인 공동피고인은 당해 소송절차에서는 고인의 지위에 있어서 다른 공동피고인에 대한 공소사실에 관하여 증인이 될 수 없으나, 소송절차가 분리되어 피고인의 지위에서 벗어나게 되면 다른 공동피고인에 대한 공소사실에 관하여 증인이 될 수 있다. (2008도3300) [변시 14 · 16 · 17 · 19 · 21] 따라서 소송절차가 분리된 공범인 공동피고인이 증인으로 법정에 출석하여 증언거부권을 고지받은 상태에서 자기의 범죄사실에 대하여 허위로 진술한 경우, 위증죄가 성립한다. (2009도11249)

③ **[Case] 공범이 아닌 공동피고인의 경우*****

[증인적격 인정, 증인선서 없는 법정진술은 증거능력 없음] 공동피고인인 절도범과 그 장물범은 서로 다른 공동피고인의 범죄사실에 관하여는 증인의 지위에 있다. → 장물범과 그 본범은 공범 아닌 공동피고인에 해당한다는 점에 유의 (2005도7601) [변시 19]

2. 공범인 공동피고인의 법정진술의 증거능력

[반대신문권 보장으로 증거능력 인정] 공동피고인의 자백은 이에 대한 피고인의 반대신문권이 보장되어 있어 증인으로 신문한 경우와 다를 바 없으므로 독립한 증거능력이 있다. (85도691; 92도917) [변시 17 · 19 · 20 · 21 · 22 · 23]

3. 증언능력

16세 미만의 자 또는 선서의 취지를 이해하지 못하는 자로서 선서무능력자일지라도 증언능력이 있으면 그 증언은 증거로 할 수 있다. 다만 선서무능력자의 증언은 그 증언 내용이 허위일지라도 위증죄의 죄책을 지지 아니한다. → 선서능력과 증언능력은 서로 다른 개념임. (84도619)

4. 허위진술을 철회 · 시정한 바 없이 증인신문절차가 종료된 경우

위증죄는 기수에 달하고, 그 후 별도의 증인 신청 및 채택 절차를 거쳐서 다시 종전 진술을 철회 · 시정한다고 하더라도 그러한 사정은 형법 제153조가 정한 형의 감면사유에 해당할 수 있을 뿐, 이미 종결된 종전 증인신문절차에서 행한 위증죄의 성립에 어떤 영향을 주는 것은 아니다. (2010도7525) [변시 23]

5. 증언거부권

① 위증의 벌을 경고하지 않았다는 사유는 증인 보호에 사실상 장애가 초래되었다고 볼 수 없고 따라서 위증죄의 성립에 지장이 없다. ➔ 그 증인신문절차에서 증인 자신이 위증의 벌을 경고하는 내용의 선서서를 낭독하고 기명날인 또는 서명한 이상 위증의 벌을 몰랐다고 할 수 없을 것임. (2008도942)

② 증인은 자기가 형사소추를 당할 수 있는 사실이 발로될 염려 있는 증언을 거부할 수 있다. 여기의 '형사소추'는 증인이 이미 저지른 범죄사실에 대한 것을 의미한다고 할 것이므로, 증인의 증언에 의하여 비로소 범죄가 성립하는 경우에는 증언거부권 고지대상이 된다고 할 수 없음. (2010도2816)

③ **[범행을 한 것으로 오인되어 유죄판결 받을 우려 포함]** 증언거부권의 대상으로 규정한 '공소제기를 당하거나 유죄판결을 받을 사실이 발로될 염려 있는 증언'에는 자신이 범행을 한 사실뿐 아니라 범행을 한 것으로 오인되어 유죄판결을 받을 우려가 있는 사실 등도 포함됨. (2010도10028)

④ **[이미 유죄 확정판결 ➔ 적법행위 기대가능성 有]** 이미 유죄의 확정판결을 받은 경우에는 일사부재리의 원칙에 의해 다시 처벌되지 아니하므로 증언을 거부할 수 없다. [변시 12·14·16·17] 따라서 자신에 대한 유죄판결이 확정된 증인이 공범에 대한 피고사건에서 증언할 당시 앞으로 재심을 청구할 예정이라고 하여도 이를 이유로 증인에게 형사소송법 제148조에 의한 증언거부권이 인정되지는 않는다. (2011도11994) [변시 23]

⑤ **[위증죄 성립 쟁점과 구별]** 증언거부권을 고지받지 못한 증인의 증언은 유효함. ➔ 형사소송절차에서 증언거부권을 고지받지 못한 경우 증언거부권을 행사하는 데 사실상 장애가 초래되었다고 볼 수 있는 경우에는 위증죄의 성립을 부정하여야 한다는 (형법적) 쟁점과는 구별하여야 함. (2010도10028; 2008도942)

⑥ **[증언거부권 있음을 설명하지 않음]** 증언거부권 있는 자에게 증언거부권이 있음을 설명하지 않은 경우라도 증인이 선서하고 증언한 이상 그 증언의 효력에는 영향이 없다. (4290형상23) [변시 23]

⑦ **[변호사·변리사의 업무상 비밀과 증언거부]** 원칙적으로 증언거부 可, 다만, 예외적으로 본인의 승낙이 있거나 중대한 공익상 필요가 있는 경우 증언거부 不可(제149조). [변시 23]

6. 증인신문

① 피고인을 퇴정하게 하고 증인신문을 진행한 경우 ➔ 피고인의 반대신문권 배제 不可

반대신문의 기회를 부여받지 못한 하자가 치유되는 경우

> 예 변호인이 없는 피고인을 일시 퇴정하게 하고 증인신문을 한 다음 피고인에게 실질적인 반대신문의 기회를 부여하지 아니한 채 이루어진 증인의 법정 진술은 위법한 증거로서 증거능력이 없다고 볼 여지가 있으나, 그 다음 공판기일에서 재판장이 증인신문 결과 등을 공판조서(증인신문조서)에 의하여 고지하였는데 피고인이 '변경할 점과 이의할 점이 없다'고 진술하여 책문권 포기 의사를 명시한 경우 (2009도9344) [변시 21·24]

② 변호인에 대한 차폐시설 설치의 허용요건

[반대신문권이 제한될 수 있으므로 특별한 사정이 있는 경우 예외적으로 허용] 인적사항에 관하여 비밀조치가 취해진 증인이 변호인을 대면하여 진술함으로써 자신의 신분이 노출되는 것에 대하여 심한 심리적인 부담을 느끼는 등의 특별한 사정이 있는 경우에 예외적으로 허용될 수 있음.[2] (2014도18006) [변시 17]

③ 주신문에 있어서는 "증인이 주신문을 하는 자에 대하여 적의 또는 반감을 보일 경우" 등을 제외하고는 원칙적으로 유도신문이 금지된다. 그러나 반대신문에 있어서는 필요할 경우 유도신문을 할 수 있다. (2012도2937)

④ 간이공판절차에서는 교호신문에 의하지 아니하고 법원이 상당하다고 인정하는 방법으로 증인을 신문할 수 있다.

⑤ 피고인에게 불리한 증거인 증인이 주신문의 경우와 달리 반대신문에 대하여는 답변을 하지 아니하는 등 진술 내용의 모순이나 불합리를 증인신문 과정에서 드러내어 이를 탄핵하는 것이 사실상 곤란하였고, 그것이 피고인 또는 변호인에게 책임 있는 사유에 기인한 것이 아닌 경우, 특별한 사정이 없는 한 증인의 법정진술은 위법한 증거로서 증거능력을 인정하기 어렵다. ➔ 이 경우 피고인의 책문권 포기로 그 하자가 치유될 수 있으나, 책문권 포기의 의사는 명시적인 것이어야 한다. (2016도17054)

Ⅱ. 검증

- 공판정에서의 검증을 한 경우 증거가 되는 것

  법원이 공판 기일에 CCTV에 대한 검증을 행한 경우에는 그 검증결과 즉 법원이 오관의 작용에 의하여 판단한 결과가 바로 증거가 되고, 그 검증의 결과를 기재한 검증조서가 서증으로서 증거가 되는 것은 아니다. (2009도8949) [변시 17]

사례형 쟁점정리

CASE 쟁점 031 공동피고인의 증인적격 ★★★

甲은 A의 집 밖에서 망을 보고, 乙은 집 안으로 들어가 현금 100만 원과 귀금속을 절취했다. 甲과 乙은 특수절도죄로 기소되어 병합심리 중인바, 공소사실을 뒷받침할 증거가 충분하지 않은 상황이다. 검사가 甲에 대한 공소사실을 증명하기 위하여 乙을 증인으로 신청하였다.

법원은 이에 대하여 어떠한 조치를 취하여야 하는가?

---

2) 피고인에 대하여 차폐시설 설치방식에 의하여 증인신문이 이루어진 경우였음.

1. 학설

공동피고인의 증인적격에 관하여 아래와 같이 학설의 견해가 대립한다.

㉠ 긍정설 Keyword 제3자

공동피고인도 다른 피고인에 대한 관계에서는 제3자이므로 공동피고인도 증인이 될 수 있다는 견해이다.

㉡ 부정설 Keyword 진술거부권으로 반대신문 불가

공동피고인은 공범관계에 있는지 여부를 불문하고, **진술거부권을 가지므로 다른 피고인에 의한 반대신문을 할 수 없어** 공동피고인은 증인이 될 수 없다는 견해이다.

㉢ 절충설 Keyword 공범인 공·피와 공범 아닌 공·피

공범인 공동피고인은 증인적격이 없으나, **공범이 아닌 공동피고인**은 피고사건과 실질적인 관계가 없는 제3자에 불과하기 때문에 증인이 될 수 있다는 견해이다.

2. 判例

(1) 공범인 경우 Keyword 소송절차 분리 후 피고인의 지위에서 벗어나면 증인적격 인정

공범인 공동피고인은 당해 소송절차에서는 피고인의 지위에 있어 다른 공동피고인에 대한 공소사실에 관하여 증인이 될 수 없으나, **소송절차가 분리되어 피고인의 지위에서 벗어나게 되면** 다른 공동피고인에 대한 공소사실에 관하여 증인이 될 수 있다(대판 : 2010도10028).

(2) 공범이 아닌 경우 Keyword 증인의 지위, 증인선서 없는 법정진술은 증거능력 없음

피고인과 별개의 범죄사실로 기소되어 병합심리되고 있던 공동피고인은 피고인에 대한 관계에서 **증인의 지위**에 있음에 불과하므로, **선서 없이 한** 공동피고인의 법정 및 검찰진술은 피고인에 대한 공소범죄사실을 인정하는 증거로 할 수 없다(대판 : 82도898).

3. 검토 및 결론

공범이 아닌 공동피고인은 다른 피고인에 대하여 제3자의 입장이므로 증인의 지위에 있다. 그러나 공범인 공동피고인은 당해 소송절차에 피고인의 지위를 가지므로 소송절차가 분리되지 않는 한 증인적격이 없다고 보는 것이 타당하다.

사안의 경우 甲과 乙은 공범인 공동피고인의 관계에 있다. 따라서 검사의 乙에 대한 증인신청에 대하여 법원은 사건과의 관련성을 검토한 후 증인신문이 필요한 경우라면 증거채택 결정을 하고 변론을 분리한 이후 乙을 증인으로 신문할 수 있다.

CASE 쟁점 032 공범인 공동피고인의 법정진술의 증거능력

> 甲과 乙은 각각 뇌물공여와 뇌물수수 혐의로 기소되어 재판을 받던 중 공판정에서 甲
> 은 혐의를 인정하였으나 乙은 혐의를 부인하였다.
> 공판정에서의 甲의 자백은 乙의 공소사실에 대하여 증거능력이 인정되는가?

1. 논점
공범인 공동피고인의 법정진술이 다른 피고인에 대하여 증거능력이 인정되는지 문제된다.

2. 학설
　㉠ 적극설　Keyword　법관면전 / 임의진술기대

　　법관의 면전이므로 공동피고인의 **임의의 진술을 기대**할 수 있고, 공동피고인에 대한
　　다른 피고인의 반대신문권이 사실상 보장되고 있으므로 증거능력이 인정된다는 견해
　　이다.

　㉡ 소극설　Keyword　반대신문권이 보장 ×

　　진술거부권을 가지고 있는 공동피고인에 대한 다른 피고인의 **반대신문권이 보장**
　　되어 있지 않기 때문에 변론을 분리하여 증인으로 신문하지 않는 한 증거능력이
　　부정된다는 견해이다.

　㉢ 절충설

　　공동피고인에 대한 다른 피고인이 실제로 반대신문권을 하였거나 반대신문의 기회
　　가 보장되어 있을 때에 한하여 증거능력이 인정된다는 견해이다.

3. 判例　Keyword　반대신문권 보장 / 증인으로 신문한 경우와 동일
공동피고인의 자백은 이에 대한 피고인의 **반대신문권이 보장되어 있어 증인으로**
신문한 경우와 다를 바 없으므로 독립한 증거능력이 있다(대판 : 2007도5577).

4. 검토 및 결론
공동피고인의 자백은 이에 대한 피고인의 반대신문권이 보장되어 있어 증인으로 신문
한 경우와 다를 바 없으므로 독립한 증거능력이 있다고 보는 것이 타당하다. 따라서 甲
의 자백은 乙의 공소사실에 대하여 증거능력이 인정된다.

05 간이공판절차

1. 의의
① 피고인이 공판정에서 공소사실에 대하여 자백한 때에는 법원은 그 공소사실에 한하여 간이공판절차에 의하여 심판할 것을 결정할 수 있다. ➔ 변호인의 자백(×), 수사단계에서의 자백(×), 간이공판절차 개시는 법원의 재량(○) (제286조의2)
② 간이공판절차에서는 증거능력 제한을 완화하고 증거조사절차를 간이화하는 특례가 인정된다(제318조의3).

2. 간이공판절차의 개시요건
① **[1심에서만 허용]** 간이공판절차는 제1심의 공판절차에서만 허용되고 상소심에서는 허용되지 않는다.
② **[대상범죄 제한 ×]** 대상 범죄에는 제한이 없다. 즉 단독판사 관할 사건은 물론 합의부 관할 사건도 간이공판절차에 의하여 심판할 수 있다.
③ **['공소사실의 자백'에 해당하기 위한 요건]** 공소장 기재사실을 인정하고 나아가 위법성이나 책임조각사유가 되는 사실을 '진술하지 아니하는 것으로 충분하고' 명시적으로 유죄를 자인하는 진술이 있어야 하는 것은 아님. (87도1269) [변시 13 · 21]

> **관련판례** 사실관계는 인정하면서 범의를 부인한 경우 간이공판절차에 의하여 심판할 대상이 아님. **예** 금원을 받은 사실은 인정하나, 차용한 것이지 갈취한 것은 아니라고 진술한 경우

3. 간이공판절차에 의하여 심판할 수 없는 경우
① 피고인이 공소사실에 대하여 검사가 신문을 할 때에는 공소사실을 모두 사실과 다름없다고 진술하였으나 변호인이 신문을 할 때에는 범의나 공소사실을 부인한 경우 (95도1883)
② 피고인이 법정에서 "공소사실은 모두 사실과 다름없다."고 하면서 술에 만취되어 기억이 없다는 취지로 진술한 경우 ➔ 이는 피고인이 술에 만취되어 사고 사실을 몰랐다고 범의를 부인함과 동시에 그 범행 당시 심신상실의 상태에 있었다는 주장에 해당 (2004도2116)

4. 간이공판절차 개시결정에 대한 항고 不可 ➔ 판결 전 소송절차에 해당(제403조 제1항) [변시 13]

5. 간이공판절차의 내용
① **[증거동의 간주]** 다만, 검사 · 피고인 · 변호인이 증거로 함에 이의가 있는 때에는 그러하지 아니하다(제318조의3 단서). [변시 13 · 14 · 16]
② **[전문법칙 배제]** 간이공판절차에서 증거능력의 제한이 완화되는 것은 전문법칙에 한한다. 따라서 위법수집증거배제법칙이나 자백배제법칙이 적용된다.

③ **[자백의 보강법칙 적용]** 간이공판절차에서도 증명력의 제한이 완화되는 것이 아니므로 자백의 보강법칙이 적용된다.

6. 간이공판절차의 취소

① 간이공판절차 개시결정과는 달리 취소사유(예 피고인의 자백이 신빙할 수 없다고 인정되는 경우)가 있는 경우 반드시 간이공판절차를 취소해야 한다(제286조의3).

② 간이공판절차 결정이 취소된 때에는 공판절차를 갱신하여야 한다. 다만, 검사 · 피고인 · 변호인이 이의가 없는 때에는 그러하지 아니한다(제301조의2).

06 국민참여재판

■ 선택형 핵심지문

1. 피고인 의사의 확인

① **[의사는 반드시 확인해야 함]** 법원은 국민참여재판 대상 사건에 대하여 반드시 피고인에게 국민참여재판을 원하는지 여부를 확인하여야 한다(국참법 제8조 제1항).

② 피고인은 배제 결정 또는 통상절차 회부 결정이 있거나 공판준비기일이 종결되거나 제1회 공판기일이 열린 이후에는 종전의 의사를 바꿀 수 없다(국참법 제8조 제4항).

③ 공소장부본을 송달받은 날부터 7일 이내에 의사확인서를 제출하지 아니한 피고인도 제1회 공판기일이 열리기 전까지는 국민참여재판 신청을 할 수 있다.[3] (2009모1032) [변시 14 · 16 · 20]

④ ⅰ) 피고인이 항소심에서 국민참여재판을 원하지 아니한다고 하면서, 국민참여재판의 대상 사건임을 간과하여 피고인의 의사를 확인하지 아니한 채 통상의 공판절차로 재판을 진행한, 제1심의 절차적 위법을 문제 삼지 아니할 의사를 명백히 표시하는 경우, 그 하자가 치유되어 제1심 공판절차는 전체로서 적법하게 된다.
　　➜ 다만 제1심 공판절차의 하자가 치유된다고 보기 위해서는 피고인에게 국민참여재판절차 등에 관한 충분한 안내가 이루어지고 그 희망 여부에 관하여 숙고할 수 있는 상당한 시간이 사전에 부여되어야 한다. (2011도15484)

　　ⅱ) 만약 하자가 치유되지 않는 경우에 해당하면 제1심 공판절차에서 이루어진 소송행위를 무효라고 보아 직권으로 제1심판결을 파기하고 사건을 제1심법원으로 환송하여야 한다. (2011도15484)

---

3) 당초 국민참여재판을 희망하지 않는다는 의사확인서를 제출한 피고인도 제1회 공판기일이 열리기 전까지 의사를 변경하여 국민참여재판 신청을 할 수 있으므로(제8조 제4항) 의사확인서를 제출하지 아니한 피고인은 제1회 공판기일이 열리기 전에도 국민참여재판 신청을 할 수 없다고 보는 것은 형평성에 어긋나는 것이다. (2009모1032)

2. 법원의 배제결정

① 법원은 공범 관계에 있는 피고인들 중 일부가 국민참여재판을 원하지 않아 국민참여재판을 진행하는 데 어려움이 있다고 판단한 경우 국민참여재판을 하지 않는 결정을 할 수 있다(국참법 제9조 제1항 제2호). [변시 12]

② 피고인이 법원에 국민참여재판을 신청하였는데도 법원이 이에 대한 배제결정도 하지 않은 채 통상의 공판절차로 재판을 진행하였다면, 이러한 공판절차에서 이루어진 소송행위는 무효라고 보아야 한다. (2011도7106) [변시 16 · 18]

3. 국민참여재판 사건의 관할

[지방법원 본원 합의부] 피고인이 국민참여재판을 원하는 의사를 표시한 경우, 지방법원 지원 합의부가 배제결정을 하지 아니하는 경우, 국민참여재판절차 회부결정을 하여 사건을 지방법원 본원 합의부로 이송하여야 한다(국참법 제10조 제1항). [변시 14]

4. 필요적 변호

국민참여재판에 관하여 변호인이 없는 때에는 법원은 직권으로 변호인을 선정하여야 한다(국참법 제7조). [변시 18]

5. 사정변경과 국민참여재판 절차의 계속 여부

① 법원은 공소사실의 일부 철회 또는 변경으로 인하여 대상 사건에 해당하지 아니하게 된 경우에도 원칙적으로 국민참여재판을 계속 진행한다(국참법 제6조 제1항). [변시 12 · 20]

② 법원은 피고인의 질병으로 공판절차가 장기간 정지되어 국민참여재판을 계속 진행하는 것이 부적절하다고 인정하는 경우 사건을 지방법원 본원 합의부가 국민참여재판에 의하지 않고 심판하게 할 수 있다(국참법 제11조 제1항). [변시 12]

6. 배심원의 자격

배심원은 만 20세 이상의 대한민국 국민 중에서 국민의 형사재판 참여에 관한 법률로 정하는 바에 따라 선정된다(국참법 제16조).

7. 국민참여재판의 절차

① 국민참여재판에서 공판준비기일은 원칙적으로 공개하여야 하지만(국참법 제37조 제3항), 배심원은 공판준비기일에는 참여하지 아니한다(동조 제4항). [변시 18]

② 국참법 제42조 제2항은 재판장의 공판기일에서의 배심원에 대한 최초 설명의 무를 규정하고 있는데, 이러한 재판장의 최초 설명은 피고인에게 진술거부권을 고지하기 전에 이루어지는 것으로 원칙적으로 설명의 대상에 검사가 아직 공소장에 의하여 낭독하지 아니한 공소사실 등이 포함된다고 볼 수 없다. (2014도8377)

③ 국민참여재판은 간이공판절차에 의한 증거능력과 증거조사의 특칙을 적용하기에 부적합한 재판이기 때문에 간이공판절차에 관한 규정을 적용하지 아니한다(국참법 제43조). [변시 18]

8. **국민참여재판으로 진행하기로 결정한 경우 검사의 불복 不可** → 판결 전 소송절차에 관한 결정에 해당하므로(제403조 제1항). [변시 16 · 18] 다만, 배제 결정에 대하여는 즉시항고를 할 수 있다(국참법 제9조 제3항).

9. 법원은 공소사실의 일부 철회 또는 변경(공소장변경)으로 인하여 대상사건에 해당하지 아니하게 된 경우에도 국민참여재판을 계속 진행한다. [변시 12] 다만, 법원은 심리의 상황이나 그 밖의 사정을 고려하여 국민참여재판으로 진행하는 것이 적당하지 아니하다고 인정하는 때에는 결정으로 당해 사건을 지방법원 본원 합의부가 국민참여재판에 의하지 아니하고 심판하게 할 수 있다(국참법 제6조 제1항). 이 결정에 대하여는 불복할 수 없다(동조 제2항). [변시 24]

10. 배심원이 만장일치의 의견으로 내린 무죄 평결이 제1심 재판부의 심증에 부합하여 그대로 채택된 경우, 제1심의 판단을 항소심이 뒤집을 수 있는지 여부
   [명백한 반대 사정이 없는 한 불가] 항소심에서의 새로운 증거조사를 통해 그에 명백히 반대되는 충분하고도 납득할 만한 현저한 사정이 나타나지 않는 한 한층 더 존중될 필요가 있다. → 공판중심주의, 직접심리주의의 요청 (2009도14065) [변시 16]

제2장 | 증거

01 증거재판주의

선택형 핵심지문

1. 증거재판주의의 의의

① **[엄격한 증명 要 ➔ 증거능력＋증거조사]** 범죄사실의 인정은 증거능력이 있고 적법한 증거조사를 거친 증거에 의한 증명(이른바 엄격한 증명)에 의하여야 한다.

② 구성요건에 해당하는 사실은 엄격한 증명에 의하여 이를 인정하여야 하고, 증거능력이 없는 증거는 구성요건 사실을 추인하게 하는 간접사실이나 구성요건 사실을 입증하는 직접증거의 증명력을 보강하는 보조사실의 인정자료로도 사용할 수 없다. (2014도10978)

2. 엄격한 증명의 대상 ➔ 형법에 규정된 것(심신상실·심신미약/몰수·추징/양형조건은 제외)

① 엄격한 증명의 대상이 되는 경우 (객관적 구성요건요소)

i) 뇌물죄에서의 수뢰액 (2009도2453), 횡령한 재물의 가액 (2016도9027)

ii) 교사범에 있어서 '교사 사실' (99도1252)

iii) 횡령죄에서 횡령 행위가 있다는 점 (2000도637), 목적과 용도를 정하여 금전을 위탁한 사실 및 목적과 용도 (2013도8121) [변시 23]

iv) 법률상 규정된 형의 가중·감면의 사유 (98도159)

v) 형법 제6조 단서의 '행위지의 법률에 의하여 범죄를 구성하는지 여부' (73도289)

vi) 범죄의 구성요건과 관련된 간접사실이나 구성요건 사실을 입증하는 직접증거의 증명력을 보강하는 보조사실 (2014도10978)

② 엄격한 증명의 대상이 되는 경우 (주관적 구성요건요소)

i) **[범의]** 뇌물수수죄에서 공무원의 직무에 관하여 수수했다는 범의 (2017도11616)

ii) **[공동정범과 합동범의 공모관계 또는 모의]** 공모 등 (88도1114)

iii) **[목적범의 목적]** 국헌문란의 목적 (80도306; 2014도10978), 보복의 목적 (2014도9030)

3. 자유로운 증명의 대상

① 소송법적 사실

i) 친고죄에서 적법한 고소가 있었는지 (2011도4451) [변시 23]

ii) 반의사불벌죄에서 처벌을 희망하지 않는다는 의사표시 또는 처벌희망 의사표시 철회의 유무나 그 효력 여부 (2010도5610) [변시 13]

iii) 피고인의 검찰 진술의 임의성 (2009도1603; 2010도3029)

iv) 형소법 제313조 단서의 '특히 신빙할 수 있는 상태' (2000도1743) [변시 15]

② 기타 자유로운 증명의 대상 [심(히)·추(한)·양형조건][1]

ⅰ) **양형의 조건**이 되는 사항 (2010도750)

ⅱ) 탄핵증거 (2000도1216; 2003도8077; 2004도6940)

ⅲ) 몰수·추징의 사유 (98도159)

ⅳ) 범인의 범행 당시 정신상태가 **심**신상실인지 심신미약 인지 여부 (4294형상590)

4. 형법 제310조 (명예훼손죄의 위법성조각사유)의 증명

진실한 사실로서 오로지 공공의 이익에 관한 때에 해당된다는 점을 행위자가 증명하여
야 하는 것이나, 엄격한 증거에 의하여야 하는 것은 아니므로(자유로운 증명의 대상임),
이 때에는 전문증거에 대한 증거능력의 제한을 규정한 형사소송법 제310조의2는 적용
될 여지가 없다. (95도1473; 96도2234) [변시 12·15]

☑ 엄격한 증명과 자유로운 증명

엄격한 증명 **(형법상 규정된 것)**	범죄사실 (객관적 구성요건요소 + 주관적구성요건요소 + 위법성·책임)	* 주체, 객체, 행위, 결과, 인과관계, 수단, 방법 등은 엄격한 증명의 대상 예 뇌물죄 수뢰액, 교사범 교사사실, 횡령행위 * 범죄 구성요건과 관련된 간접사실, 직접증거 증명력 보강하는 보조사실
	형의 가중·감면사실	* 고의·과실, 목적, 불법영득의사, 동정범에서 의 공모 등도 엄격한 증명의 대상
	경험법칙	예 범의, 공모, 국헌문란의 목적
	외국법규	* 형의 가중 감면 사유 * 행위지 법률에 의하여 범죄를 구성하는지
자유로운 증명 **(형사소송법상** **규정된 것** **+ 기타)**	소송법적 사실 + 기타	* 친고죄 적법한 고소 * 반의사불벌죄 처벌불원의사표시 * 피고인 검찰 진술의 임의성 * 형소법 제313조 단서 특신상태
		* 심신상실 * 몰수·추징의 대상이 되는지 * 양형의 조건 * 탄핵증거 * 형법 310조 위법성조각사유

---

1) 형법적 사실 중 심신상실·심신미약/몰수·추징/양형조건/제310조 위법성조각사유

02 증거능력에 관한 법칙

선택형 핵심지문

Ⅰ. 자백배제법칙

1. 임의성 없는 자백에 해당하는 경우 ➔ 증거능력 부정

① **[고문·폭행에 의한 자백]** 피고인이 수사기관에서 가혹행위 등으로 인하여 임의성 없는 자백을 하고 그 후 법정에서도 임의성 없는 심리상태가 계속되어 동일한 내용의 자백을 한 경우 ➔ 법정에서의 자백도 임의성 × (2010도3029) [변시 15]

② **[기망에 의한 자백]** 피고인의 자백이 심문에 참여한 검찰주사가 피의사실을 자백하면 피의사실 부분은 가볍게 처리하고 보호감호의 청구를 하지 않겠다는 각서를 작성하여 주면서 자백을 유도한 경우 (85도2182) [변시 15]

③ **[이익약속에 의한 자백]** 특가뇌물 대신 단순 수뢰로 가볍게 처벌되도록 하겠다는 약속을 한 경우 [변시 15]

2. 임의성 없는 자백에 해당하지 않는 경우

① 일정한 증거가 발견되면 자백하겠다는 약속 하에 하게 된 자백을 곧 임의성이 없는 자백이라고 단정할 수는 없다. (83도712) [변시 15]

② 피고인의 자백이 임의성이 없다고 의심할 만한 사유가 있는 때에 해당한다 할지라도 그 임의성이 없다고 의심하게 된 사유들과 피고인의 자백과의 사이에 인과관계가 존재하지 않은 것이 명백한 때에는 그 자백은 임의성이 있는 것으로 인정된다고 보아야 한다. (84도2252) [변시 16]

3. 자백배제법칙의 효과 ➔ 증거능력의 절대적 배제

임의성이 인정되지 아니하여 증거능력이 없는 진술증거는 피고인이 증거로 함에 동의하더라도 증거로 삼을 수 없다. (2011도14044) [변시 13 · 15]

Ⅱ. 위법수집증거배제법칙

1. 위법수집증거의 증거능력 배제의 기준 [적 · 실 · 내 · 침 + 정의에 反]

법정 절차에 따르지 아니하고 수집한 증거는 원칙적으로 증거능력이 없으나 예외적으로 **적**법절차의 실질적 **내**용을 **침**해하지 않고 증거능력의 배제가 형사사법 **정의**에 **反**하는 결과 초래하는 경우 예외적 증거능력이 인정됨. (2020도10729)

2. 위법하게 수집된 증거로서 증거능력이 인정되지 않는 경우

① 변호인의 참여권을 침해하여 작성된 피의자신문조서 (2010도3359) [변시 17]

② 피고인 아닌 자가 수사과정에서 작성한 진술서 + 조사과정을 기록하지 아니한 경우 (2013도3790) [변시 16 · 17 · 18]

③ 위법하게 심리공개금지를 결정한 후 이루어진 증인의 증언 (2013도2511) [변시 17]

④ 선서 없이 한 공범 아닌 공동피고인의 법정진술 (82도1000) [변시 13 · 17 · 18]

⑤ 제척사유가 있는 통역인이 통역한 증인의 증인신문조서 (2010도13583) [변시 16]

⑥ 팩스로 영장 사본을 송신했을 뿐, 그 원본을 제시하지 않았고, 압수조서와 압수목록을 작성하여 피압수자(수색당사자)에게 교부하였다고 볼 수 없는 경우 (2015도10648)

3. 적법절차의 실질적인 내용을 침해하지 않는 경우

① 범죄의 피해자인 검사가 그 사건의 수사에 관여하거나 압수 · 수색영장의 집행에 참여한 검사가 다시 수사에 관여한 경우 (2011도12918)

② 검찰관이 외국으로 현지출장을 나가 작성한 참고인 진술조서
검찰관이 피고인을 뇌물수수 혐의로 기소한 후, 형사사법공조절차를 거치지 아니한 채 과테말라공화국에 현지출장하여 그곳 호텔에서 뇌물공여자 갑을 상대로 참고인 진술조서를 작성한 사안에서, 참고인조사가 증거수집을 위한 수사행위에 해당하고 조사의 방식이나 절차에 강제력이나 위력은 물론 어떠한 비자발적 요소도 개입될 여지가 없었음이 기록상 분명한 이상, 위법수집증거배제법칙이 적용된다고 볼 수 없다. (2011도3809) [변시 23]

4. 위법수집증거의 탄핵증거사용 및 증거동의의 허용여부

① [탄핵증거사용 불가] 위법수집증거를 탄핵증거로 사용하는 것을 허용하는 경우 사실상 위법수집증거가 법관의 심증 형성에 영향을 미치게 되므로 탄핵증거로 사용하는 것은 허용되지 않는다.

② ⅰ) [증거동의 허용여부] 판례는 원칙적 부정, 예외적 인정

ⅱ) [참 · 복 예외적 인정] 위법하게 수집된 증거는 증거동의의 대상이 될 수 없다는 것이 판례의 일반적인 입장이지만, (2001도3106)[2] 증거보전절차(증인신문)에서 당사자에게 **참여권**을 주지 않은 경우나 이미 증언을 마친 증인을 검사가 소환한 후 피고인에게 유리한 그 증언 내용을 추궁하여 이를 일방적으로 **번복**시키는 경우에는 예외적으로 증거동의의 대상이 될 수 있다고 한다. (2012도534)

5. 위법수집증거의 증거능력 배제의 효과가 제3자에게도 미치는지 여부

[위법수집증거의 제3자효] 성매매한 자를 연행하여 불법 체포한 상태에서 이들의 성매매행위나 피고인(유흥소 주인)들의 유흥업소 영업행위를 처벌하기 위하여 진술서를 받고 진술조서를 작성한 경우, 각 진술서 및 진술조서는 위법수사로 얻은 진술증거에 해당하여 증거능력이 없으므로 피고인들의 식품위생법위반 혐의에 대한 유죄 인정의 증거로 삼을 수 없다. (2009도6717) [변시 22]

---

2) 불법감청에 의하여 녹음된 전화통화의 내용은 원칙적으로 증거능력이 없으며, 피고인이나 변호인이 이를 증거로 함에 동의하였다고 하더라도 증거능력이 인정되지 아니한다.

6. 위법하게 수집된 증거라고 할 수 없는 경우

[독수과실이 아닌 과실독수의 경우] 범행 현장에서 지문채취 대상물에 대한 지문채취가 먼저 이루어진 이상, 수사기관이 그 이후에 지문채취 대상물을 적법한 절차에 의하지 아니한 채 압수하였다고 하더라도 위와 같이 채취된 지문은 위법하게 압수한 지문채취 대상물로부터 획득한 2차적 증거에 해당하지 아니함이 분명하여 이를 가리켜 위법수집 증거라고 할 수 없다. (2008도7471) [변시 13 · 15 · 22 · 23]

7. 위법하게 수집된 증거를 기초로 하여 획득한 2차적 증거의 증거능력의 유무

① **[원칙적으로 증거능력이 부정]** 적법한 절차에 따르지 아니한 위법행위를 기초로 하여 증거가 수집된 경우에는 당해 증거뿐 아니라 그에 터잡아 획득한 2차적 증거에 대해서도 그 증거능력은 부정됨. (2010도2094)

② **[예외적으로 증거능력이 인정됨 → 인 · 획 · 단]** 당초의 적법절차 위반행위와 증거수집 행위의 중간에 그 행위의 위법 요소가 제거 내지 배제되었다고 볼 만한 다른 사정이 개입됨으로써 **인**과관계가 **단**절(**희**석)된 것으로 평가할 수 있는 예외적인 경우에는 이를 유죄 인정의 증거로 사용할 수 있다. (2007도3061)

8. 2차적 증거의 증거능력을 부정한 경우

위법한 강제연행 상태에서 호흡 측정 방법에 의한 음주측정을 한 다음 강제연행 상태로부터 시간적 · 장소적으로 단절되었다고 볼 수도 없고 피의자의 심적 상태 또한 강제연행 상태로부터 완전히 벗어났다고 볼 수 없는 상황에서 피의자가 호흡측정 결과에 대한 탄핵을 하기 위하여 스스로 혈액채취 방법에 의한 측정을 할 것을 요구하여 혈액채취가 이루어진 경우 (2010도2094) [변시 14 · 15 · 20]

9. 2차적 증거의 증거능력을 인정한 경우

① 피고인의 제1심 법정 자백이 위법한 긴급체포 중에 이루어진 최초 자백 이후 약 3개월이 지난 시점에 공개된 법정에서 이루어진 경우 (2012도13607) [변시 15]

② 수사기관의 연행이 위법한 체포에 해당하고 그에 이은 제1차 채뇨에 의한 증거 수집이 위법하다고 하더라도, 피고인은 이후 법관이 발부한 구속영장에 의하여 적법하게 구금되었고 법관이 발부한 압수영장에 의하여 2차 채뇨 및 채모 절차가 적법하게 이루어진 경우 (2012도13611) [변시 15]

10. 일반 사인의 불법수집증거의 위법수집증거 [일반사인의 불법수집 증거의 증거능력 판단 기준 → 비교형량]

① **[업무일지]** 사문서위조 · 위조사문서행사 및 소송사기로 이어지는 일련의 범행에 대하여 피고인을 형사소추하기 위해서는 **업무일지**가 반드시 필요한 증거로 보이므로 피고인의 사생활 영역을 침해하는 결과가 초래된다 하더라도 이는 피고인이 수인하여야 할 기본권의 제한에 해당된다. (2008도1584) [변시 24]

② **[나체사진]** 피고인의 동의하에 촬영된 **나체사진**의 존재만으로 피고인의 인격권과 초상권을 침해하는 것으로 볼 수 없으므로 공익의 실현을 위하여는 그 사진을 범죄의 증거

로 제출하는 것이 허용되어야 하고, 이는 피고인이 수인하여야 할 기본권의 제한에 해당된다. (97도1230)

③ **[전자우편]** 시청 소속 공무원인 제3자가 권한 없이 전자우편에 대한 비밀 보호조치를 해제하는 방법을 통하여 **전자우편**을 수집(정보통신망법위반 행위)했다고 하더라도, 공직선거법위반죄(공무원의 지위를 이용한 선거운동행위)는 중대한 범죄에 해당하므로 전자우편을 증거로 제출하는 것은 허용되어야 할 것이고 기본권의 제한은 피고인이 수인하여야 할 기본권의 제한에 해당한다. (2010도12244)

사례형 쟁점정리

CASE 쟁점 033   위법수집증거와 증거동의***

충청남도 금산경찰서 소속 경사 P는 피고인 甲 소유의 쇠파이프를 甲의 주거지 앞마당에서 발견하였으면서도 그 소유자, 소지자 또는 보관자가 아닌 피해자 A로부터 임의로 제출받는 형식으로 이를 증거물로써 압수하였고, 이후 그 압수물의 사진을 찍었다. 공판과정에서 피고인 甲은 위 사진을 증거로 하는 데 동의하였다.
압수물과 사진의 증거능력이 인정되는가?

1. 논점

위법수집증거배제법칙에 의하여 증거능력이 부정되는 경우, 이것이 증거동의의 대상이 되는지 여부가 문제가 된다.

2. 학설

㉠ 증거동의의 본질에 대하여 '반대신문권 포기설'의 입장에서 위법수집증거는 증거동의 대상이 될 수 없다는 **소극설** ㉡ 증거동의의 본질에 대하여 '처분권설'의 입장에서 위법수집증거도 증거동의의 대상이 될 수 있다는 **적극설** ㉢ 본질적인 위법에 해당하는 경우에는 (적법절차의 실질적인 내용을 침해하는 경우) 증거동의의 대상이 될 수 없지만, 본질적인 위법에 해당하지 않는 경우에는 증거동의의 대상이 될 수 있다는 **절충설**의 견해 대립이 있다.

3. 判例 (원칙적 부정, 예외적 인정)

위법하게 수집된 증거는 증거동의의 대상이 될 수 없다는 것이 판례의 일반적인 입장이지만(대판 : 2011도15258), 증거보전절차에서 당사자에게 참여권을 주지 않은 경우나 이미 증언을 마친 증인을 검사가 소환한 후 피고인에게 유리한 그 증언 내용을 추궁하여 이를 일방적으로 번복시키는 경우에는 예외적으로 증거동의의 대상이 될 수 있다고 한다(대판 : 2008도6985).

4. 검토 및 결론

위법수집증거배제법칙은 '적법절차의 실질적인 내용을 침해하는 경우'에만 적용된다는 점, 그리고 증거동의의 본질은 반대신문권의 포기라는 점을 고려할 때 위법하게 수집된 증거는 증거동의의 대상이 될 수 없다는 보는 것이 타당하다.

사안의 경우 경사 P가 소유자, 소지자 또는 보관자가 아닌 A로부터 제출받는 쇠파이프는 영장주의에 위반하여 수집한 것이므로, 쇠파이프는 물론 그것을 찍은 사진도 피고인 甲의 증거동의 여부와 상관없이 증거능력이 부정된다.

CASE 쟁점 034 **위법수집증거의 주장 적격 (이른바 제3자효 문제)**★★

경찰관 P1, P2는 유흥주점에서 성매매가 이루어진다는 제보를 받고 2017. 1. 30. 21:30경 주점 앞에서 잠복근무를 하다가, 여종업원 乙과 손님 丙이 주점에서 나와 모텔로 들어가는 것을 확인하고, 같은 날 22:54경 모텔 주인의 동의를 받고 방문을 열고 들어갔다.

乙, 丙은 침대에 나체 상태로 누워 있었을 뿐 성행위를 하고 있지 않았고 성관계를 가졌음을 증명할 수 있는 화장지나 콘돔 등도 발견하지 못해 P1, P2는 이들을 현행범으로 체포하지 못했다. P1은 (성매매를 하려고 한 것이 범죄가 되거나 혹은 유흥업소 영업자를 처벌하기 위해 조사가 필요하다고 보아) 乙, 丙에게 수사관서로 동행해 줄 것을 요구하면서 "동행을 거부할 수 있으나 거부하더라도 강제로 연행할 수 있다"는 말을 하였고, 乙이 화장실에 가자, P2가 따라가 감시하기도 하였다. 乙, 丙은 증평지구대로 도착한 이후에 2017. 1. 31. 00:00경부터 02:10경까지 각각 자술서를 작성하였고, 곧이어 P1이 이들에 대한 참고인진술조서를 작성하였다. 자신의 여종업원 乙이 티켓영업을 나가도록 한 뒤 대가를 받은 혐의(식품위생법위반)로 甲이 기소되었다.

乙, 丙의 자술서와 乙, 丙에 대한 참고인진술조서는 甲에 대한 공소사실에 관하여 증거능력이 인정되는가?

1. 논점

수사기관이 피고인 아닌 자를 상대로 위법하게 수집한 증거의 경우, 그 자에 대해서는 증거능력이 없는 것이 원칙인데, 이 경우 제3자인 피고인에 대해서까지 증거능력이 부정되는지 여부가 문제된다. 이를 '이른바 제3자효'라고 표현한다.

2. 判例 (제3자효 인정)

경찰이 피고인이 아닌 제3자들(유흥업소 손님과 그 여종업원)을 사실상 강제연행하여 불법체포한 상태에서 이들의 성매매 행위나 피고인들의 유흥업소 영업행위를 처벌하기 위하여 진술서를 받고 진술조서를 작성한 경우, 각 진술서 및 진술조서는 위법수사로 얻은 진술증거에 해당하여 증거능력이 없으므로 피고인들의 식품위생법위반 혐의에 대한 유죄 인정의 증거로 삼을 수 없다(대판 : 2009도6717).

3. 검토 및 결론

위법수집증거배제법칙은 중대한 위법이 있는 경우, 즉 적법절차의 실질적인 내용을 침해하는 경우에만 적용되고 또한 위법수사 억제라는 측면에서 보았을 때 판례의 입장이 타당하다.

사안의 경우 경찰관들의 乙, 丙에 대한 임의동행은 사실상 강제연행에 해당하는 중대한 위법이므로, 그 위법한 체포 상태에서 작성된 자술서와 참고인진술조서는 모두 피고인 甲에 대한 공소사실에 관하여 증거능력이 부정된다.

CASE 쟁점 035 사인의 위법수집증거배제법칙 적용여부**

甲은 A에게 여러 차례 만나자고 하였으나 A가 만나 주지 않자 A를 강간하기로 마음먹고 A가 거주하는 아파트 1층 현관 부근에 숨어 있다가 귀가하는 A를 발견하고 A가 엘리베이터를 타자 따라 들어가 주먹으로 A의 얼굴을 2회 때리고 5층에서 내린 다음 계단으로 끌고 가 미리 준비한 청테이프로 A의 양손을 묶어 반항을 억압한 후 A를 간음하려 하였으나 A가 그만두라고 애원하자 자신의 행동을 뉘우치고 범행을 단념하였다. 만약, 피해자 A가 甲의 집에 몰래 들어가 범행에 사용된 청테이프를 절취하여 증거로 제출하였다면 위 청테이프를 증거로 사용할 수 있는가?

【제10회 변호사시험 제1문】

1. 논점

국가기관이 아닌 개인이 위법하게 수집한 증거를 증거로 사용할 수 있는지와 관련하여 위법수집증거배제법칙이 일반 사인에게도 적용될 수 있는지 문제된다.

2. 사인이 위법하게 수집한 증거의 증거능력

위법수집증거배제법칙은 국가기관(일반적으로 수사기관)이 위법하게 수집한 증거의 증거능력을 부정하는 법칙이다. 일반 사인이 불법적으로 수집한 증거에 대해서 이 법칙을 적용하자는 견해도 있을 수 있으나, 判例는 일반 사인이 불법적으로 수집한 증거의 증거능력에 대해서는 위법수집증거배제법칙 대신에 **공익**(형사소추 및 형사소송에서의 진실발견)과 **사익**(개인의 인격적 이익 등)을 **비교형량**하여 결정하고 있다.

3. 결론

사안에서 청테이프는 甲의 A에 대한 성폭력 범죄와 관련하여 꼭 필요한 증거로 보이므로 설사 그것이 A가 甲의 집에 몰래 들어가 절취하여 수사기관에 임의로 제출한 것이라고 하더라도 공익의 실현을 위하여는 청테이프를 범죄의 증거로 제출하는 것이 허용되어야 하고, 이로 말미암아 甲의 기본권을 침해하는 결과가 초래된다고 하더라도 이는 甲이 수인하여야 할 기본권의 제한에 해당한다. 따라서 위 청테이프는 증거로 사용할 수 있다.

03 전문법칙과 전문법칙의 관련문제

전문법칙의 예외

§311 법관의 면전조서 · 공판조서, 증거보전절차조서, 당해피고사건 공판조서

(cf : 다른 피고인 공판조서 → 제315조 제3호)

§312 ① 검사작성 피의자 신문조서(검 · 피) ⟶ 적 · 내
(검 · 당 · 공 → 검사작성당해피고인 + 공범인 공동피고인)

③ 사경작성 피의자 신문조서(사 · 피) ⟶ 적 · 내
(사 · 당 · 공 → 사경작성당해피고인 + 공범인 공동피고인)

④ 수사기관작성 참고인 진술조서(수 · 참) ⟶ 적 · 실 · 실 · 반

⑤ 수사기관작성 진술서(수 · 진) ⟶ 실질에 따라 §312 ① 내지 §312 ④

⑥ 수사기관작성 검증조서(수 · 검) ⟶ 적 · 성

§313 진술서 (진술자 = 작성자)
진기서 (진술자 ≠ 작성자) ─ 원칙 : 자 · 서 · 날 / 성
문자정보 등

If) ─ 진기서 성립부인 시 ⟶ 원진술자 진정성립
└ 피진기서 성립부인 시 ⟶ 작성 / 신 (피진기서 / 작성신)

If) 진술서 진정 성립부인 시 ⟶ 감정 / 성 / 반 (디지털 포렌식 등)
├ 피고인 진술서 : 감정 / 성
└ 피고인 아닌 자 : 감정 / 성 / 반

> 감정서 : 동일법리 적용.
> (① 감정인이 감정하고 직접작성 / ② 감정인이 감정하고 다른 사람 작성)

- -

§314 §312 내지 §313 ⟶ 필요성 + 특신상태
(사 · 병 · 외 · 소)

§315 당연히 증거능력 인정 서류 ⟶ 공 · 업 · 신
> ① 공무원이 직무상 증명사항 작성
> ② 업무상필요 통상문서
> ③ 특히 신용할 정황문서

§316 전문진술 ┌ ① 원진술이 피고인의 진술 (원 · 피 · 신)
└ ② 원진술이 피고인 아닌 자의 진술 (원 · 아 · 필 · 신)

┌ 전문진술기재서류 (전진기서) : §316 ① v §316 ② + §312 내지 §314
└ 재전문진술 v 재전문진술기재서류 : 判) 부정

I. 전문법칙의 적용범위

1. 비진술증거 또는 원본증거로서 전문법칙이 적용되지 않는 경우 [국·부·정통·사·부지]

① **[국가기밀 탐지·수집한 문건]** 반국가단체로부터 지령을 받고 국가기밀을 탐지·수집하였다는 공소사실과 관련하여 수령한 지령 및 탐지·수집하여 취득한 국가기밀이 문건의 형태로 존재하는 경우나 편의제공의 목적물이 문건인 경우는, 문건 내용의 진실성이 문제 되는 것이 아니라 그러한 내용의 문건이 존재하는 것 자체가 증거가 되는 것으로서 공소사실에 대하여는 전문법칙이 적용되지 않는다. (2013도2511)

② **[부수법상 부도수표발행의 공소사실을 증명하기 위하여 제출된 지급거절된 수표]** 그 수표는 그 서류의 존재 또는 상태 자체가 증거가 되는 것이어서 증거물인 서면에 해당하고 전문법칙이 적용될 여지가 없다. (2015도2275) [변시 16]

③ **[공포심 등을 유발하는 글을 반복하여 도달하게 하였다는 정통망법위반의 공소사실을 증명하기 위하여 제출된 휴대전화기에 저장된 문자정보]** 그 문자정보는 범행의 직접적인 수단이고 경험자의 진술에 갈음하는 대체물에 해당하지 않으므로, 형사소송법 제310조의2에서 정한 전문법칙이 적용되지 않는다. (2006도2556) [변시 13·17·18·19·20]

④ **[사례비 2,000만 원 사건]** A가 "피고인으로부터 '건축허가 담당 공무원이 외국연수를 가므로 사례비를 주어야 한다'는 말과 '건축허가 담당 공무원이 4,000만 원을 요구하는데 사례비로 2,000만 원을 주어야 한다'는 말을 들었다"는 취지로 진술한 경우, 위와 같은 원진술의 존재 자체가 알선수재죄에 있어서의 요증사실이므로 이를 직접 경험한 A가 피고인으로부터 위와 같은 말들을 들었다고 하는 진술들은 전문증거가 아니라 본래증거에 해당된다. (2008도8007)

⑤ **[88체육관 부지 사건]** 피해자 A 등이 제1심 법정에서 "피고인이 88체육관 부지를 공시지가로 매입하게 해 주고 KBS와의 시설이주 협의도 2개월 내로 완료하겠다고 말하였다"고 진술한 경우, 피고인의 위와 같은 원진술의 존재 자체가 사기죄 또는 변호사법위반죄에 있어서의 요증사실이므로 이를 직접 경험한 A 등이 피고인으로부터 위와 같은 말을 들었다고 하는 진술은 전문증거가 아니라 본래증거에 해당한다. (2012도2937)

⑥ **[피해자의 상해부위를 촬영한 사진]** 비진술증거에 해당 (2007도3906) [변시 24]

2. 진술이 전문증거인지 여부를 판단하는 기준 ➔ 요증사실과의 관계에 의하여 결정

① **[내용의 진실성 ➔ 전문증거 / 내용의 존재 자체 ➔ 본래증거]** 원진술의 내용인 사실이 요증사실인 경우에는 전문증거이지만, 원진술의 존재 자체가 요증사실인 경우에는 본래증거이지 전문증거가 아님. (2018도14303) [변시 19·21·24]

② "甲이 A를 살해하는 것을 보았다"는 乙의 말(원진술)을 들은 丙이 그 사실을 증언하는 경우, 丙의 증언은 甲의 살인사건에서는 전문증거(전문진술)가 되지만 乙의 명예훼손사건에서는 원본증거가 됨. [변시 14]

③ 진술의 진실성과 관계없는 간접사실에 대한 정황증거로 사용할 때에는 반드시 전문증거가 되는 것은 아니다. (99도1252)

④ A가 진술 당시 술에 취하여 횡설수설 이야기한 것인지 여부를 확인하기 위하여 법원에 제출된 A의 진술이 녹음된 녹음테이프는 원본증거에 해당하며 전문증거에 해당하지 아니한다. (2007도10755) [변시 18]

Ⅱ. 전문법칙의 예외★★★

1. 법원 또는 법관의 면전조서(제311조)

① 공판준비 또는 공판기일에 피고인이나 피고인 아닌 자의 진술을 기재한 조서와 법원 또는 법관의 검증의 결과를 기재한 조서는 증거로 할 수 있다. 제184조(증거보전절차) 및 제221조의2(증인신문절차)의 규정에 의하여 작성한 조서도 또한 같다. [변시 24]

② [다른 피고인에 대한 형사사건의 공판조서 ➜ 제315조 제3호] 제311조의 공판조서는 당해 사건의 공판조서를 의미하며, (2003도3282) 다른 피고인에 대한 형사사건의 공판조서는 형소법 제315조 제3호에 정한 서류로서 당연히 증거능력이 있다. (2004도4428)

③ 제311조에 의한 증거능력을 인정할 수 없는 경우
증인신문조서가 증거보전절차에서 피고인이 증인으로서 증언한 내용을 기재한 것이 아니라 증인 甲의 증언내용을 기재한 것이고 다만 피의자였던 피고인이 당사자로 참여하여 자신의 범행 사실을 시인하는 전제하에 위 증인에게 반대신문한 내용이 기재되어 있을 뿐인 경우 ➜ 반대신문 과정에서 피의자가 한 진술에 관한 한 형사소송법 제184조에 의한 증인신문조서가 아니기 때문 (84도508) [변시 14]

2. 검사 작성 피의자신문조서(제312조 제1항)[3] – 적 · 내[4]

① '검사 작성' 피의자신문조서라고 할 수 없는 경우
[송치 전 작성된 피의자신문조서] 검찰에 송치되기 전에 구속피의자로부터 받은 검사 작성의 피의자신문조서는 극히 이례에 속하는 것으로, 그렇게 했어야 할 특별한 사정이 보이지 않는 한 송치 후에 작성된 피의자신문조서와 마찬가지로 취급하기는 어렵다. (94도1228) [변시 15 · 18]

---

3) 제312조 ① 검사가 작성한 피의자신문조서는 적법한 절차와 방식에 따라 작성된 것으로서 공판준비, 공판기일에 그 피의자였던 피고인 또는 변호인이 그 내용을 인정할 때에 한정하여 증거로 할 수 있다.
제312조 제1항은 개정되었으며 기존의 제2항(영상녹화물에 의한 성립의 진정의 대체증명)은 폐지되었다. 개정된 제1항은 검사작성 피신조서도 제3항의 사경작성 피신조서와 동일한 요건하에 증거능력을 인정하도록 하였다. 이 조항은 2022년 1월 1일부터 시행되었다.
4) 개정 전에는 적법절차와 방식, 성립의 진정, 특신상태. 이러한 세 가지가 증거능력 인정요건이었으나 개정법은 적법절차와 방식, 내용인정으로 증거능력 인정요건이 강화되었다.

② 적법한 절차와 방식에 따라 작성되지 않아 증거능력이 부정되는 경우
　　ⅰ) 조서 말미에 피고인의 서명만이 있고, 날인(무인 포함)이나 간인이 없는 검사 작성의 피고인에 대한 피의자신문조서는 증거능력이 없다고 할 것이고, 그 날인이나 간인이 없는 것이 피고인이 날인이나 간인을 거부하였기 때문이어서 그러한 취지가 조서 말미에 기재되었다거나, 피고인이 법정에서 그 피의자신문조서의 임의성을 인정하였다고 하여 달리 볼 것은 아니다. (99도237) [변시 16]
　　ⅱ) 검사 작성 피의자신문조서에 검사의 서명·날인이 되어 있지 아니한 경우 (2001도4091)
③ 형소법 제312조 제1항의 '검사 작성 피의자신문조서'의 범위 ***
　　ⅰ) [제312조 제1항 vs 제312조 제4항] 형소법 제312조 제1항에서 정한 '검사 작성 피의자신문조서'란 당해 피고인에 대한 피의자 신문조서만이 아니라, 당해 피고인과 공범 관계에 있는 다른 피고인이나 피의자에 대하여 검사가 작성한 피의자신문조서도 포함한다. ➔ 이때의 '공범'에는 대향범도 포함된다.
　　ⅱ) [내용인정 주체 ➔ 당해 피고인] 피고인이 자신과 공범관계에 있는 다른 피고인이나 피의자에 대하여 검사가 작성한 피의자신문조서의 내용을 부인하는 경우에는 형사소송법 제312조 제1항에 따라 유죄의 증거로 쓸 수 없다. (2023도3741) [변시 24]

3. 사법경찰관 등 작성 피의자신문조서(제312조 제3항) - 적·내

① 사경이 작성한 당해 피고인과 공범관계 있는 자(피고인, 피의자)에 대한 피의자신문조서(진술조서)[5]의 증거능력 인정요건
　　ⅰ) [내용인정 주체 ➔ 당해 피고인] 제312조 제3항 적용

> **관련판례** 당해 피고인과 공범관계에 있는 공동피고인에 대해 검사 이외의 수사기관이 작성한 피의자신문조서는 그 공동피고인의 법정진술에 의하여 성립의 진정이 인정되더라도 당해 피고인이 공판기일에서 그 조서의 내용을 부인하면 증거능력이 부정된다. [변시 13·14·16·17·18·19·21·22·23]

> **관련판례** [양벌규정에도 적용] 위 법리는 공동정범이나 교사범, 방조범 등 공범관계에 있는 자들 사이에서뿐만 아니라, 법인의 대표자나 법인 또는 개인의 대리인, 사용인, 그 밖의 종업원 등 행위자의 위반행위에 대하여 행위자가 아닌 법인 또는 개인이 양벌규정에 따라 기소된 경우, 이러한 법인 또는 개인과 행위자 사이의 관계에서도 마찬가지로 적용된다. (2016도9367) [변시 23]

② 형소법 제312조 제3항은 전혀 별개의 사건에서 피의자였던 피고인에 대한 검사 이외의 수사기관 작성의 피의자신문조서도 그 적용대상으로 하고 있는 것이라고 보아야 한다. (94도2287)

---

5) 사경이 공범자에 대하여 작성한 이상 그 공범자가 피의자신분이었는지 참고인 신분이었는지 불문하고 당해피고인에 대하여는 피의자신문조서로서의 성질을 갖는다.

③ 사법경찰관이 작성한 검증조서에 피고인이 검사 이외의 수사기관 앞에서 '자백한 범행내용을 현장에 따라 진술·재연한 내용이 기재되고 그 재연 과정을 촬영한 사진'이 첨부되어 있다면, 그러한 기재나 사진은 피고인이 공판정에서 실황조사서에 기재된 진술내용 및 범행재연의 상황을 모두 부인하는 이상 증거능력이 없다. ➔ 검증조서는 그 실질이 사경작성 피신조서에 해당한다. (2003도6548) [변시 18·19·23]

4. 참고인 진술조서(제312조 제4항) – 적·실·신·반

① [적법절차와 방식에 따른 작성에 해당하는 경우] 진술자 보호의 필요성 등 여러 사정으로 볼 때 상당한 이유가 있는 경우에는 수사기관이 진술자의 성명을 가명으로 기재하여 조서를 작성하였다고 해서 그 이유만으로 그 조서가 '적법한 절차와 방식'에 따라 작성되지 않았다고 할 것은 아니다. (2011도7757) [변시 16]

② [내용인정≠실질적 진정성립] 검사 또는 사법경찰관이 피의자 아닌 자의 진술을 기재한 조서에 대하여 그 원진술자가 공판기일에서 간인·서명·날인한 사실과 그 조서의 내용이 자기가 진술한 대로 작성된 것이라는 점을 인정하면 그 조서는 원진술자의 공판기일에서의 진술에 의하여 성립의 진정함이 인정된 서류로서 증거능력이 있다 할 것이고, 원진술자가 공판기일에서 그 조서의 내용과 다른 진술[6]을 하였다 하여 증거능력을 부정할 사유가 되지 못한다. (85도1843)

③ [적법절차와 방식에 따른 작성에 해당하지 않는 경우] 사법경찰리 작성의 피해자에 대한 진술조서가 피해자의 화상으로 인한 서명 불능을 이유로 입회하고 있던 피해자의 동생에게 대신 읽어 주고 동생으로 하여금 서명·날인하게 하는 방법으로 작성된 경우, 이는 증거로 사용할 수 없다. (96도2865)

④ 참고인 진술조서의 성립의 진정 인정 주체 [원진술자]
피의자 아닌 자의 진술을 기재한 조서는 공판정에서 원진술자의 진술에 의하여 성립의 진정함이 인정된 것이 아니면 공판정에서 피고인이 성립을 인정하여도 이를 증거로 할 수 있음에 동의한 것이 아닌 이상 증거로 할 수 없다. (83도196)

⑤ 성립의 진정이 인정되지 않아 참고인진술조서의 증거능력이 부정되는 경우
 ⅰ) 원진술자인 甲이 증인으로 나와 그 진술기재의 내용을 열람하거나 고지받지 못한 채 단지 검사나 재판장의 신문에 대하여 "수사기관에서 사실대로 진술하였다"는 취지의 증언만을 하고 있을 뿐인 경우 (94도1384) [변시 17]
 ⅱ) 원진술자인 甲, 乙이 공판기일에서 "수사관이 불러주는 내용을 그대로 기재한 것에 불과한 자신들의 각 진술서를 토대로 하여 그 진술내용을 미리 기재한 각 진술조서에 서명·날인만을 하였다"는 취지로 진술한 경우 (92도2636)

---

6) 원진술자의 진술(증언)은 원본증거에 해당하며 별도의 증거로서 증거능력이 인정될 수 있고, 참고인진술조서와 증언은 모두 증거능력을 갖게 되며 신빙성 판단의 대상이 될 수 있다.

⑥ **[특히 신빙할 수 있는 상태의 의미와 증명주체 → 검사]** 제312조 제4항에서 '특히 신빙할 수 있는 상태'라 함은 진술 내용이나 조서의 작성에 허위 개입의 여지가 거의 없고, 진술 내용의 신빙성이나 임의성을 담보할 구체적이고 외부적인 정황이 있는 것을 말한다. [신·임·담보·구·외·정] (2011도6035)

⑦ 참고인 진술조서에 영상녹화물 조사를 신청하기 위한 요건

[영상녹화 동의서 첨부 + 조사 전과정 녹화] 피고인 아닌 자가 기명날인 또는 서명한 영상녹화동의서를 첨부하여야 하고, 조사 개시 시점부터 조사가 종료되어 참고인이 조서에 기명날인 또는 서명을 마치는 시점까지 조사 전 과정이 영상녹화 되어야 하므로, 이를 위반한 영상녹화물에 의하여는 특별한 사정이 없는 한, 피고인 아닌 자의 진술을 기재한 조서의 실질적 진정성립을 증명할 수 없다. (2022도364; 2020도13957)

5. 수사 과정에서 작성한 진술서(제312조 제5항) – 실질에 따라

① 제312조 제1항부터 제4항까지의 규정은 피고인 또는 피고인이 아닌 자가 수사과정에서 작성한 진술서에 관하여 준용한다.

② 피의자의 진술을 녹취 내지 기재한 서류 또는 문서가 수사기관에서의 조사과정에서 작성된 것이라면 그것이 '진술조서, 진술서, 자술서'라는 형식을 취하였다고 하더라도 피의자신문조서와 달리 볼 수 없다. (92도442) [변시 14·15·16·19]

③ 피고인이 아닌 자가 수사과정에서 진술서를 작성하였지만 수사기관이 조사과정의 진행경과를 확인하기 위하여 필요한 사항을 진술서에 기록하거나 별도의 서면에 기록한 후 수사기록에 편철하는 등 적절한 조치를 취하지 아니하여 형사소송법 제244조의4 제1항, 제3항에서 정한 절차를 위반한 경우, '적법한 절차와 방식'에 따라 수사과정에서 진술서가 작성되었다고 할 수 없다. (2022도9510) [변시 24] → 형사소송법 제312조 제5항은 피고인 또는 피고인이 아닌 자가 수사과정에서 작성한 진술서의 증거능력에 관하여 형사소송법 제312조 제1항부터 제4항까지 준용하도록 규정하고 있으므로 수사기관이 수사에 필요하여 피의자가 아닌 자로부터 진술서를 작성·제출받는 경우에도 그 절차는 동일하게 준수되어야 한다.

6. 수사 과정 이외의 절차에서 작성한 진술서(제313조 제1항, 제2항) – 공통요건 : 자·서·날 / 성***

① **[제313조 제1항]** 피고인 또는 피고인이 아닌 자가 작성한 진술서나 그 진술을 기재한 서류로서 그 작성자 또는 진술자의 자필이거나 그 서명 또는 날인이 있는 것(피고인 또는 피고인 아닌 자가 작성하였거나 진술한 내용이 포함된 문자·사진·영상 등의 정보로서 컴퓨터용 디스크, 그 밖에 이와 비슷한 정보저장매체에 저장된 것을 포함한다. 이하 이 조에서 같다)은 공판준비나 공판기일에서의 그 작성자 또는 진술자의 진술에 의하여 성립의 진정함이 증명된 때에는 증거로 할 수 있다. 단, 피고인의 진술을 기재한 서류는 공판준비 또는 공판기일에서 작성자의 진술에 의하여 그 성립의 진정함이 증명되고 진술이 특히 신빙할 수 있는 상태 하에서 행하여 진 때에 한하여 피고인의 공판준비 또는 공판기일에서의 진술에 불구하고 증거로 할 수 있다. [피·진·기·서/작성·신] [변시 17]

② **[제313조 제2항]** 제313조 제1항 본문에도 불구하고 진술서의 작성자가 공판준비나 공판기일에서 그 성립의 진정을 부인하는 경우에는 과학적 분석결과에 기초한 디지털포렌식 자료, **감정** 등 객관적 방법으로 **성립**의 진정함이 증명되는 때에는 증거로 할 수 있다. 다만, 피고인 아닌 자가 작성한 진술서는 피고인 또는 변호인이 공판준비 또는 공판기일에 그 기재 내용에 관하여 **작성자를 신문**할 수 있었을 것을 요한다. [변시 17]

③ **[검사가 참고인인 피해자와의 전화통화 내용을 기재한 수사보고서]** 형소법 제313조 제1항 본문에 정한 피고인 아닌 자의 진술을 기재한 서류인 전문증거에 해당하나, 그 진술자의 서명 또는 날인이 없을 뿐만 아니라 진술자의 진술에 의해 성립의 진정함이 증명되지도 않았으므로 증거능력이 없다. (2010도5610)

④ **[변호사의 법률의견서]** 횡령죄로 기소된 사람의 의뢰를 받은 변호사가 작성하여 그 사람에게 이메일로 전송한 '법률의견서'를 출력한 사본은 그 실질에 있어서 형사소송법 제313조 제1항에 규정된 '피고인 아닌 자가 작성한 진술서나 그 진술을 기재한 서류'에 해당한다. (2009도6788) [변시 14 · 15 · 16 · 19 · 23]

⑤ **[피고인의 진술이 담긴 녹음테이프]** 녹음테이프 검증조서의 기재 중 **피고인의 진술**내용을 증거로 사용하기 위해서는 형소법 제313조 제1항 단서에 따라 공판준비 또는 공판기일에서 **작성자**인 상대방의 진술에 의하여 녹음테이프에 녹음된 피고인의 진술 내용이 피고인이 진술한 대로 녹음된 것임이 증명되고 진술이 특히 **신**빙할 수 있는 상태 하에서 행하여진 것임이 인정되어야 한다. **[피 · 진 · 기 · 서/작성 · 신]** (2007도10804) [변시 16 · 17 · 19]

⑥ **[동생에게 보낸 문자메시지]** 피해자 A가 남동생 B에게 도움을 요청하면서 피고인이 협박한 말을 포함하여 공갈 등 피해를 입은 내용이 들어 있는 문자메시지의 내용을 촬영한 사진은 피해자의 진술서에 준하는 것으로 취급함이 상당할 것인바, 진술서에 관한 형사소송법 제313조에 따라 문자메시지의 작성자인 A가 법정에 출석하여 자신이 문자메시지를 작성하여 동생에게 보낸 것과 같음을 확인하고(성립의 인정 : 저자 주), 동생인 B도 법정에 출석하여 A가 보낸 문자메시지를 촬영한 사진이 맞다고 확인(사진은 사본이므로 추가되는 증거능력 인정요건에 해당 : 저자 주)한 이상, 문자메시지를 촬영한 사진은 그 성립의 진정함이 증명되었다고 볼 수 있으므로 이를 증거로 할 수 있다.[7] (2010도8735) [변시 17 · 24]

⑦ **[정보저장매체 출력물 ➔ 동일성+무결성]** 압수물인 디지털 저장매체로부터 출력한 문건을 증거로 사용하기 위해서는 디지털 저장매체 원본에 저장된 내용과 출력한 문건의 **동일성**이 인정되어야 하고, 이를 위해서는 디지털 저장매체 원본이 압수시부터 문건 출력시까지 변경되지 않았음(무결성 : 저자 주)이 담보되어야 한다. 그리고 압수된 디지털 저장매체로부터 출력한 문건을 진술증거로 사용하는 경우 그 기재 내용의 진실성에 관하여는 전문법칙이 적용되므로 형사소송법 제313조 제1항에 따라 그 작성자 또는 진술자의 진술에 의하여 그 성립의 진정함이 증명된 때에 한하여 이를 증거로 사용할 수 있다. (2012도16001) [변시 15]

---

7) 앞서 살펴본 정통망법상 문자메시지 반복 도달 판례와 구별하여야 한다.

⑧ 감정서 (형소법 제313조 제3항)

제313조 제1항 제2항의 요건을 구비하면 증거능력이 인정된다. [변시 14]

⑨ 조세범칙조사를 담당하는 세무공무원이 피고인이 된 혐의자 또는 참고인에 대하여 심문한 내용을 기재한 조서는 피고인 또는 피고인이 아닌 자가 작성한 진술서나 그 진술을 기재한 서류에 해당한다. (2022도8824) [변시 24]

7. 수사기관 작성 검증조서(실황조사서 포함)(제312조 제6항) – 적 · 성

① 검사 또는 사법경찰관이 검증의 결과를 기재한 조서는 **적**법한 절차와 방식에 따라 작성된 것으로서 공판준비 또는 공판기일에서의 작성자의 진술에 따라 그 **성**립의 진정함이 증명된 때에는 증거로 할 수 있다.

② **[수사보고서에 검증의 결과 → 증거능력 ×]** 수사보고서에 검증의 결과에 해당하는 기재가 있는 경우, 실황조사서에 해당하지 아니하며, 단지 수사의 경위 및 결과를 내부적으로 보고하기 위하여 작성된 서류에 불과하므로 그 안에 검증의 결과에 해당하는 기재가 있다고 하여 이를 형소법 제312조 제6항의 '검사 또는 사법경찰관이 검증의 결과를 기재한 조서'라고 할 수 없을 뿐만 아니라 이를 제313조 제1항의 '피고인 또는 피고인이 아닌 자가 작성한 진술서'나 '그 진술을 기재한 서류'라고 할 수도 없고, 같은 법 제311조, 제315조, 제316조의 적용대상이 되지 아니함이 분명하므로 그 기재 부분은 증거로 할 수 없다. (2000도2933)

8. 제314조의 적용요건 – 필(사 · 병 · 외 · 소) + 신

① **[필요성 + 특신상태]** 제312조 또는 제313조의 경우 공판준비 또는 공판기일에 진술을 요할 자가 **사**망 · 질**병** · **외**국거주 · **소**재불명 기타 이에 준하는 사유로 인하여 진술할 수 없는 때에는 조서 기타 서류를 증거로 할 수 있다. 다만, 조서 또는 서류는 진술 또는 작성이 특히 **신**빙할 수 있는 상태 하에서 행하여진 때에 한한다.

② **[제312조 제3항 적용 시 제314조 적용 ×]** 당해 피고인과 공범 관계가 있는 다른 피의자에 대한 검사 이외의 수사기관 작성의 피의자신문조서는 제314조가 적용되지 아니한다. → 피의자의 법정 진술에 의하여 성립의 진정이 인정되더라도 당해 피고인이 공판기일에서 그 조서의 내용을 부인하면 증거능력이 부정되기 때문 (2003도7185) [변시 15 · 17 · 19 · 23]

③ 외국에 거주하는 참고인과의 전화 대화 내용을 문답 형식으로 기재한 검찰주사보 작성의 수사보고서

[제313조에 해당하지 않아 제314조 적용 불가] 제313조의 진술을 기재한 서류에 해당하여야만 제314조의 적용 여부가 문제될 것인바, 제313조가 적용되기 위하여는 그 진술을 기재한 서류에 그 진술자의 서명 또는 날인이 있어야 한다. 그런데 이 사건의 경우, 위 각 수사보고서에는 검찰주사보의 기명날인만 되어 있을 뿐 원진술자인 A나 B의 서명 또는 기명날인이 없으므로, 위 각 수사보고서는 제313조에 정한 진술을 기재한 서류가 아니어서 제314조에 의한 증거능력의 유무를 따질 필요가

없음.[8] ➔ 이는 검찰주사보가 법정에서 그 수사보고서의 내용이 전화통화내용을 사실대로 기재하였다는 취지의 진술을 하더라도 마찬가지라고 할 것 (98도2742) [변시 14]

④ **필요성 인정여부**

    ⅰ) **['필요성'이 인정되는 경우 ➔ 기억이 나지 않는 경우]** 원진술자가 공판정에서 진술을 한 경우라도 증인신문 당시 일정한 사항에 관하여 "기억이 나지 않는다"는 취지로 진술하여 그 진술의 일부가 재현 불가능하게 된 경우 (2005도9561) [변시 14]

    ⅱ) **['필요성'이 인정되지 않는 경우 ➔ 출산]** 원진술자가 공판기일에 증인으로 소환받고도 출산을 앞두고 있다는 이유로 출석하지 아니한 경우 (99도915) [변시 24]

⑤ **증언거부권(진술거부권) 행사의 경우**

    ⅰ) 법정에 출석한 증인이 형사소송법 제148조, 제149조 등에서 정한 바에 따라 정당하게 증언거부권을 행사하여 증언을 거부한 경우는 형사소송법 제314조의 '그 밖에 이에 준하는 사유로 인하여 진술할 수 없는 때'에 해당하지 아니한다.

    ⅱ) **[증언거부상황 초래 시 ➔ 필요성 인정]** 증인이 정당하게 증언거부권을 행사한 것이 아니라도, 피고인이 증인의 증언거부 상황을 초래하였다는 등의 특별한 사정이 없는 한, 형소법 제314조의 '그 밖에 이에 준하는 사유로 인하여 진술할 수 없는 때'에 해당하지 않는다고 보아야 한다. 따라서 증인이 정당하게 증언거부권을 행사하여 증언을 거부한 경우와 마찬가지로 수사기관에서 그 증인의 진술을 기재한 서류는 증거능력이 없다. (2018도13945) [변시 23·24]

⑥ **특신상황의 입증의 정도**

피고인의 진술 또는 작성이 '특히 신빙할 수 있는 상태하에서 행하여졌음에 대한 증명'은 단지 그러할 개연성이 있다는 정도로는 부족하고 합리적인 의심의 여지를 배제할 정도에 이르러야 한다. 나아가 이러한 법리는 원진술자의 소재불명 등을 전제로 하고 있는 형사소송법 제316조 제2항의 경우에도 그대로 적용된다. (2015도12981) [변시 23]

9. 당연히 증거능력이 있는 서류

① **공무원이 직무상 증명할 수 있는 사항에 관하여 작성한 문서(제315조 제1호)**

    예 국립과학수사연구소장 작성의 감정의뢰회보서 (95도21440)

② **업무상 필요로 작성한 통상문서(제315조 제2호)**

    예 성매매업소에서 영업에 참고하기 위하여 성매매 상대방에 관한 정보를 입력하여 작성한 메모리카드의 내용 (2007도3219)

③ **기타 특히 신용할 만한 정황에 의하여 작성된 문서(제315조 제3호)**

    예 상업장부나 항해일지, 진료일지 또는 이와 유사한 금전출납부 등과 같이 범죄사실의 인정 여부와는 관계없이 자기에게 맡겨진 사무를 처리한 내역을 그때그때 계속적, 기계적으로 기재한 문서는 사무처리 내역을 증명하기 위하여 존재하는 문서 (94도2865)

---

8) 위 수사보고서는 피고인 아닌 자의 진술을 기재한 서류로서 제313조 본문의 요건을 구비하거나 제314조의 요건을 구비하여야 증거능력이 인정된다. 사안은 원진술자의 서명 또는 날인이 없으므로 어느 요건도 구비하지 못해 증거능력이 인정되지 아니한다.

④ 제315조 제3호의 당연히 증거능력이 있는 서류에 해당되지 않는 경우

사무처리 내역을 계속적, 기계적으로 기재한 문서가 아니라 범죄사실의 인정 여부와 관련 있는 어떠한 의견을 제시하는 내용을 담고 있는 문서 예 보험사기 사건에서 건강보험심사평가원이 수사기관의 의뢰에 따라 그 보내온 자료를 토대로 입원진료의 적정성에 대한 의견을 제시하는 내용의 '건강보험심사평가원의 입원진료 적정성 여부 등 검토의뢰에 대한 회신' (2017도12671) [변시 20 · 24]

⑤ 제315조 제3호에 의하여 당연히 증거능력이 인정되는 서류

ⅰ) 다른 피고사건의 공판조서 (2004도4428) [변시 14 · 16]

ⅱ) 구속적부심문조서 (2003도5693) [변시 18 · 23]

10. 전문진술

① 피고인의 진술을 내용으로 하는 전문진술(제316조 제1항)

특신상태를 요함. [변시 14 · 19 · 23]

② 피고인 아닌 타인의 진술을 내용으로 하는 전문진술(제316조 제2항)

필요성+특신상태

③ 형사소송법 제316조 제2항 소정의 '피고인 아닌 타인'의 의미

공동피고인이나 공범자를 모두 포함한 제3자 (99도5679)

④ 전문진술에 있어 원진술자가 증언능력에 준하는 능력을 갖춘 상태에 있어야 함. (2005도9561) [변시 14]

⑤ 형소법 제316조 제2항에 해당하지 않아 증거능력이 인정되지 않는 경우

[원진술자가 법정에 출석하여 진술하고 있는 경우]*** 전문진술의 원진술자가 공동피고인이어서 형소법 제316조 제2항 소정의 '피고인 아닌 타인'에는 해당하나 법정에서 공소사실을 부인하고 있어서 '원진술자가 사망, 질병 기타 사유로 인하여 진술할 수 없는 때'에는 해당되지 않는다. (99도5679)

11. 재전문

① 판례는 전문진술을 기재한 조서(재전문서류)는 증거능력이 인정될 수 있으나, 재전문진술 또는 재전문진술을 기재한 조서는 증거능력을 인정할 수 없다는 입장으로 판시했다. (2010도5948)

② 피고인의 진술을 그 내용으로 하는 전문진술이 기재된 조서의 증거능력 인정요건

제312조 내지 제314조의 요건과 제316조 제1항의 요건 충족해야 함. (2015도12981) [변시 16 · 18]

③ 피고인 아닌 자의 진술을 그 내용으로 하는 전문진술이 기재된 조서의 증거능력 인정요건

제312조 내지 제314조의 요건과 제316조 제2항의 요건 충족해야 함. (2011도14680) [변시 16 · 18 · 23 · 24]

☑ **전문법칙의 예외규정**

	적용 대상	증거능력 인정요건
제311조	법원·법관의 면전 조서	당연히 증거능력 인정
제312조 제1항	검사 작성 피의자신문조서 (공동피고인에 대한 피의자신문조서 포함)	적법절차와 방식 + 내용의 인정
제312조 제3항	사법경찰관 작성 피의자신문조서 (공동피고인에 대한 피의자신문조서 포함)	적법절차와 방식 + 내용의 인정
제312조 제4항	검사 또는 사법경찰관 작성 참고인진술조서	적법절차와 방식 + 실질적 진정성립 + 특신상태 + 원진술자 반대신문가능성
제312조 제5항	검사 또는 사법경찰관의 수사과정에서 작성한 진술서	제312조 제1항부터 제4항까지 준용
제312조 제6항	검사 또는 사법경찰관 작성 검증조서	적법절차 + 성립의 진정
제313조	사인 작성 진술서·진술기재서류 다만, 수사과정에서 작성한 진술서는 제312조 제1항 내지 제4항 적용 (제312조 제5항)	작성자(진술자)의 자필 또는 서명 또는 날인 + 성립의 진정
제314조	제312조 및 제313조의 증거에 적용 다만, 제312조 제3항의 증거에는 적용되지 않음(판례)	필요성(사망·질병·외국거주·소재불명 등) + 특신상태
제315조	당연히 증거능력이 있는 서류	당연히 증거능력 인정
제316조 제1항	피고인의 진술을 그 내용으로 하는 전문진술	특신상태
제316조 제2항	피고인 아닌 타인의 진술을 그 내용으로 하는 전문진술	필요성(사망·질병·외국거주·소재불명 등) + 특신상태
제313조 제1항과 제314조의 서류 등에는 '피고인 또는 피고인 아닌 자가 작성하였거나 진술한 내용이 포함된 문자·사진·영상 등의 정보로서 컴퓨터용디스크 그 밖에 이와 비슷한 정보저장매체에 저장된 것'도 포함됨		

Ⅲ. 전문법칙의 관련문제

1. 녹음테이프 등의 증거능력

① 사인이 녹음한 녹음테이프에 담긴 피고인 아닌 자의 진술내용

[원본+원진술자 성립진정인정] 녹음테이프가 원본(또는 원본내용대로 복사된 사본)이어야 하고, 제313조 제1항의 본문 요건(원진술자의 성립의 진정인정) 구비하여야 함. (2004도6323) [변시 14·15]

② 사인이 녹음한 녹음테이프에 담긴 피고인의 진술내용

[피의자의 진술기재서류에 준하여 판단] 녹음테이프가 원본(또는 원본내용대로 복사된 사본) + 원진술자인 피고인이 성립의 진정을 부인한 경우에는 제313조 제1항의 단서 요건(작성자의 성립의 진정인정과 특신상태) 구비해야 함. **[피·진·기·서/작성·신]** (2001 도3106; 2010도7497) [변시 16·17·19]

2. **전기통신의 감청과 공개되지 않은 타인 간의 대화 녹음 청취** → 감청 및 녹음-청취 내용은 통비법 위반으로 통비법 자체로 증거능력 부정됨.

① '감청'은 제3자가 전기통신의 당사자인 송신인과 수신인의 동의를 받지 아니하고 대화내용을 지득하거나 채록하는 것만을 말한다. (2016도8137)

② **[통화당사자 일방 → 감청 ×]** 전화통화 당사자의 일방이 상대방 모르게 통화내용을 녹음하는 것은 전기통신의 감청에 해당하지 아니한다. (2002도123)

> **비교판례** **[제3자에 의한 전화통화 당사자 일방의 동의하의 녹음 → 위법]** 甲, 乙이 A와의 통화 내용을 녹음하기로 합의한 후 甲이 스피커폰으로 A와 통화하고 乙이 옆에서 이를 녹음한 경우, 전화 통화의 당사자는 甲과 A이고, 乙은 제3자에 해당하므로 乙이 전화 통화 당사자 일방인 甲의 동의를 받고 통화 내용을 녹음하였다고 하더라도 상대방인 A의 동의가 없었던 이상 이는 통신비밀보호법 제3조 제1항에 위반한 '전기통신의 감청'에 해당하여 그 녹음파일은 증거로 사용할 수 없고, 이는 A가 녹음파일 및 이를 채록한 녹취록에 대하여 증거동의를 하였다 하더라도 마찬가지이다. (2015도1900) [변시 17 · 18 · 20 · 23]

③ ⅰ) **[전화통화 쌍방의 동의要]** 제3자의 경우 설령 전화통화 당사자 일방의 동의를 받고 그 통화내용을 녹음하였다 하더라도 그 상대방의 동의가 없었던 이상, 통비법 위반에 해당한다. (2015도1900)

ⅱ) **[제3자에 의한 전화통화 당사자 일방의 동의하의 녹음 → 위법함]** 검찰이 구속수감되어 있던 乙에게 그의 압수된 휴대전화를 제공하여 甲과 통화하게 하고 "내가 준 필로폰의 품질에는 아무런 문제가 없다"는 내용의 녹음이 들어 있는 휴대전화를 임의제출 형식으로 제출받은 후 휴대전화에 내장된 녹음파일에 대한 녹취록 등을 법원에 제출한 경우 피고인과 변호인의 증거동의에 상관없이 증거능력이 없다. (2010도9016) [변시 14 · 17 · 18 · 20 · 23]

④ 통신비밀보호법상 통신사실확인자료의 사용제한

[객관적 관련성 + 인적 관련성] 통신사실확인자료 제공요청의 목적이 된 범죄와 관련된 범죄라 함은 통신사실 확인자료제공요청 허가서에 기재한 혐의사실과 객관적 관련성이 있고 자료제공 요청대상자와 피의자 사이에 인적 관련성이 있는 범죄를 의미한다. (2016도13489) [변시 23]

⑤ 통신비밀보호법상 타인 간의 '대화'에 해당한다고 볼 수 없는 경우

ⅰ) **[대화는 의사소통행위를 의미]** 타인 간의 '대화'는 원칙적으로 현장에 있는 당사자들이 육성으로 말을 주고받는 의사소통행위를 가리킨다. 따라서 사물에서 발생하는 음향과 상대방에게 의사를 전달하는 말이 아닌 단순한 비명소리나 탄식은 타인 간의 '대화'라고 할 수 없다. (2016도19843)

ⅱ) **[우당탕 · 악 ➔ 대화 ×]** 甲이 乙과 통화를 마친 후 전화가 끊기지 않은 상태에서 휴대전화를 통하여 사물에서 발생하는 음향인 '우당탕'과 비명소리인 '악' 소리를 들었고, 이후 甲이 그와 같은 소리를 들었다고 법정에서 증언한 경우, 甲의 증언은 공개되지 않은 타인 간의 대화를 청취한 것이라고 볼 수 없음. ➔ 따라서 피고인 丙의 공소사실(상해 등)에 대하여 증거로 사용 可 (2016도19843) [변시 23]

⑥ 통신비밀보호법상의 '타인 간'의 대화의 녹음에 해당하지 않는 경우

[2자간 · 3자간 불문] 대화 참여자의 녹음 (2006도4981) [변시 12 · 14 · 16 · 17 · 24]

3. 인터넷 개인방송과 통신비밀보호법 ★★

① 인터넷 개인방송은 전기통신에 해당(통비법 제2조 제3호 제7호, 제3조 제1항, 제4조)

② **[비공개 조치를 하지 않은 경우 ➔ 감청 ×]** 인터넷 개인방송의 방송자가 비공개조치를 취하지 않고 방송을 송출하는 경우, 시청자는 수신인에 해당하고, 시청자가 방송 내용의 지득 · 채록하는 것은 통비법상 '감청'에 해당하지 않는다. ➔ 비공개조치를 하지 않았으므로, 누구든지 시청하는 것을 포괄적으로 허용하는 의사에 해당함. (2022도9877)

③ **[비공개 조치를 한 경우 ➔ 감청 ○]** 인터넷 개인방송의 방송자가 비공개조치를 취한 후 방송을 송출하는 경우, 방송자로부터 허가를 받지 못한 제3자가 비공개조치가 된 인터넷 개인방송을 비정상적인 방법으로 시청 녹화하는 것은 '감청'에 해당한다. ➔ 비공개조치를 했으므로, 허가받은 자만 시청할 수 있음. (2022도9877)

④ **[비공개 조치를 했음에도 승낙 · 용인한 것으로 볼 수 있는 경우 ➔ 감청 ×]** 방송자가 허가받지 않은 제3자를 배제하지 않은 채 방송을 계속 진행하는 등 제3자의 시청 · 녹화를 사실상 승낙 · 용인한 것으로 볼 수 있는 경우, 제3자가 방송내용을 지득 · 채록한 것은 통신비밀보호법에서 정한 '감청'에 해당하지 않는다. ➔ 허가받지 않은 제3자를 배제하지 않았으므로, 제3자 역시 인터넷 개인방송의 당사자(시청자)에 포함될 수 있음. (2022도9877)

4. 사진(사본)의 증거능력

① 사본으로서의 사진의 증거능력 인정요건 (비진술증거로 사용된 경우)

ⅰ) 휴대전화기로 공포심이나 불안감을 유발하는 문자메세지를 반복하여 도달케 한 경우(정통망법 위반에 해당) 저장된 문자 정보 그 자체가 범행의 직접적인 수단으로서 증거(비진술증거에 해당)로 사용될 수 있다. (2013도7761)

ⅱ) 휴대전화기의 화면을 촬영한 사진을 증거로 사용하려면 문자정보가 저장된 휴대전화기를 법정에 제출할 수 없거나 그 제출이 곤란한 사정이 있고, 그 사진의 영상이 휴대전화기의 화면에 표시된 문자정보와 정확하게 같다는 사실이 증명되어야 한다. (2006도2556) [변시 13]

② 복사본의 원본과의 동일성 인정요건 [원 · 출 · 정]

ⅰ) **원**본이 존재하거나 존재하였을 것, ⅱ) 원본 제**출**이 불능 또는 곤란한 사정이 있을 것, ⅲ) 원본을 **정**확하게 전사하였을 것 (2000도5461)

5. 거짓말탐지기 검사 결과가 증거능력을 갖는 경우

진술의 신빙성을 가늠하는 정황증거로서의 기능에 그침. (87도968)

사례형 쟁점정리

CASE 쟁점 036 본래증거와 전문증거의 구별★★★

甲은 평소 좋아하던 A(여, 20세)로부터 A의 은밀한 신체 부위가 드러난 사진을 전송받은 사실이 있다. 甲은 A와 영상 통화를 하면서 A에게 시키는 대로 하지 않으면 기존에 전송받은 신체 사진을 유포하겠다고 A를 협박하여 이에 겁을 먹은 A로 하여금 가슴과 음부를 스스로 만지게 하였다. 피해자 A는 甲과 영상 통화할 당시 甲이 A에게 "시키는 대로 하지 않으면 기존에 전송받은 신체 사진을 유포하겠다."라고 말한 내용을 몰래 음성 녹음한 후 수사기관에 제출하였다. 공판정에서 甲이 범행을 부인하자 검사는 A가 제출한 위 녹음물을 증거로 제출하였는데, 甲의 변호인이 부동의하였다. 위 녹음물 중 甲이 말한 부분은 증거능력이 있는가? **【제10회 변호사시험 제1문】**

1. 논점

녹음물 중 甲이 말한 부분의 증거능력과 관련하여 ⅰ) 녹음물이 통신비밀보호법('이하 통비법'이라 한다)위반죄에 해당하는지, ⅱ) 녹음물 중 甲의 진술이 전문증거로서 전문법칙이 적용되는지 각 문제된다.

2. 녹음파일의 증거능력

(1) 통신비밀보호법을 위반여부와 절차보장의 적법성

사안에서 위 녹음물은 통화 당사자 중의 한 사람인 A가 통화를 녹음한 것이므로 감청에 해당하지 않고 따라서 A의 녹음행위는 통비법 제3조 제1항에 위배된다고 볼 수 없다.

(2) 전문증거에 해당하는지 여부 `Keyword` 내용인 사실 전문증거 / 존재자체 본래증거

타인의 진술을 내용으로 하는 진술이 전문증거인지는 요증사실과 관계에서 정하여지는데, **원진술의 내용인 사실이 요증사실**인 경우에는 **전문증거**이나, 원진술의 **존재 자체가 요증사실**인 경우에는 **본래증거**이지 전문증거가 아니다(대판(전) : 2018도2738).

사안에서 위 녹음파일의 대화 甲의 "시키는 대로 하지 않으면 기존에 전송받은 신체 사진을 유포하겠다."라는 말은 협박의 직접적인 수단으로서 진술의 존재 자체가 협박에 해당하므로(대판 : 2006도2556) 원진술의 존재 자체가 요증사실인 경우로서 본래증거에 해당하고 따라서 전문법칙이 적용되지 않는다.

3. 결론

녹음물 중 甲의 진술 부분은 증거능력이 인정된다.

丁과 戊는 수년간 극도로 사이가 좋지 않던 직장 동료 B를 교통사고로 위장하여 살해하기로 마음먹었다. 丁이 1t 트럭을 렌트한 다음 戊가 트럭을 운전하고 丁은 戊의 옆자리에 앉아 B가 퇴근하기를 기다렸다. 자정 무렵 B가 건물 밖으로 나오자 戊가 트럭 속도를 올려 도로를 건너는 B를 강하게 충격한 다음 그대로 도망쳤다. 丁과 戊는 사고 장소에서 3km 떨어진 곳으로 이동하여 주차하였는데, 丁은 후회와 함께 B에 대한 연민이 들어 그를 구호해 주자고 하였으나 戊는 동의하지 않고 그곳을 떠났다. 丁은 119에 전화를 걸어 B의 구조를 요청하였고, 丁의 신고를 받고 출동한 구조대에 의해 병원으로 이송된 B는 가까스로 목숨을 건질 수 있었다. 경찰관 P는 丁을 조사하였고, 丁은 범행을 자백하며 戊가 범행 당일 평택항을 통해 중국으로 출국할 계획이라고 진술하였다. 경찰은 당일 정오에 평택항에서 출국하려는 戊를 긴급체포하면서, 戊가 소지하고 있던 휴대전화를 영장 없이 압수하였다. 조사 과정에서 戊는 범행을 부인하면서 휴대전화 분석 절차에는 참여하지 않겠다고 하였다. 휴대전화 분석 결과 丁과 戊의 대화 녹음파일이 복구되었고, 대화 중 "트럭이 준비되었으니 자정이 되면 실행하자."라는 丁의 발언이 확인되었다. 위 녹음파일은 戊가 丁 몰래 녹음한 것이었다. 경찰은 적법한 절차에 따라 사후영장을 발부받았다. 戊에 대한 제1심 공판에서 戊가 범행을 부인하면서 녹음파일 중 丁의 진술 부분을 증거로 함에 부동의한 경우, 휴대전화 압수의 적법성 및 녹음파일의 증거능력을 논하시오.

【제13회 변호사시험 제1문】

[사안의 해결] 사안에서 경찰은 긴급체포 현장에서 戊가 소지하고 있던 휴대전화를 영장 없이 압수하였는데, 평택항이라는 장소의 특성상 정보저장매체 내에 있는 정보를 출력하거나 복제의 방식으로 압수하는 것이 불가능하므로 부득이한 사정이 인정되고 사후영장을 발부받았으므로 휴대전화 압수는 적법하다. 또한, 녹음파일의 내용은 살인미수와 관련성이 인정되고 녹음파일의 취득 과정에서도 戊에게 참여의 기회를 보장하였으나 戊가 참여하지 않겠다고 하였으므로 참여권 등의 절차보장도 이루어진 것으로 보인다.

따라서 녹음파일은 일응 증거능력이 인정될 것이나 戊가 丁과의 대화를 몰래 녹음하였으므로 통비법위반 여부와 丁의 진술이 전문증거로서 전문법칙의 예외요건을 갖추어야 증거능력이 인정될 수 있는지 문제된다.

丁과 戊 양자 간의 대화에 있어서 대화 참여자 중의 한 사람인 戊가 그 대화를 녹음하였으므로 丁과 戊의 대화는 그 녹음자인 戊에 대한 관계에서 '타인 간의 대화'라고 할 수 없으므로, 戊의 녹음행위는 통비법 제3조 제1항에 위배된다고 볼 수 없다.

한편, 타인의 진술을 내용으로 하는 진술이 전문증거인지는 요증사실과 관계에서 정하여지는데, 원진술의 내용인 사실이 요증사실인 경우에는 전문증거이나, 원진술의 존재 자체가 요증사실인 경우에는 본래증거이지 전문증거가 아니다(대판(전) : 2018도2738).

사안에서 위 녹음파일의 대화 중 "트럭이 준비되었으니 자정이 되면 실행하자."라는 丁의 말은 진술의 존재 자체가 살인의 실행과정에 해당하므로 원진술의 존재 자체가 요증사실인 경우로서 본래증거에 해당하고 따라서 전문법칙이 적용되지 않는다.

사경이 작성한 당해 피고인과 공범관계 있는 자에 대한 피의자신문조서의 증거능력 인정요건★★★

식품위생법위반죄의 피고인 甲에 대한 공판과정에서 '공범 관계에 있는 乙에 대한 사법경찰관 작성 피의자신문조서'에 대해서 乙은 증인으로 출석하여 그 성립의 진정을 인정하였으나, 甲은 그 내용을 부정하였다.
피의자신문조서의 증거능력이 인정되는가?

1. 논점

공범인 공동피고인에 대한 사법경찰관 작성 피의자신문조서를 피고인의 공소사실에 증거로 사용하는 경우, 형소법 제312조 제3항이 적용되는지 아니면 제312조 제4항이 적용되는지 여부가 문제된다.

2. 학설

ⓣ **제312조 제3항 적용설** – 공범인 공동피고인에 대한 사법경찰관 작성 피의자신문조서도 형소법 제312조 제3항에 규정된 '피의자신문조서'에 해당되므로 형소법 제312조 제3항이 적용된다는 견해이다. 이 학설은 다시 아래와 같이 세분화된다.

　ⅰ) **원진술자 내용인정설** – 원진술자인 공범인 공동피고인이 내용을 인정하여야 한다는 견해

　ⅱ) **피고인 내용인정설** – 당해 피고인이 내용을 인정하여야 한다는 견해

　ⅲ) **절충설** – 원진술자인 공범인 공동피고인이 내용을 인정하여야 하고, 당해 피고인에게 원진술자에 대한 반대신문의 기회가 보장되어야 한다는 견해

ⓛ **제312조 제4항 적용설** – 공범인 공동피고인에 대한 사법경찰관 작성 피의자신문조서는 형소법 제312조 제4항에 규정된 '피고인이 아닌 자'의 진술을 기재한 조서에 해당하므로 형사소송법 제312조 제4항이 적용된다는 견해이다.

3. 判例 [제312조 제3항 적용, 피고인의 내용인정 필요]

1) 형소법 제312조 제3항은 검사 이외의 수사기관이 작성한 당해 피고인에 대한 피의자신문조서를 유죄의 증거로 하는 경우뿐만 아니라 검사 이외의 수사기관이 작성한 당해 피고인과 공범관계에 있는 다른 피고인이나 피의자에 대한 피의자신문조서를 당해 피고인에 대한 유죄의 증거로 채택할 경우에도 적용된다. 2) 따라서 당해 피고인과 공범관계가 있는 다른 피의자에 대하여 검사 이외의 수사기관이 작성한 피의자신문조서는 그 피의자의 법정진술에 의하여 성립의 진정이 인정되는 등 형소법 제312조 제4항의 요건을 갖춘 경우라고 하더라도 당해 피고인이 공판기일에서 조서의 내용을 부인한 이상 이를 유죄 인정의 증거로 사용할 수 없다(대판 : 2014도1779).

4. 검토 및 결론 `Keyword` 제312조 제3항의 취지

사법경찰관 작성 피의자신문조서의 증거능력을 엄격히 제한하는 형소법 제312조 제3항의 취지에 비추어 보았을 때, 제312조 제3항 적용설 중 피고인내용인정설이 타당하다.

사안의 경우 비록 乙이 자신에 대한 사법경찰관 작성 피의자신문조서에 대하여 성립의 진정을 인정하였더라도 甲이 그 내용을 부정하였으므로 이 조서는 증거능력이 부정된다.

`CASE 쟁점 038` 사법경찰관 작성 공범에 대한 피의자신문조서와 형사소송법 제314조 적용여부★★★

1. 논점

공범에 대한 사법경찰관 작성 피의자신문조서에 대하여 형사소송법 제314조가 적용될 수 있는지 여부가 문제가 된다.

2. 학설

㉠ 형소법 제314조는 제312조 제3항에 규정된 서류를 배제하지 않고 있으므로 형사소송법 제314조가 적용된다는 **긍정설**과 ㉡ 사법경찰관 작성 공범에 대한 피의자신문조서도 제312조 제3항이 적용되기 때문에 제314조가 적용될 수 없다는 **부정설**의 견해 대립이 있다.

3. 判例 (부정)

당해 피고인과 공범 관계가 있는 다른 피의자에 대한 검사 이외의 수사기관 작성의 피의자신문조서는 그 피의자의 법정진술에 의하여 그 성립의 진정이 인정되더라도 당해 피고인이 공판기일에서 그 조서의 내용을 부인하면 증거능력이 부정되므로 그 당연한 결과로 그 피의자신문조서에 대하여는 사망 등 사유로 인하여 법정에서 진술할 수 없는 때에 예외적으로 증거능력을 인정하는 규정인 형사소송법 제314조가 적용되지 아니한다(대판 : 2009도6602).

4. 검토 및 결론 `Keyword` 제312조 제3항 입법취지

사법경찰관 작성 피의자신문조서의 증거능력을 제한하는 형사소송법 제312조 제3항의 입법취지에 비추어 보았을 때 부정설이 타당하다.

수사기관이 작성한 당해 피고인과 공범관계 있는 자에 대한 피의자
신문조서의 증거능력 인정요건***

丙과 丁은 합동에 의한 특수절도죄를 범하였는데, 수사 및 공판 단계에서 지속적으로
丙은 범죄를 인정하고 丁은 부인하는 경우, 丙과 丁이 함께 기소된 공판정에서 丙에
대한 사법경찰관 작성의 피의자신문조서와 검사 작성의 피의자신문조서를 丁의 유죄
를 인정하기 위한 증거로 사용할 수 있는가? **【제9회 변호사시험 제2문】**

1. 논점

사경과 검사가 작성한 丙에 대한 피의자신문조서의 법적성질 및 이들 피의자신문조서
에 대한 증거능력이 인정되기 위한 요건은 어떠한지가 문제된다.

2. 丙에 대한 피의자신문조서의 법적성질

사안에서 丙에 대한 피의자신문조서는 '공판기일에서의 진술에 대신하여 진술을 기재
한 서류'로서 전문증거에 해당한다. 따라서 피고인이 증거로 사용할 수 있음에 동의한
경우가 아니라면 제311조 내지 316조에 규정한 것 이외에는 증거능력이 인정되지 않는
다(제310조의2).

사안에서 수사 및 공판 단계에서 지속적으로 丁은 범죄를 부인하고 있으므로 공범인
丙에 대한 피의자신문조서에 대하여 증거동의를 한 것으로 볼 수 없다. 따라서 제318
조에 의하여 증거능력을 인정할 수는 없다.

3. 사경이 작성한 공범에 대한 피의자신문조서의 증거능력 인정요건

사경이 작성한 공범에 대한 피의자신문조서는 사경이 '피고인이 아닌 자'의 진술을 기
재한 조서에 해당하므로 제312조 제4항이 적용된다는 견해가 있다. 그러나 제312조 제
3항은 제312조 제1항과 달리 피고인이 된 피의자의 진술을 기재한 조서로 제한하여 규
정하지 아니하고, 사경이 작성한 피의자신문조서라고 규정하고 있으므로 사경이 작성
한 공범에 대한 피의자신문조서도 제312조 제3항이 적용된다고 보는 것이 타당하다.
다만 제312조 제3항이 적용된다고 보는 입장에서도 내용의 인정 주체가 원진술자인 공
범자라고 보는 견해가 있으나, 공범에 대한 피의자신문조서는 당해 피고인에 대한 피
의자신문조서의 내용과 다름없다는 점과 공범의 책임전가 경향을 고려하면 당해 피고
인이 내용의 인정 주체가 된다고 보는 것이 타당하다.

判例도 사경이 작성한 당해 피고인의 공범에 대한 피의자신문조서는 제312조 제3항이
적용되며 내용의 인정 주체는 당해 피고인이라고 판시한 바 있다(대판 : 2014도1779).

사안의 경우 사경이 작성한 공범 丙에 대한 피의자신문조서에 대하여 당해 피고인인
丁이 범죄를 부인하고 있는바 이는 조서의 내용을 부인하는 것이므로[9] 위 피의자신문
조서는 제312조 제3항에 의하여 요건을 구비하지 못하였으므로 증거능력이 없다.

---

9) 사안에서 증거능력을 부정할 수 있는 이유로서 분명한 경우이므로 이 부분을 검토한 후 나머지 요
건의 검토를 생략한 것이다.

4. 검사가 작성한 공범에 대한 피의자신문조서의 증거능력 인정요건 ***

검사가 작성한 공범에 대한 피의자신문조서는 검사가 '피고인이 아닌 자'의 진술을 기재한 조서에 해당하므로 제312조 제4항이 적용된다는 견해가 있다. 그러나 제312조 제1항은 '검사가 작성한 피의자신문조서'라고 규정하고 있으므로 검사가 작성한 공범에 대한 피의자신문조서도 제312조 제1항이 적용된다고 보는 것이 타당하다.

다만 제312조 제1항이 적용된다고 보는 입장에서도 내용의 인정 주체가 원진술자인 공범자라고 보는 견해가 있으나, 공범에 대한 피의자신문조서는 당해 피고인에 대한 피의자신문조서의 내용과 다름없다는 점과 공범의 책임전가 경향을 고려하면 당해 피고인이 내용의 인정 주체가 된다고 보는 것이 타당하다.

判例도 피고인이 자신과 공범관계에 있는 다른 피고인이나 피의자에 대하여 검사가 작성한 피의자신문조서의 내용을 부인하는 경우에는 형사소송법 제312조 제1항에 따라 유죄의 증거로 쓸 수 없다고 하여 당해 피고인이 내용의 인정 주체가 된다고 판시한 바 있다(대판 : 2023도3741).

사안의 경우 검사 작성의 공범자인 丙에 대한 피의자신문조서에 대하여 당해 피고인인 丁이 범죄를 부인하고 있는바 피의자신문조서는 증거능력이 없다.

5. 결론

丙에 대한 사경 작성의 피의자신문조서 및 검사 작성의 피의자신문조서는 丁의 유죄를 인정하기 위한 증거로 사용할 수 없다.

참고판례 *** [1] 2020. 2. 4. 법률 제16924호로 개정되어 2022. 1. 1.부터 시행된 형사소송법 제312조 제1항은 검사가 작성한 피의자신문조서의 증거능력에 대하여 '적법한 절차와 방식에 따라 작성된 것으로서 공판준비, 공판기일에 그 피의자였던 피고인 또는 변호인이 그 내용을 인정할 때에 한정하여 증거로 할 수 있다'고 규정하였다. 여기서 '그 내용을 인정할 때'라 함은 피의자신문조서의 기재 내용이 진술 내용대로 기재되어 있다는 의미가 아니고 그와 같이 진술한 내용이 실제 사실과 부합한다는 것을 의미한다(대판 : 2023.4.27. 2023도2102).

[2] 형사소송법 제312조 제1항에서 정한 '검사가 작성한 피의자신문조서'란 당해 피고인에 대한 피의자신문조서만이 아니라 당해 피고인과 공범관계에 있는 다른 피고인이나 피의자에 대하여 검사가 작성한 피의자신문조서도 포함되고, 여기서 말하는 '공범'에는 형법 총칙의 공범 이외에도 서로 대향된 행위의 존재를 필요로 할 뿐 각자의 구성요건을 실현하고 별도의 형벌 규정에 따라 처벌되는 강학상 필요적 공범 또는 대향범까지 포함한다. 따라서 피고인이 자신과 공범관계에 있는 다른 피고인이나 피의자에 대하여 검사가 작성한 피의자신문조서의 내용을 부인하는 경우에는 형사소송법 제312조 제1항에 따라 유죄의 증거로 쓸 수 없다(대판 : 2023.6.1. 2023도3741).

피고인 甲은 "피고인은 1997. 8. 일자불상경 A(女, 30개월)의 하의를 벗기고 성기를 A의 음부 등에 비벼대는 등 강제로 추행하였다"는 공소사실로 기소되었다.

공판과정에서 다음과 같은 증거가 제출되었을 때, 각 증거는 어떠한 요건하에 증거능력이 인정되는가? (다만, B는 A의 어머니, C는 A의 아버지이고 D는 성폭력상담소 직원이다.)

㉮ "A로부터 甲이 자기를 추행하였다는 것을 들었다"는 취지의 어머니 B의 증언

㉯ "A로부터 甲이 자기를 추행하였다는 것을 들었다"는 취지의 검찰에서의 어머니 B에 대한 진술조서

㉰ "B가 A로부터 들었다는 추행사실을 내가 다시 전해 들어서 알게 되었다"는 취지의 아버지 C의 증언

㉱ "B가 A로부터 들었다는 추행사실을 내가 다시 전해 들어서 알게 되었다"는 취지의 검찰에서의 인천 성폭력상담소 상담원 D에 대한 진술조서

1. 논점

형소법 제316조에는 단순한 전문진술(설문상 ㉮)에 대해서만 규정하고 있을 뿐 재전문증거 즉 전문진술이 기재된 서류(설문상 ㉯), 재전문진술(설문상 ㉰), 재전문진술이 기재된 서류(설문상 ㉱)에 대해서는 명문의 규정이 없다. 이에 대하여 그 증거능력 인정여부에 관하여 견해가 대립한다.

2. 학설(재전문증거의 증거능력 인정여부)

㉠ 재전문증거는 이중의 예외이고 형사소송법에 **명문의 규정도 없으므로** 증거능력을 인정할 수 없다는 **부정설**과 ㉡ 재전문증거라도 **각각에 대하여 전문법칙의 예외 요건을 충족**한다면 증거능력이 인정된다는 **긍정설**의 견해 대립이 있다.

3. 判例

판례는 전문진술이 기재된 서류에 대해서는 일정한 요건을 구비하면 증거능력을 인정할 수 있다고 보나, 재전문진술이나 재전문진술이 기재된 서류에 대해서는 증거능력을 인정할 수 없다는 입장이다.

(1) 전문진술이 기재된 전문서류

① <u>피고인의 진술을 그 내용으로 하는 전문진술이 기재된 조서는 형소법 제312조 내지 314조의 규정</u>에 의하여 그 증거능력이 인정될 수 있는 경우에 해당하여야 함은 물론, 나아가 형소법 제316조 제1항의 규정에 따른 조건을 갖춘 때에 예외적으로 증거능력을 인정하여야 할 것이다(대판 : 2010도5948).

② 피고인 아닌 자의 진술을 그 내용으로 하는 전문진술이 기재된 조서는 형사소송법 제312조 또는 제314조의 규정에 따라 증거능력이 인정될 수 있는 경우에 해당하여야 함은 물론 형사소송법 제316조 제2항의 규정에 따른 요건을 갖추어야 예외적으로 증거능력이 있다(대판 : 2008도7546).

(2) 재전문진술이나 재전문진술이 기재된 전문서류

형사소송법은 전문진술에 대하여 제316조에서 실질상 단순한 전문의 형태를 취하는 경우에 한하여 예외적으로 그 증거능력을 인정하는 규정을 두고 있을 뿐 재전문진술이나 재전문진술을 기재한 조서에 대하여는 달리 그 증거능력을 인정하는 규정을 두고 있지 아니하고 있으므로 피고인이 증거로 하는 데 동의하지 아니하는 한 이를 증거로 할 수 없다(대판 : 2010도5948).

4. 검토 및 결론

㉮ 형소법 제316조 제2항의 요건(필요성과 특신상태)이 구비되면 증거능력이 인정된다.
㉯ 형소법 제316조 제2항의 요건(필요성과 특신상태)과 제312조 제4항의 요건(적법절차와 방식, 성립의 진정, 특신상태, 원진술자 신문가능성)을 구비하면 증거능력이 인정된다.
㉰, ㉱ 피고인 甲이 증거로 함에 동의하지 않는 한 증거능력이 부정된다.

실전연습 014　**전문진술과 전문기술기재서류**

X회사의 개발팀장으로 근무하는 甲은 2022. 4. 1. 위 회사가 입주한 Y상가 관리소장 A와 방문객 주차 문제로 언쟁을 벌인 후, A를 비방할 목적으로 상가 입주자 약 200여 명이 회원으로 가입된 Y상가 번영회 인터넷 카페 사이트 게시판에 'A에게 혼외자가 있다'는 허위사실을 게시하였다. 甲은 이 글의 신빙성을 높이기 위해 관리사무소 직원 B에게 부탁하여 'A가 혼외자와 함께 있는 것을 보았다'는 허위 내용이 기재된 B 명의의 사실확인서를 받아 위 게시물에 첨부하였다.

1. 甲의 재판에서 다음 증거의 증거능력을 검토하시오.

가. 재판에서 검사는 甲이 허위 사실확인서를 이용하여 A에 대한 허위사실을 게시한 점을 입증하기 위한 증인으로 甲의 친구 W를 신청하였고, 공판기일에 출석한 W는 적법하게 선서한 후 "B에게 허위의 사실확인서 작성을 부탁하여 허위 내용 게시에 사용하였다'는 말을 甲으로부터 들었다"고 증언하였다. 위 W의 증언의 증거능력을 검토하시오. (10점)

■ **중요쟁점**

> 1. 피고인의 진술을 그 내용으로 하는 전문진술
> 2. 피고인 아닌 타인의 진술을 그 내용으로 하는 전문진술기재서류

[설문 1의 해설]

I. 설문 가.에 대하여

1. 논점

전문증거가 증거능력이 인정되기 위한 요건은 어떠한지가 문제된다.

2. 전문진술의 증거능력 인정여부

W의 법정 진술은 '공판기일 외에서의 타인의 진술을 내용으로 하는 진술'로서 전문증거에 해당하므로 형소법 제311조 내지 316조에 규정한 것 이외에는 증거능력이 인정되지 않는다(제310조의2).

형소법 제316조 제1항에 의하면 "피고인이 아닌 자의 공판기일에서의 진술이 피고인의 진술을 그 내용으로 하는 것인 때에는 그 진술이 특히 신빙할 수 있는 상태하에서 행하여졌음이 증명된 때에 한하여 이를 증거로 할 수 있다."

여기의 '진술이 특히 신빙할 수 있는 상태 하에서 행하여졌음이 증명된 때'라 함은 진술에 허위 개입의 여지가 거의 없고 그 진술내용의 **신빙성이나 임의성을 담보할 구체적이고 외부적인 정황**이 증명된 때를 의미한다(대판 : 2016도8137).

W의 법정진술은 甲의 친구 W의 진술로서 허위 개입의 여지가 거의 없고 신빙성이나 임의성을 담보할 구체적이고 외부적인 정황이 인정된다. 다만 이에 대한 입증책임은 검사에게 있다(대판 : 2000도1743).

3. 결론

검사가 甲의 진술이 '특히 신빙할 수 있는 상태'에서 행하여졌음을 증명하면 A의 법정진술은 증거로 사용될 수 있다.

Ⅱ. 설문 나.에 대하여

1. 논점의 정리

사안에서 E에 대한 참고인진술조서는 공범인 B의 진술을 전문한 B의 진술이 기재되어 있는 전문진술기재서류인바 이에 대하여도 전문법칙의 예외규정을 적용하여 증거능력을 인정할 수 있는지 문제된다.

2. 전문진술기재서류도 전문법칙의 예외규정이 적용될 수 있는지 여부

전문진술기재서류는 이중의 전문증거이므로 단순한 전문증거보다 **오류의 개입가능성**이 높고, 형사소송법에 그 증거능력을 인정하는 **명문의 규정도 없으므로** 증거능력을 인정할 수 없다는 견해가 있다.

그러나 전문진술기재서류도 **전문서류와 전문진술의 결합**으로 이루어져 있으므로 각 부분에 대하여 전문법칙의 **예외규정의 요건이 충족**된다면 증거능력을 인정할 수 있다고 보는 것이 타당하다.

따라서 사안의 전문진술이 기재된 참고인진술조서는 전문서류로서 **제312조 제4항의 요건**과 전문진술로서 **제316조 제1항 또는 제2항의 요건**을 동시에 갖추면 증거능력을 인정할 수 있다고 보아야 한다(대판 : 2011도7573).

3. E에 대한 참고인진술조서의 증거능력 인정요건

위 참고인진술조서의 증거능력을 인정하기 위해서는 첫째로, 제312조 제4항의 요건 즉 ① 그 조서가 적법한 절차와 방식에 따라 작성된 것으로서 ② 원진술자인 E의 진술 또는 영상녹화물 그 밖의 객관적 방법에 의하여 실질적 진정성립이 증명되어야 하고, ③ 피고인 甲이 E를 신문할 수 있었어야 하고, ④ 조서에 기재된 진술이 특히 신빙할 수 있는 상태하에서 행하여졌음이 증명되어야 한다. 둘째로, 제316조 제1항의 요건 또는 제316조 제2항의 요건, 즉 ① 피고인 아닌 타인의 진술을 그 내용으로 하는 전문진술일 것과 ② 원진술자가 사망, 질병, 외국거주, 소재불명 그 밖에 이에 준하는 사유로 인하여 진술할 수 없고(**필요성 요건**), ③ 그 진술이 특히 신빙할 수 있는 상태하에서 행하여졌음이 증명되어야 한다.

사안의 경우 E의 전문진술이 제316조 제2항이 적용될 수 있는지와 관련하여 ①과 ②의 요건이 문제된다.

(1) 공범이 원진술자인 경우 그 전문진술에 적용될 전문법칙의 예외규정

위 경우 전문진술은 원진술자인 공범인 공동피고인뿐만 아니라 다른 공동피고인(당해피고인)에게도 자연적인 관련성이 인정되므로 공범인 공동피고인은 제316조 제1항의 원진술자인 '피고인'에 해당된다고 보아 제316조 제1항이 적용된다는 견해가 있다. 그러나 **전문법칙의 예외는 엄격히 해석해야 하므로**[10] 공범인 공동피고인은 제316조 제2항의 원진술자인 '피고인 아닌 타인'에 해당된다고 보아 제316조 제2항이 적용된다고 보는 것이 타당하다.

---

10) 제316조 제1항은 '특신상태만'을 요건으로 하지만 제2항은 '필요성'과 특신상태를 요구하고 있다.

判例도 형사소송법 제316조 제2항의 원진술자인 '피고인 아닌 자'라고 함은 제3자는 말할 것도 없고 공동피고인이나 공범자를 모두 포함한다(대판 : 2011도7173)고 판시한 바 있다.

사안의 경우 E의 진술은 공범자인 B의 진술을 내용으로 하므로 피고인 아닌 타인의 진술을 그 내용으로 하는 경우에 해당한다.

(2) 필요성 요건

위에서 살펴본 바와 같이 사안의 경우 제316조 제2항에 따라 필요성 요건을 충족해야 하는바 원진술자인 공범 B가 간암 말기 판정을 받고 중환자실에 입원하고 있으므로 진술불능요건은 갖춘 것으로 보인다.

4. 결론

E의 참고인진술조서는 피고인 아닌 타인의 진술을 그 내용으로 하는 전문진술기재서류로서 필요성의 요건을 충족하였으므로 제312조 제4항의 요건과 특신상태가 충족된다면 증거능력이 인정된다.

04 증거동의

선택형 핵심지문

1. 의의

검사와 피고인이 증거로 할 수 있음을 동의한 서류 또는 물건은 진정한 것으로 인정한 때[11]에는 증거로 할 수 있다(제318조 제1항). [변시 12·13]

2. 증거동의의 주체와 대상

① 법원이 직권으로 증거조사를 할 때에는 양 당사자의 동의가 필요하나 당해 서류를 제출한 당사자는 그것을 증거로 함에 동의하고 있음은 명백한 것이므로 상대방의 동의만 얻으면 충분하다.

② 피고인이나 변호인이 무죄에 관한 자료로 제출한 서증 가운데 도리어 유죄임을 뒷받침하는 내용이 있다 하여도, 법원은 상대방(검사)의 원용(동의)이 없는 한 그 서류의 진정성립 여부 등을 조사하고 아울러 그 서류에 대한 피고인이나 변호인의 의견과 변명의 기회를 준 다음이 아니면 그 서증을 유죄 인정의 증거로 쓸 수 없다. → 제출 당사자인 피고인 측의 증거동의는 不要 (87도966)

---

11) 진술서에 피고인의 서명과 무인이 있는 경우 진정성이 인정된다.

③ 변호인은 피고인의 명시적인 위임이 없더라도 피고인의 명시한 의사에 반하지 아니하는 한 피고인을 대리하여 증거로 함에 동의할 수 있다. 따라서 피고인이 출석한 공판기일에서 증거로 함에 부동의한다는 의견이 진술된 경우에는 그 후 피고인이 출석하지 아니한 공판기일에 변호인만이 출석하여 종전 의견을 번복하여 증거로 함에 동의하였다 하더라도 이는 특별한 사정이 없는 한 효력이 없다. (2013도3) [변시 18 · 21 · 23 · 24]

④ 비진술증거인 사진(예 피해자의 상해부위를 촬영한 사진)도 증거동의의 대상이 된다. (2007도3906) [변시 17]

3. 증거동의의 방식

① 피고인이 증인의 전문진술에 대하여 "별 의견이 없다"고 진술하였다면 증거동의가 인정 (83도516)

② **[포괄적 증거동의도 可]** "검사가 제시한 모든 증거에 대하여 증거로 함에 동의한다"는 방식에 의한 증거동의도 가능하다. (82도2873) [변시 20 · 23]

③ 고발장에 대한 증거 부동의 의견을 밝히고 수사보고서에 대한 증거동의가 있었던 경우 수사보고서에 첨부된 고발장에 증거동의의 효력이 미치지 않는다. (2011도3809) [변시 16]

4. 증거동의의 의제

① 피고인의 출정 없이 증거조사를 할 수 있는 경우에는 피고인이 출정하지 아니한 때에는 증거동의가 있는 것으로 간주한다. 다만, 대리인 또는 변호인이 출정한 때에는 예외로 한다(제318조 제2항). [변시 16 · 23]

② 약식명령에 불복하여 정식재판을 청구한 피고인이 정식재판절차에서 2회 불출정하여 법원이 피고인의 출정 없이 증거조사를 하는 경우, 피고인의 증거동의가 간주된다. (2007도5776) [변시 12]

5. 증거동의의 효과

① 진정성이 인정되어 증거동의가 유효한 경우
[전문법칙 적용 안됨] 사법경찰관 작성 피의자신문조서의 경우 피고인이 내용을 부인해도 증거능력 인정

② 1심에서 증거동의 한 경우 2심에서 증거 부동의 하거나 범행을 부인한 경우의 효력
이미 적법하게 부여된 증거능력은 상실되지 않음. (2004도4428) [변시 13 · 19]

6. 증거동의의 취소와 철회

① 증거동의의 취소 또는 철회 허용시기
[증거조사 완료 전까지] 일단 증거조사가 완료된 뒤에는 취소 또는 철회가 인정되지 아니하므로 취소 또는 철회 이전에 이미 취득한 증거능력은 상실되지 않는다. → 증거조사가 완료된 뒤에는 제1심에서 한 증거동의를 제2심에서 철회할 수 없다. (99도2029) [변시 12 · 17 · 23 · 24]

② 피고인이 증거동의의 효과를 잘 모르고 동의하였으나 공판정에 재정한 변호인이 어떠한 조치를 취하지 않은 경우, 증거동의는 유효하다. (83도1019) [변시 18]

05 증명력의 판단

선택형 핵심지문

I. 자유심증주의

1. 자유심증주의의 내용

① **[검찰 자백 vs 법정진술 / 1심 자백 vs 2심 법정진술]** 피고인의 진술이 서로 상이한 경우, 어느 진술을 취신하여도 위법한 것은 아님. ➔ 자유심증주의 (2018도2624)

② **[증인의 진술이 번복되는 경우 증명력]** 반드시 법정 증언이 수사기관에서의 진술보다 우선 ×, 법관의 자유판단 ○

③ **[피해자 증언의 증명력 ➔ 법관의 자유판단]** 피해자의 증언이나 진술이 공소사실에 부합하는 유일한 직접증거라 하더라도 그 증거가 합리적이고 이치에 맞는 내용이라면 이를 유죄의 증거로 사용 可 (85도2769)

④ 검사 작성 조서 기재의 증명력을 사법경찰관 작성 조서의 기재에 비추어 배척한 것이 채증법칙위반이라 할 수 없음. (82도2494)

⑤ 피해자의 사체가 멸실된 경우라 하더라도 간접증거를 상호 관련하에서 종합적으로 고찰하여 살인죄의 공소사실을 인정할 수 있다. (2012도2658) [변시 19]

⑥ **[상해 진단서는 유력한 증거]** 상해 사건의 경우 상처를 진단한 의사의 진술이나 진단서는 폭행, 상해 등의 사실 자체에 대한 직접적인 증거가 되는 것은 아님. 다만 특별한 사정이 없는 한 상해 진단서는 피해자의 진술과 더불어 피고인의 상해 사실에 대한 유력한 증거가 되고, 합리적인 근거 없이 그 증명력을 함부로 배척할 수 없음. (2010도12728)

⑦ **[혈액검사 〉 호흡측정기]** 혈액검사에 의한 음주측정치가 호흡측정기에 의한 음주측정치보다 측정 당시의 혈중알콜농도에 더 근접한 음주측정치라고 보는 것이 경험칙에 부합한다. (2003도6905) [변시 17]

⑧ 항소심은 제1심이 들고 있는 의심과 일부 어긋날 수 있는 사실의 개연성이 드러남으로써 제1심의 판단에 의문이 생긴다고 하더라도, 제1심이 일으킨 이러한 합리적인 의심을 충분히 해소할 수 있을 정도에까지 이르지 아니한다면, 제1심의 판단에 사실오인의 위법이 있다고 단정하여 공소사실을 유죄로 인정하여서는 아니 된다. (2015도11428) [변시 17]

⑨ 당해 형사재판에서 제출된 다른 증거 내용에 비추어 관련 형사사건의 확정판결에서의 사실 판단을 그대로 채택하기 어렵다고 인정될 경우에는 이를 배척할 수 있다. (2011도15653) [변시 17]

⑩ 피고인의 친딸로 가족관계에 있던 피해자가 '마땅히 그러한 반응을 보여야만 하는 피해자'로 보이지 않는다는 이유만으로 피해자 진술의 신빙성을 함부로 배척할 수 없다. 그리고 친족관계에 의한 성범죄를 당하였다는 피해자의 진술은 피고인에 대한 이중적인 감정, 가족들의 계속되는 회유와 압박 등으로 인하여 번복되거나 불분명해질 수 있는 특수성이 있다는 점을 고려해야 한다. (2020도6965)

⑪ 피해자가 피고인으로부터 강간을 당한 후, 다음 날 혼자서 다시 피고인의 집을 찾아간 것이 일반적인 평균인의 경험칙이나 통념에 비추어 범죄 피해자로서는 취하지 않았을 특이하고 이례적인 행태로 보인다고 하더라도, 그로 인하여 곧바로 피해자의 진술에 신빙성이 없다고 단정할 수는 없다. (2020도8016)

⑫ '성추행 피해자가 추행 즉시 행위자에게 항의하지 않은 사정'이나 '피해 신고 시 성폭력이 아닌 다른 피해 사실을 먼저 진술한 사정'만으로 곧바로 피해자 진술의 신빙성을 부정할 것이 아니고, 가해자와의 관계와 피해자의 구체적 상황을 모두 살펴 판단하여야 한다. (2020도7869)

⑬ [구미 여아사건] 유전자 검사나 혈액형검사 등 과학적 증거방법은 전제로 하는 사실이 모두 진실임이 증명되고 추론의 방법이 과학적으로 정당하여 오류의 가능성이 없거나 무시할 정도로 극소하다고 인정되는 경우에는 법관이 사실인정을 할 때 상당한 정도로 구속력을 가진다. 그러나 이 경우 법관은 과학적 증거방법이 증명하는 대상이 무엇인지, 즉 증거방법과 쟁점이 어떠한 관련성을 갖는지를 면밀히 살펴 신중하게 사실인정을 하여야 한다. (2022도2236)

⑭ [양심적 병역거부에서 정당한 사유가 없다는 사실] 병역법 제88조 제1항의 정당한 사유가 없다는 사실은 범죄구성요건이므로 검사가 증명하여야 한다. 이 경우 검사는 검사는 제시된 자료의 신빙성을 탄핵하는 방법으로 진정한 양심의 부존재를 증명할 수 있다. ➔ 병역거부자가 제시한 소명자료는 적어도 검사가 그에 기초하여 정당한 사유가 없다는 것을 증명하는 것이 가능할 정도로 구체성을 갖추어야 한다. (2016도10912) [변시 23]

2. 범인식별 절차의 방식

① [한 사람만을 보여준 경우] 범인식별 절차에서 수사기관이 피해자에게 피고인 한 사람만을 보여주어 피해자로부터 범인이 맞다는 진술을 받고, 다시 피고인을 포함한 3명을 동시에 피해자에게 대면시켜 피고인이 범인이라는 확인을 받은 경우 신빙성이 낮다. (2007도5201)

② [예외적인 경우 ➔ 범죄 발생 직후의 일대일 대면] 범죄 발생 직후 목격자의 기억이 생생하게 살아있는 상황에서 현장이나 그 부근에서 범인식별 절차를 실시하는 경우에는, 목격자에 의한 생생하고 정확한 식별의 가능성이 열려 있고 범죄의 신속한 해결을 위한 즉각적인 대면의 필요성도 인정할 수 있으므로, 용의자와 목격자의 일대일 대면도 허용된다. (2008도12111)

Ⅱ. 탄핵증거

1. 탄핵증거의 자격

① 탄핵증거는 범죄사실을 인정하는 증거가 아니라 진술의 증명력을 다투기 위한 것이므로 증거능력 없는 전문증거도 탄핵증거로 할 수 있다(제318조의2 제1항). **예** 사경 작성의 피고인에 대한 피의자신문조서는 피고인이 각 그 내용을 부인하는 이상 증거능력이 없으나, 피고인의 법정에서의 진술을 탄핵하기 위한 반대증거로 사용할 수 있다. (97도1770; 2005도2617) [변시 17 · 18 · 21]

② 임의성 없는 자백, 위법수집증거는 탄핵증거로 사용할 수 없다.

③ 영상녹화물은 탄핵증거로 사용할 수 없다. (2012도5041) [변시 18]

> **관련판례** **영상녹화물과 증거능력**
>
> ① 수사기관이 참고인을 조사하는 과정에서 작성한 영상녹화물을 공소사실을 입증하는 본증으로 사용할 수 없다. → 형소법은 영상녹화물의 용도를 참고인에 대한 진술조서의 실질적 진정성립을 증명하거나 참고인의 기억을 환기시키기 위한 것으로 한정하고 있기 때문 (2012도5041)
>
> ② 피고인이 한 성폭법 위반의 공소사실에 대하여 원심은 피해자의 진술과 조사과정을 촬영한 영상물과 속기록을 증거로 삼아 유죄를 인정하였는데, 피고인은 영상물과 속기록을 증거로 함에 동의하지 않고 조사과정에 동석하였던 신뢰관계인에 대한 증인신문이 이루어졌을 뿐, 원진술자인 피해자에 대한 증인신문은 이루어지지 않은 경우라면 영상물과 속기록의 증거능력은 부정된다.
> → 원진술자인 피해자 보호의 핵심적 권리인 반대신문권이 원천적으로 봉쇄되는 결과가 초래됨. (2021도14530; 2021전도143)[12][13]

2. 탄핵증거를 범죄사실 또는 간접사실을 인정하기 위한 증거로 사용할 수 있는지

[사실인정자료로 사용 不可] 탄핵증거는 진술의 증명력을 감쇄하기 위하여 인정된다. (2011도5459) [변시 17]

> **관련판례** 검사가 탄핵증거로 신청한 체포 · 구속인접견부 사본은 피고인의 부인진술을 탄핵한다는 것이므로, 결국 검사에게 입증책임이 있는 공소사실 자체를 입증하기 위한 것에 불과하므로 피고인의 진술의 증명력을 다투기 위한 탄핵증거로 볼 수 없다. (2011도5459)

---

12) 헌법재판소는 2021. 12. 23. 성폭력처벌법 제30조 제6항 중 19세 미만 성폭력범죄 피해자의 진술을 촬영한 영상물의 증거능력을 규정한 부분(이하 '위헌 법률 조항'이라 한다)에 대해 과잉금지원칙 위반 등을 이유로 위헌결정을 하였는데, 위 위헌결정의 효력은 결정 당시 법원에 계속 중이던 사건에도 미치므로 위헌 법률 조항은 위 영상물과 속기록의 증거능력을 인정하는 근거가 될 수 없음.

13) 부록의 '02 개정 성폭력범죄의 처벌 등에 관한 특례법 정리'를 참고할 것.

3. 피고인의 법정 진술이 탄핵의 대상이 되는지 여부

증인의 증언은 물론 피고인의 법정 진술도 탄핵의 대상이 된다.

4. 탄핵증거의 증거조사 방법

① **[입증취지의 고지]** 증명력을 다투고자 하는 탄핵증거의 어느 부분에 의하여 진술의 어느 부분을 다투려고 한다는 것을 사전에 상대방에게 알려야 한다. (2005도2617) [변시 18]

> **비교판례** 피고인이 내용을 부인하여 증거능력이 없는 사법경찰리 작성의 피의 자신문조서에 대하여 비록, 당초 증거제출 당시 탄핵증거라는 입증취지를 명시하지 아니하였지만, 피고인의 법정 진술에 대한 탄핵증거로서의 증거조사 절차가 대부분 이루어졌다고 볼 수 있다면 위 피의자신문조서를 피고인의 법정 진술에 대한 탄핵증거로 사용할 수 있다. (2005도2617) [변시 18 · 23]

② **[탄핵증거도 증거조사는 要]** 탄핵증거는 범죄사실을 인정하는 증거가 아니므로 엄격한 증거조사를 거쳐야 할 필요가 없으나, 법정에서 이에 대한 탄핵증거로서의 증거조사는 필요하다. (97도1770) [변시 17]

사례형 쟁점정리

CASE 쟁점 040   탄핵증거의 허용범위

1. 논점

탄핵증거로 할 수 있는 증거의 범위에 대하여 견해가 대립한다.

2. 학설

㉠ 탄핵증거로 할 수 있는 증거는 진술자의 자기모순의 진술 즉 공판정 진술과 상이한 공판정외의 진술이나 진술을 기재한 서류에 한정된다는 **한정설** ㉡ 반드시 자기모순 진술에 한정되지 않고 진술의 증명력을 다투기 위한 것이라면 제한없이 사용할 수 있다는 **비한정설** ㉢ 자기모순 진술외에도 증인의 신빙성에 관한 보조사실(예 증인의 기억력, 지식, 환경, 피고인과의 관계 등) 등도 사용할 수 있다는 **절충설** ㉣ 검사는 자기모순의 진술만은, 피고인은 제한없이 모든 전문증거를 제출할 수 있다는 **이원설**이 있다.

3. 검토 및 결론

증거능력 없는 전문증거에 의한 법관의 심증형성을 제한해야 하므로 탄핵증거로 할 수 있는 증거는 진술자의 자기모순의 진술에 한정된다고 보는 것이 타당하다. ➔ 위 ㉢의 예가 사례에 출제될 경우 위 자설(한정설)에 따라 탄핵증거로 사용할 수 없다고 결론을 내리면 된다.

III. 자백의 보강법칙

1. 자백의 보강법칙이 적용되는 절차의 범위

① [적용되는 경우 → 약·간·통] 형소법이 적용되는 통상의 공판절차, 간이공판절차, 약식명령절차 [변시 13]

② [적용되지 않는 경우] 즉결심판에 관한 절차법이 적용되는 즉결심판, 소년법의 적용을 받는 소년보호사건 [변시 13]

2. 보강이 필요한 자백의 범위

① 자백 당시 피고인의 지위 불문, 자백의 상대방과 방법 불문, 공판정의 자백도 포함

② [공범자의 자백은 보강증거가 不要] 보강증거가 필요한 '피고인의 자백'에는 공범인 공동피고인의 진술이 포함되지 아니하므로, 공범인 공동피고인의 진술은 다른 공동피고인에 대한 범죄사실을 인정하는 데 있어서 증거로 쓸 수 있고, 그에 대한 보강증거 여부는 법관의 자유심증에 맡긴다. → 따라서, 甲 乙이 모두 자백하고 있는 경우, 서로의 자백을 보강증거로 하여 유죄판결 선고 可 (90도1939) [변시 14·17·19·21·22·24]

3. 보강증거의 자격

① 증거능력 있는 증거일 것
자백배제법칙이나 위법수집증거배제법칙, 전문법칙에 의하여 증거능력이 없는 증거는 보강증거가 될 수 없다. [변시 19]

② 피고인의 자백과 독립한 별개의 증거일 것

ⅰ) [피고인의 다른 자백] 피고인의 공판정에서의 자백을 공판정 외의 자백, 즉 수사기관에서의 자백에 의하여 보강하는 것은 허용되지 않는다. (2007도1419)

ⅱ) [피고인의 자백을 그 내용으로 하는 제3자의 진술] 피고인이 범행을 자인하는 것을 들었다는 피고인 아닌 자의 진술 내용은 형소법 제310조의 피고인의 자백에는 포함되지 아니하나 이는 피고인의 자백의 보강증거로 될 수 없다. (2007도10937) [변시 13·17·22·23]

> **기출지문** "乙에게 200만 원을 뇌물로 주었다."라는 甲의 진술이 유일한 증거인 경우, "甲으로부터 그런 얘기를 들었다."라는 A의 법정증언을 보강증거로 하여 甲의 뇌물공여를 유죄로 인정할 수 있다. [변시 17]　　　　　　　　　　[×]

ⅲ) 피고인이 뇌물공여 혐의를 받기 전에 이와는 관계없이 피고인이 업무수행상 자금을 지출하면서 기계적으로 기입한 수첩의 내용은 증뢰사실에 대한 피고인의 자백에 대한 보강증거로 사용 가능. → 위 수첩의 기재 내용은 피고인이 자신의 범죄사실을 시인하는 자백이라고 볼 수 없음. 즉 독립한 별개의 증거에 해당. (94도2865) [변시 14·15·19]

③ 직접증거가 아닌 간접증거나 정황증거도 보강증거가 될 수 있다. (2017도20247) [변시 19]

ⅰ) 뇌물공여의 상대방인 공무원이 뇌물을 수수한 사실을 부인하면서도 그 일시 경에 뇌물공여자를 만났던 사실 및 공무에 관한 청탁을 받기도 한 사실자체는 시인하였다면, 이는 뇌물을 공여하였다는 뇌물공여자의 자백에 대한 보강증거가 될 수 있다. (94도993) [변시 14]

ⅱ) 국가보안법상 회합죄를 피고인이 자백하는 경우 회합 당시 상대방으로부터 받았다는 명함의 현존은 보강증거로 될 수 있다. (90도741) [변시 18]

④ [Case]** 공범자의 자백은 당해 피고인의 자백에 대한 보강증거가 될 수 있다.

ⅰ) 공범인 공동피고인의 진술은 다른 공동피고인에 대한 범죄사실을 인정하는 증거로 할 수 있는 것일 뿐만 아니라 공범인 공동피고인들의 각 진술은 상호 간에 서로 보강증거가 될 수 있다. (90도1939) [변시 13 · 24]

ⅱ) 공동피고인 중의 한 사람이 자백하였고 피고인 역시 자백했다면 다른 공동피고인 중의 한 사람이 부인한다고 하여도, 공동피고인 중의 한 사람의 자백은 피고인의 자백에 대한 보강증거가 된다. [변시 13 · 17 · 19]

ⅲ) 공동피고인의 자백은 피고인의 반대신문권이 보장되어 있어 독립한 증거능력이 있고, 이는 피고인들 간에 이해관계가 상반되더라도 마찬가지이다. (2006도1944) [변시 24]

⑤ [Case]*** 체포 당시 임의제출 방식으로 압수된 피고인 소유 휴대전화기에 대한 압수조서 중 피고인이 범행을 저지르는 현장을 직접 목격한 사경의 진술이 담긴 '압수경위'란에 기재된 내용은 피고인이 범행을 저지르는 현장을 직접 목격한 사람의 진술이 담긴 것으로서 형소법 제312조 제5항에서 정한 '피고인이 아닌 자가 수사과정에서 작성한 진술서'에 준하는 것으로 볼 수 있고, 휴대전화기에 대한 임의제출 절차가 적법하였는지에 영향을 받지 않는 별개의 독립적인 증거에 해당, 피고인이 증거로 함에 동의한 이상 유죄를 인정하기 위한 증거로 사용할 수 있을 뿐 아니라 피고인의 자백을 보강하는 증거가 된다고 볼 여지가 많다. → [관련 쟁점] 체포현장에서의 임의제출물 + 압수조서 중 압수경위란의 성질 + 자백보강법칙 (2019도13290) [변시 22]

4. 보강증거가 보강해야 할 정도

자백에 대한 보강증거는 피고인의 자백이 진실한 것임을 인정할 수 있는 정도만 되면 족할 뿐만 아니라, 자백과 보강증거가 서로 어울려서 전체로서 범죄사실을 인정할 수 있으면 유죄의 증거로 충분하다. (98도2890) [변시 13 · 19]

5. 피고인의 자백만으로 인정할 수 있고 보강증거가 불필요한 경우

① [범의] 자백만으로 인정 可

② [상습범에 있어 확정판결 및 누범에 있어 전과에 관한 사실] 엄격한 의미에서의 범죄사실과는 구별되는 것으로서 피고인의 자백만으로도 인정할 수 있음. (81도1353)

6. 죄수와 보강증거의 요부

① **[실체적 경합시 범죄별 보강증거 要]** 실체적 경합범은 실질적으로 수죄이므로 각 범죄사실에 관하여 보강증거가 있어야 함. (2007도10937) [변시 18]

② **[포괄일죄인 상습범인 경우 행위별 보강증거 要]** 피고인의 습벽을 범죄구성요건으로 하며 포괄일죄인 상습범에 있어서도 이를 구성하는 각 행위에 관하여 개별적으로 보강증거를 요구되므로 투약 습성에 관한 정황증거만으로 향정신성 의약품관리법위반죄의 객관적 구성요건인 각 투약행위가 있었다는 점에 관한 보강증거로 삼을 수는 없다. (95도1794) [변시 18]

IV. 공판조서의 증명력

1. 공판조서의 배타적 증명력

① 공판기일의 소송절차로서 공판조서에 기재된 것은 그 조서만으로써 증명한다(제56조).

② 공판조서가 무효인 경우 ➔ 공판조서로서의 증명력이 없음.
당해 공판기일에 열석하지 아니한 판사가 재판장으로서 서명날인한 공판조서는 적법한 방식의 공판조서라고 할 수 없어 이와 같은 공판조서는 소송법상 무효라 할 것이므로 공판기일에 있어서의 소송절차를 증명할 공판조서로서의 증명력이 없다. (82도2940)

③ 공판조서의 기재가 명백한 오기인 경우를 제외하고는 공판기일의 소송절차로서 공판조서에 기재된 것은 조서만으로써 증명하여야 하고, 그 증명력은 공판조서 이외의 자료에 의한 반증이 허용되지 않는 절대적인 것이다. (98도2890) [변시 17 · 19]

2. 동일한 사항에 대하여 서로 다른 내용이 기재된 공판조서가 병존하는 경우의 증명력 판단

➔ 법관의 자유로운 심증으로 판단 (86도1646)

CASE 쟁점 041 공범자의 자백에 대해서도 보강증거가 필요한지의 여부

1. 논점

공범자의 자백을 형소법 제310조의 '피고인의 자백'으로 보게 되면 이에 대한 보강증거가 없으면 유죄판결을 선고할 수 없게 된다. 그에 비하여 공범자의 자백을 '피고인의 자백'으로 보지 않으면 보강증거 없이도 유죄판결을 선고할 수 있게 된다. 이에 대하여 다음과 같이 견해가 대립한다.

2. 학설

① 보강증거 필요설 Keyword 허위진술로 오판 염려

공범자의 자백을 피고인의 자백으로 보아 보강증거가 필요하다는 견해이다. ⅰ) 공범자는 다른 공범자에게 책임을 전가하는 경향이 많아 **허위진술**에 의한 **오판의 염려**가 많다는 점, ⅱ) 보강증거불요설에 의할 때 자백한 자는 무죄, 자백하지 않은 자는 유죄라는 불합리한 결과가 발생한다는 점을 근거로 한다.

② 보강증거 불요설 Keyword 반대신문 가능

공범자의 자백은 피고인의 자백이 아니기 때문에 보강증거가 필요없다는 견해이다. ⅰ) 자백의 보강법칙은 자유심증주의에 대한 예외이므로 엄격히 해석하여야 한다는 점, ⅱ) 공범자의 자백은 피고인에 대해서는 제3자의 진술에 불과하다고 보아야 한다는 점, ⅲ) **공범자에 대해서는 피고인의 반대신문이 가능**하고 법관의 증거평가의 심증에도 차이가 있다는 점을 근거로 한다.

3. 判例 (보강증거 불요)

형소법 제310조의 '피고인의 자백'에는 공범인 공동피고인의 진술이 포함되지 아니하므로 공범인 공동피고인의 진술은 다른 공동피고인에 대한 범죄사실을 인정하는 데 있어서 증거로 쓸 수 있고 그에 대한 보강증거의 여부는 법관의 자유심증에 맡긴다(대판 : 85도951).

4. 검토 및 결론

자백의 보강법칙은 자유심증주의에 대한 중대한 예외이므로 엄격하게 해석하는 것이 타당하다. 따라서 공범자의 자백에는 보강증거가 필요하지 아니하다.

경찰관 甲은 정기적으로 뇌물을 상납받고 乙의 불법오락실을 운영을 눈감아 주었다. 정보를 입수한 검사는 甲, 乙을 수사하여 이들을 각각 뇌물수수죄와 뇌물공여죄로 공소제기하였다. 甲은 검찰에 이어 법정에서도 범행을 부인하였으나, 乙은 검찰에서는 범행을 부인하다가 법정에서는 甲에게 뇌물을 공여한 사실을 자백하였다. (단, 乙의 법정진술은 증거능력이 있는 것으로 본다.)

1. 다른 증거가 없는 경우에, 법원은 甲에 대하여 유죄판결을 할 수 있는지 설명하시오.(15점)

2. 乙의 범행과 관련된 증거는 유일하게 乙의 메모용 수첩이 있었고 그 메모용 수첩은 오락실의 매일의 매출사항을 기록해 오던 것이었는데 여기에 甲에 대한 금전 지급내역이 적혀 있었다면 乙에 대하여 유죄판결을 할 수 있는지 설명하시오. (단, 메모용 수첩은 증거능력이 있음을 전제로 함) (20점)

3. 丙은 과거에 甲과 같이 소매치기를 해오다가 최근 개과천선한 사람으로서 검찰에 참고인으로 출석하여 "甲은 평소 검거 시의 진술 요령을 교육하기도 하였는데 붙잡히면 부인하는 것이 최선책이라고 늘 말해 왔다. 평소에도 거짓말을 밥 먹듯이 한다."라고 진술하였고 검사는 이 내용으로 진술조서로 작성하였다. 이 진술조서가 전문증거로서 증거능력을 인정받지 못하였다면 검사는 甲의 법정진술의 증명력을 다투기 위하여 검사가 작성한 丙에 대한 진술조서를 탄핵증거로 제출할 수 있는지 설명하시오. (20점)

4. 만약 사법경찰관 P가 수사단계에서 甲을 피의자로 소환하여 진술거부권을 고지하지 않은 상태에서 피의자신문조서가 작성되었고 그 조서에 범행을 자백하는 내용이 기재되어 있었다면 이 조서는 甲의 법정에서의 범행부인 진술에 대하여 탄핵증거로 제출될 수 있는가? (30점)

■ 중요쟁점

1. 자백의 보강법칙
2. 자백의 보강법칙과 보강증거의 자격
3. 메모용 수첩의 기재내용이 피고인의 자백과 독립한 증거인지 여부
4. 탄핵증거의 자격과 탄핵증거의 허용범위
5. 증거능력이 없는 전문증거가 탄핵증거로 사용될 수 있는지 여부
6. 공판정외 진술로 공판정의 진술을 탄핵할 수 있는지 여부
7. 진술거부권을 고지하지 않고 작성한 피의자신문조서가 탄핵증거가 될 수 있는지 여부

[설문 1]

1. 논점

공범자의 자백도 보강증거가 필요한 피고인의 자백이라고 할 수 있는지 문제된다.

2. 자백의 보강법칙

형소법 제310조는 "피고인의 자백이 그 피고인에게 불이익한 유일의 증거인 때에는 이를 유죄의 증거로 하지 못한다."고 규정하고 있다. 따라서 법관이 피고인의 자백에 의하여 유죄의 심증을 얻었다 하더라도 보강증거가 없으면 유죄판결을 선고할 수 없다.

다만 ① 제310조의 '피고인의 자백'에는 공범자의 자백이 포함되므로 공범자의 자백에도 보강증거가 필요하다는 견해(보강증거 필요설)가 있다. 이 견해는 공범자의 자백을 피고인의 자백에 포함시키지 아니하면 공범자 중 1인이 자백한 경우, 자백한 공범자는 무죄가 되고 부인한 공범자는 유죄로 되어 부당한 결과가 된다는 점을 근거로 한다.

그러나 ② 자백의 보강법칙은 자유심증주의에 대한 예외이므로 엄격히 해석하여야 하고, 공범자의 자백은 피고인에 대해서는 제3자의 진술에 해당하므로 공범자의 자백은 제310조의 '피고인의 자백'에 포함될 수 없다고 보는 것이 타당하다. 따라서 공범자의 자백에 대하여는 보강증거가 필요 없다고 보아야 한다(보강증거 불요설).

③ 判例도 형소법 제310조의 '피고인의 자백'에는 공범인 공동피고인의 진술이 포함되지 아니하므로 공범인 공동피고인의 진술은 다른 공동피고인에 대한 범죄사실을 인정하는 데 있어서 증거로 쓸 수 있고 그에 대한 보강증거의 여부는 법관의 자유심증에 맡겨야 한다고 판시한 바 있다(대판 : 85도951).

3. 사안의 해결

공범자인 乙의 자백은 '피고인 甲의 자백'에 포함되지 않으므로 甲에게 유죄판결을 하기 위해서 '공범자의 자백' 이외에 별도의 보강증거 필요하지 아니하다.

법원은 甲에 대하여는 다른 증거가 없더라도 공범자인 乙의 자백만으로 유죄판결이 가능하다.

[설문 2]

1. 논점

메모용 수첩의 기재내용이 자백의 보강증거가 될 수 있는지 문제된다.

2. 자백의 보강법칙과 보강증거의 자격

형소법 제310조는 "피고인의 자백이 그 피고인에게 불이익한 유일의 증거인 때에는 이를 유죄의 증거로 하지 못한다."고 규정하고 있다. 따라서 법관이 피고인의 자백에 의하여 유죄의 심증을 얻었다 하더라도 보강증거가 없으면 유죄판결을 선고할 수 없다. 한편 보강증거는 자백으로 그 자백과 동일한 자백을 보강하는 것을 방지하기 위하여 피고인의 자백과는 실질적으로 독립된 별개의 증거이어야 한다.

3. 메모용 수첩의 기재 내용이 피고인의 자백과 독립한 증거인지 여부

① 메모용 수첩의 기재 내용이 피고인이 범인으로 검거되기 전에 범죄혐의와 관계 없이 작성된 경우라도 피고인의 진술을 내용으로 하고 있는 이상, 이는 자백에 불과하므로 자백과 독립한 증거로 볼 수 없다는 견해가 있다.

그러나 ② 피고인이 뇌물공여 혐의를 받기 전에 이와는 관계없이 그 업무수행에 필요한 자금을 지출하면서, 스스로 그 지출한 자금내역을 자료로 남겨두기 위하여 뇌물자금과 기타 자금을 구별하지 아니하고 그 지출 내역을 그때그때 계속적, 기계적으로 기입한 수첩의 기재 내용은 피고인이 자신의 범죄사실을 시인하는 자백이라고 볼 수 없으므로 증거능력이 있는 한 피고인의 금전 출납을 증명할 수 있는 별개의 증거라고 보아야 하므로 자백에 대한 보강증거가 될 수 있다고 보는 것이 타당하다(대판 : 94도2865).

4. 사안의 해결

乙은 법정에서 범행을 자백하였고 수첩의 기재내용은 그 자백과 독립한 증거로서 보강증거가 될 수 있으므로 乙에 대하여는 유죄판결을 할 수 있다.

[설문 3]

1. 논점

증거능력이 없는 전문증거가 탄핵증거로 사용될 수 있는지 및 탄핵증거의 허용범위가 문제된다.

2. 탄핵증거의 자격

탄핵증거란 진술의 증명력을 다투기 위하여 사용되는 증거를 말한다. 형소법 제318조의 2 제1항에 의하면 증거능력 없는 전문증거도 공판기일에서의 피고인의 진술의 증명력을 다투기 위하여 증거로 할 수 있다.

3. 탄핵증거의 허용범위[14]

탄핵증거로 할 수 있는 증거의 범위에 대하여 ㉠ 진술자의 자기모순의 진술 즉 공판정 진술과 상이한 공판정외의 진술에 한정된다는 견해(한정설) ㉡ 자기모순 진술에 한정되지 않고 범죄사실에 관한 것인지를 불문하고 진술의 증명력을 다투기 위한 것이라면 제한없이 사용할 수 있다는 견해(비한정설) ㉢ 피고인은 제한없이 모든 전문증거를 제출할 수 있으나 검사는 자기모순의 진술만을 제출할 수 있다는 견해(이원설)가 있다.

그러나 **형소법 규칙 제77조**가 "증언의 증명력을 다투기 위하여 필요한 사항에 관한 신문은 증인의 경험, 기억 또는 표현의 정확성 등 증언의 신빙성에 관한 사항 및 증인의 이해관계, 편견 또는 예단 등 증인의 신용성에 관한 사항에 관하여 한다."고 규정하고 있는 바, 탄핵증거는 자기모순 진술 이외에 증인의 신빙성에 관한 보조사실도 포함된다고 보는 것(절충설)이 타당하다.

---

14) 명시적인 판례는 없다. 자설의 논거로 형소규칙을 취하면 충분하다고 본다.

4. 사안의 해결

① 사안에서 丙에 대한 진술조서가 전문증거로서 증거능력을 인정받지 못하였다고 하더라도 탄핵증거로 사용될 수 있다.

② 사안에서 "甲은 붙잡히면 부인하는 것이 최선책이라고 늘 말해 왔다. 평소에도 거짓말을 밥 먹듯이 한다."는 丙의 진술조서의 내용은 甲의 진술의 신빙성에 관한 사항 보조사실에 해당하므로 탄핵증거로 사용될 수 있다.

따라서 검사는 甲의 법정진술의 증명력을 다투기 위하여 丙에 대한 진술조서를 탄핵증거로 제출할 수 있다.

[설문 4]

1. 논점

증거능력이 없는 전문증거가 탄핵증거로 사용될 수 있는지, 탄핵증거의 허용범위, 공판정외 진술로 공판정의 진술을 탄핵할 수 있는지, 진술거부권을 고지하지 않고 작성한 피의자신문조서가 탄핵증거가 될 수 있는지 문제 된다.

2. 증거능력이 없는 전문증거가 탄핵증거로 사용될 수 있는지 여부

① 탄핵증거란 진술의 증명력을 다투기 위하여 사용되는 증거를 말한다. 형소법 제318조의2 제1항에 의하면 증거능력 없는 전문증거도 공판기일에서의 피고인의 진술의 증명력을 다투기 위하여 증거로 할 수 있다.

② 사안의 경우 사법경찰관 작성 甲에 대한 피의자신문조서는 전문증거로서 甲이 범행을 부인하였으므로, 형소법 제312조 제3항의 요건을 갖추지 못하여 증거능력을 인정받지 못하였다고 하더라도 탄핵증거로 사용될 수 있다.

3. 탄핵증거의 허용범위

① 탄핵증거로 할 수 있는 증거의 범위에 대하여 ㉠ 진술자의 자기모순의 진술 즉 공판정 진술과 상이한 공판정외의 진술에 한정된다는 견해(한정설) ㉡ 자기모순 진술에 한정되지 않고 범죄사실에 관한 것인지를 불문하고 진술의 증명력을 다투기 위하여 것이라면 제한없이 사용할 수 있다는 견해(비한정설) ㉢ 피고인은 제한 없이 모든 전문증거를 제출할 수 있으나 검사는 자기모순의 진술만을 제출할 수 있다는 견해(이원설)가 있다.

② 사안의 경우 사법경찰관 작성 甲에 대한 피의자신문조서의 내용은 甲의 법정에서의 진술과 자기모순 관계에 있으므로 위 어느 견해에 의하더라도 탄핵증거로 사용이 가능하다.[15]

---

15) 따라서 시간적 제약이 있다면 학설을 장황히 기술할 필요가 없으며 학설의 명칭정도를 소개한 후 결론을 내려도 충분할 것이다.

4. 공판정 외 진술로 공판정의 진술을 탄핵할 수 있는지 여부

① 공판정 외 진술로 공판정의 진술을 탄핵하는 것은 공판중심주의에 반하고 자백 편중수사를 조장할 우려가 있다는 것을 근거로 인정할 수 없다는 견해가 있다.

그러나 ② 형소법 제318조의2 제1항이 명문으로 탄핵의 대상을 '피고인의 진술 등'으로 규정하고 있는 이상 공판정외 진술로 공판정의 진술을 탄핵하는 것도 허용된다고 보는 것이 타당하다.

③ 判例도 사법경찰리 작성의 피고인에 대한 피의자신문조서에 대하여 피고인이 각 내용을 부인하는 이상 증거능력이 없으나, 그러한 증거라 하더라도 '피고인의 법정 진술을 탄핵하기 위한' 반대증거로 사용할 수 있다고 판시한 바 있다(대판 : 97도1770).

5. 진술거부권을 고지하지 않고 작성한 피의자신문조서가 탄핵증거가 될 수 있는지 여부

(1) 진술거부권 불고지의 효과

사안의 경우 사법경찰관 P는 형소법 제244조3 제1항이 규정을 위반하여 진술거부 권을 고지하지 않고 피의자신문조서를 작성하였는 바, 이는 위법하게 수집한 증거에 해당한다.

(2) 탄핵증거가 될 수 있는지 여부

① 진술거부권의 불고지는 본질적 위법이 아니라는 이유로 탄핵증거로 사용할 수 있다는 견해(검찰 측의 주장)도 있다.

그러나 ② 진술거부권은 수사단계에서 피의자가 가지는 실효적인 방어 수단일 뿐만 아니라, 위법수집증거배제법칙(제308조의2)의 실효성 유지를 위해서 진술거부권을 고지하지 않고 작성된 피의자신문조서는 위법수집증거로서 탄핵증거로 사용될 수 없다고 보는 것이 타당하다.

6. 사안의 해결

사법경찰관 P가 작성한 피의자신문조서는 위법하게 수집한 증거로서 甲의 법정에 서의 범행부인 진술에 대하여 탄핵증거로 제출될 수 없다.

甲은 2023. 3. 20. 18:00경 서울 지하철 5호선 여의나루역 에스컬레이터에서 휴대전화기의 카메라를 이용하여 피해자 A여성의 치마 속을 몰래 촬영하다가 마침 지하철 범죄 단속을 위해 순찰 중이던 사법경찰관 P에 의해 현행범인으로 체포되었다. P는 甲을 적법하게 체포한 직후 甲에게 휴대전화기를 임의제출할 것을 요구하였고, 이에 머뭇거리던 甲으로부터 휴대전화기를 바로 건네받았다. P는 압수조서를 작성하였는데, 압수조서 중의 '압수경위'란에 "2023. 3. 20. 18:00경 서울 지하철 5호선 승강장 및 게이트 앞에서 경찰관이 비노출 잠복근무 중 검정 재킷, 검정 바지, 흰색 운동화를 착용한 30대 가량 남성이 짧은 치마를 입고 에스컬레이터를 올라가는 여성을 쫓아가 뒤에 밀착하여 치마 속으로 휴대폰을 집어넣는 등 해당 여성의 신체를 몰래 촬영하는 행동을 하였다"는 내용이 포함되어 있고, 그 하단에는 甲의 범행을 직접 목격하면서 위 압수조서를 작성한 P의 기명날인이 되어 있었다. 이후 P는 휴대전화기에서 A여성을 촬영한 사진을 발견하였으나 甲의 휴대전화에 대해 별도로 사후영장을 발부받지는 않았다. 위 사건을 송치받은 검사는 甲을 조사한 후에 성폭력범죄의처벌등에관한특례법위반(카메라 등 이용촬영)죄로 불구속 기소를 하였고, 甲은 법정에서 증거에 대해 모두 동의하였고, 자신의 범행을 모두 자백하였다.

甲의 자백과 함께 위 휴대전화기와 휴대전화기에 저장된 사진들 및 압수조서가 증거로 제출된 경우 법원은 甲에 대해 유죄를 선고할 수 있는가?

1. 논점

甲은 법정에서 범행을 자백하고 있으므로 만약 甲의 자백이 불이익한 유일한 증거이고 자백 외에 달리 이를 보강할만한 증거가 존재하지 않는다면, 이를 甲의 유죄의 증거로 할 수 없다(제310조). 따라서 자백보강법칙에 따라 甲에게 유죄판결을 하기 위해 휴대전화기 등이 보강증거로써 사용될 수 있는지 문제된다.

2. 휴대전화기를 보강증거로 사용할 수 있는지

(1) 문제점

압수된 휴대전화기가 '임의제출물의 압수'에 해당하지 않는다면 이는 위법수집증거에 해당하고 2차 증거인 사진의 증거능력도 부정되므로 압수된 휴대전화기가 임의제출물에 해당하는지 문제된다.

(2) 임의제출물 해당여부

소유자, 소지자 또는 보관자가 임의로 제출한 물건은 영장 없이 압수할 수 있는데(제218조), 영장주의의 예외로서 상대방의 의사에 반하지 않으므로 사후에도 압수영장이 요구되지 않는다.

임의제출로 인정되기 위해서는 ① 수사기관이 압수하기 전에 **임의제출의 의미, 효과 등에 관해 고지**하고, ② 상대방도 **임의제출을 할 경우에 압수되어 돌려받지 못한다는 사정 등을 충분히 알고 있는** 상태에서 제출이 되어 '**제출의 임의성**'이 분명히 인정되어야 한다.[16]

한편, 현행범 체포현장이나 범죄 현장에서도 소지자 등이 임의로 제출하는 물건은 형사소송법 제218조에 의하여 영장 없이 압수하는 것이 허용되므로 이 경우 검사나 사법경찰관은 별도로 사후에 영장을 받을 필요가 없다.[17]

사안의 경우 사경 P가 甲에게 휴대전화의 임의제출을 요구하였으나 임의제출의 의미, 효과 등에 대한 고지가 있었다는 사정은 보이지 않으며, 甲도 임의제출물을 돌려받지 못한다는 사정 등을 충분히 인식한 상태에서 이루어졌다는 사정도 보이지 않으므로 임의제출물의 압수에 해당하지 않는다.

(3) 체포현장 압수로서의 적법성

사안에서 사경 P의 압수는 체포현장에서의 압수에 해당하나(제216조 제1항 제2호), 사후영장을 발부받지 않았으므로 영장주의의 예외 요건을 갖추지 못하여 증거능력이 없다.

(4) 소결

휴대전화기는 영장주의에 위반하여 위법하게 수집한 증거에 해당하고 이를 기초로 한 2차 증거인 휴대전화기 내 사진 및 압수조서도 인과관계가 희석·단절되었다고 평가할 만한 객관적인 사유는 보이지 않으므로 모두 증거능력이 인정될 수 없다.

3. 압수조서 중 '압수경위'란을 독립한 보강증거로 사용할 수 있는지

(1) 문제점

압수조서는 검증조서에 준하여 증거능력 요건을 판단하지만[18], 앞서 살핀 바와 같이 위법수집증거인 휴대전화기의 2차증거로서 증거능력이 인정되지 않으나, '압수경위'란의 기재 부분을 독립한 보강증거로 사용할 수 있는지 문제된다.

(2) '압수경위'란의 기재된 내용이 진술서에 해당하는지

압수조서 중 '압수경위'란에 기재된 내용은 피고인이 범행을 저지르는 현장을 직접 목격한 사람의 진술이 담긴 것으로서 형사소송법 제312조 제5항에서 정한 '피고인이 아닌 자가 수사과정에서 작성한 진술서'에 준하는 것으로 볼 수 있고, 이에 따라 휴대전화기에 대한 임의제출 절차가 적법하였는지에 영향을 받지 않는 별개의 독립적인 증거에 해당한다.[19]

---

16) 대판 2020.4.9. 2019도17142
17) 대판 2016.2.18. 2015도13726
18) 대판 1995.1.24. 94도1476
19) 대판 2019.11.14. 2019도13290

(3) 소결

甲이 위 압수조서를 증거로 함에 동의한 이상 유죄를 인정하기 위한 증거로 사용할 수 있을 뿐 아니라(제318조), 설사 인정하지 않는다고 하더라도 P가 공판정에 출석하여 성립의 진정을 인정하는 등으로 수사기관 작성의 참고인 진술조서의 요건을 충족하면 증거능력이 인정된다(제312조 4항·5항). 따라서 사경 P가 작성한 압수조서 중 '압수경위'란에 기재된 내용은 독립한 증거로서 보강증거가 될 수 있다.

4. 결론

압수조서 중 P가 작성한 '압수경위'란의 부분은 독립증거로서 甲의 자백에 대한 보강증거로 사용할 수 있으므로 제312조 제4항의 요건을 갖춘다면 법원은 甲에게 유죄를 선고할 수 있다.

제3장 | 재판

01 종국재판

선택형 핵심지문

1. 포괄일죄와 과형상 일죄의 일부가 무죄인 경우 판결주문의 표시 방법

포괄일죄의 관계에 있는 공소사실에 대하여는 그 일부가 무죄로 판단되는 경우에도 이를 판결 주문에 따로 표시할 필요가 없으나 이를 판결 주문에 표시하였다 하더라도 판결에 영향을 미친 위법사유가 되는 것은 아니다. (93도1512) [변시 17]

2. 면소판결의 사유가 되는 '사면'의 의미 → 일반사면

특별사면이 있음을 들어 면소판결을 하여서는 아니된다. (2011도1932) [변시 16 · 17 · 21]

3. 면소판결을 하여야 하는 경우

종전 합헌결정일 이전의 범죄행위에 대하여 재심개시결정이 확정되었는데 그 범죄행위에 적용될 법률 또는 법률의 조항이 위헌결정으로 헌법재판소법 제47조 제3항 단서에 의하여 종전 합헌 결정일의 다음 날로 소급하여 효력을 상실하였다면 범죄행위 당시 유효한 법률 또는 법률의 조항이 그 이후 폐지된 경우와 마찬가지이므로 법원은 형사소송법 제326조 제4호에 해당하는 것으로 보아 면소판결을 선고하여야 한다. (2019도15167)

4. 공소기각판결

① 불법연행 등 각 위법 사유가 사실이라고 하더라도 그 위법한 절차에 의하여 수집된 증거를 배제할 이유는 될지언정 공소제기의 절차 자체가 위법하여 무효인 경우에 해당한다고 볼 수 없다. (90도1586)

② '공소가 제기된 사건에 대하여 동일 법원에 다시 공소가 제기되었을 때'라 함은 이미 공소가 제기된 사건에 대하여 다시 별개의 공소장에 의하여 이중으로 공소가 제기된 경우를 뜻하는 것이지 하나의 공소장에 범죄사실이 이중으로 기재되어 있는 경우까지 포함하는 것이라고는 해석되지 않는다. → 후자의 경우 단순한 공소장기재의 착오로서 정정표시로 족함. (82도1199)

③ 이중기소에 해당하는 경우

검사가 일단 상습사기죄로 공소제기한 후 그 공소의 효력이 미치는 기준시(판결 선고시)까지의 사기행위 일부를 별개의 독립된 상습사기죄로 공소제기를 하는 것은 비록 그 공소사실이 먼저 공소제기를 한 상습사기의 범행 이후에 이루어진 사기 범행을 내용으로 한 것일지라도 공소가 제기된 동일 사건에 대한 이중기소에 해당되어 허용될 수 없다. (99도3329) [변시 14]

02 기판력(일사부재리효력)

선택형 핵심지문

1. 기판력이 발생하지 않는 경우

소년법 제32조의 보호처분을 받은 사건과 동일한 사건에 대하여 다시 공소제기가 되었다면, 공소제기 절차가 동법 제53조의 규정에 위배하여 무효인 때에 해당한 경우이므로 공소기각의 판결을 하여야 한다. → 동조의 보호처분은 확정판결이 아니고 따라서 기판력도 없으므로 면소판결을 할 수 없음. (96도47) [변시 16]

☑ 기판력 발생 유무

구 분	내 용
기판력이 인정되는 경우	① 실체재판 　　㉠ 유죄판결 　　㉡ 무죄판결 ② 면소판결 ③ 약식명령 및 즉결심판 ④ 통고처분에 따른 범칙금 납부(도로교통법, 조세범처벌절차법, 경범죄처벌법)
기판력이 인정되지 않는 경우	① 관할위반판결 및 공소기각재판 [변시 16] ② 불기소처분 ③ 소년보호처분(判例) ④ 외국판결

2. 기판력이 미치는 경우

① **[포괄일죄는 발령시 기준]** 포괄일죄의 관계에 있는 범행의 일부에 대하여 약식명령이 확정된 경우에는 그 약식명령의 발령 시를 기준으로 하여 그 이전에 이루어진 범행에 대하여는 면소의 판결을 선고하여야 한다. (2020도3075) [변시 16 · 17]

② **[위증죄의 포괄일죄]** 당해 위증 사건의 허위 진술 일자와 같은 날짜에 한 다른 허위 진술로 인한 위증 사건에 관한 판결이 확정되었다면, 비록 종전 사건 공소사실에서 허위의 진술이라고 한 부분과 당해 사건 공소사실에서 허위의 진술이라고 한 부분이 다르다 하여도, 종전 사건의 확정판결의 기판력은 당해 사건에도 미치게 되어 당해 위증죄 부분은 면소되어야 한다. (97도3340) [변시 13]

③ **[과형상 일죄]** 형법 제40조의 상상적 경합관계의 경우에는 그 중 1죄에 대한 확정판결의 기판력은 다른 죄에 대하여도 미친다. (2005도10233) [변시 12 · 17 · 23]

> **관련판례** 확정판결 내지 약식명령의 기판력이 상상적 경합관계의 다른 죄에 미치는지 여부사실심 판결선고 시 또는 약식명령 발령 시를 기준으로 이전에 이루어진 범행이 포괄일죄의 일부에 해당할 뿐만 아니라 상상적 경합관계에 있는 다른 죄에 해당하는 경우, 확정된 판결 내지 약식명령의 기판력은 상상적 경합관계에 있는 다른 죄에 대하여도 미친다. (2020도3705) [변시 24]

3. 상습범으로서 포괄일죄의 관계에 있는 여러 범행 중 일부에 대하여 확정판결이 있는 경우에 그 확정판결의 사실심 선고 전의 나머지 범죄에 기판력이 미치기 위해서는 확정판결에서 '상습범'으로 처벌되었을 것을 요함. (2001도3206) [변시 14 · 16 · 18 · 23]

4. 확정판결의 기판력이 미치는 시간적 효력 범위
   ① 재판 시, 즉 판결선고 시 (93도836) [변시 23 · 24]
   ② 약식명령 발령 시 (84조1129) [변시 24]
   ③ 항소기각 결정 시 (93도836) [변시 23]

5. 확정판결의 효력에 의하여 범죄가 분리되지 않는 경우
   ① **[동종의 단순범에 관한 확정판결이 있는 경우]** 상습사기의 범행이 단순사기죄의 확정판결의 전후에 걸쳐서 행하여진 경우, 그 죄는 두 죄로 분리되지 않고 확정판결 후인 최종의 범죄행위 시에 완성되는 것이다. (2010도1939) [변시 16 · 18]
   ② **[이종의 죄에 관한 확정판결이 있는 경우]** 포괄일죄인 개개의 범죄행위가 다른 종류의 죄의 확정판결의 전후에 걸쳐서 행하여진 경우, 그 죄는 2죄로 분리되지 않고 확정판결 후인 최종의 범죄행위 시에 완성되는 것이다. (2001도3312) [변시 15]

해커스변호사
law.Hackers.com

제6편
상소 및 특별절차

제1장 │ 상소

01 상소 통칙

선택형 핵심지문

I. 상소권

1. 피고인의 상소권이 소멸된 뒤에 변호인이 상소를 제기할 수 있는지 여부

[상소제기 不可] 형사소송법 제341조 제1항에 '원심의 변호인은 피고인을 위하여 상소할 수 있다' 함은 변호인에게 고유의 상소권을 인정한 것이 아니고 피고인의 상소권을 대리하여 행사하게 한 것에 불과하므로 변호인은 피고인의 상소권이 소멸된 후에는 상소를 제기할 수 없다. (83모41)

2. 상소를 포기한 후 상소권회복청구를 할 수 있는지 여부

[상소포기의 경우 상소권회복청구 不可] 상소권회복은 피고인 등이 책임질 수 없는 사유로 상소제기기간을 준수하지 못하여 소멸한 상소권을 회복하기 위한 것일 뿐, 상소의 포기로 인하여 소멸한 상소권까지 회복하는 것으로 볼 수는 없다. (2002모180)

3. 상소포기가 무효인 경우 상소권 회복청구를 할 수 있는지 여부

① [상소제기기간 도과 전] 상소권을 포기한 후 상소제기기간이 도과하기 전에 상소포기의 효력을 다투면서 상소를 제기한 자는 원심 또는 상소심에서 그 상소의 적법 여부에 대한 판단을 받으면 되고, 별도로 상소권 회복청구를 할 여지는 없다. (2003모451)

② [상소제기기간 도과 후] 상소권을 포기한 후 상소제기기간이 도과한 다음에 상소포기의 효력을 다투는 한편 자기 또는 대리인이 책임질 수 없는 사유로 인하여 상소제기기간 내에 상소를 하지 못하였다고 주장하는 사람은 상소를 제기함과 동시에 상소권회복청구를 할 수 있다. (2003모451)

4. 제1심판결에 대하여 검사의 항소에 의한 항소심 판결이 선고된 후 피고인이 동일한 제1심판결에 대하여 항소권 회복청구를 하는 경우, 법원이 취할 조치

[기각결정] 항소심판결이 선고되면 제1심판결에 대한 항소권이 소멸되어 제1심판결에 대한 항소권 회복청구와 항소는 적법하다고 볼 수 없다. (2016모2874)

Ⅱ. 상소의 이익

1. 피고인 또는 변호인에게 상소의 이익이 없는 경우 → 피고인이 불이익한 사실을 주장하며 상소하는 경우

① 포괄일죄가 아니라 실체적 경합범에 해당한다는 것을 상고이유로 하는 경우 (2013도7219)

② 누범가중을 하지 않은 것이 위법하다는 것을 상고이유로 하는 경우 (92도1428)

2. 재판의 이유만을 다투어 상소하는 경우, 상소의 이익이 있는지 여부

[상소이익 ×] 불복은 재판의 주문에 관한 것이어야 하고 재판의 이유만을 다투기 위하여 상소하는 것은 허용되지 않는다. (2003도8249)

3. 공소기각의 재판에 대하여 피고인에게 상소의 이익이 있는지 여부

[상소이익 ×] 공소기각의 재판이 있으면 피고인은 유죄판결의 위험으로부터 벗어나는 것이므로 그 재판은 피고인에게 불이익한 재판이라고 할 수 없어서 이에 대하여 피고인은 상소권이 없다. (87도941; 2007도6793)

4. 면소판결에 대하여 피고인에게 상소의 이익이 있는지 여부

① [원칙 : 상소이익 ×] 면소판결에 대하여 무죄판결인 실체판결이 선고되어야 한다고 주장하면서 상고할 수 없는 것이 원칙이다. (2010도5986) [변시 15]

② [예외 : 무죄가 선고되었어야 함에도 면소판결이 선고된 경우 상소이익 O] 형벌에 관한 법령이 헌법재판소의 위헌결정으로 인하여 소급하여 그 효력을 상실하였거나 법원에서 위헌·무효로 선언된 경우 피고인에게 무죄의 선고를 하여야 하므로 면소를 선고한 판결에 대하여 상고가 가능하다. (2010도5986)

5. 항소를 포기한 피고인이 검사의 항소에 대한 항소기각판결에 대하여 상소의 이익이 있는지의 여부

제1심 유죄판결에 대하여 피고인은 항소권을 포기하고 검사만이 양형부당을 이유로 항소를 하였으나 이유 없다고 기각한 항소심 판결은 피고인에게 불이익한 재판이 아니어서 피고인은 위 판결에 대하여 상소권이 없다. (90도2619)

Ⅲ. 상소의 제기, 포기, 취하

1. 상소기간의 기준일 → 재판의 선고 또는 고지한 날

① 형사소송에 있어서는 판결등본이 당사자에게 송달되는지 여부에 관계없이 공판정에서 판결이 선고된 날로부터 상소기간이 기산되며 이는 피고인이 불출석한 상태에서 재판을 하는 경우에도 마찬가지이다. (2002모6)

② 교도소 또는 구치소에 있는 피고인이 상소제기기간 내에 상소장을 교도소장 등에게 제출한 때에는 상소제기기간 내에 상소한 것으로 간주(제344조 제1항).

2. 상소와 구속에 관한 결정

항소한 피고인에 대하여 제1심법원이 소송기록이 항소심 법원에 도달하기 전에 구속영장을 발부한 것은 적법함. → 기록이 없는 상소법원에서 구속의 요건이나 필요성 여부에 대한 판단을 하여 피고인을 구속하는 것이 실질적으로 불가능하기 때문 (2007모460)

3. 변호인의 상소취하의 방법 [피고인의 동의 要, 구술동의는 명시적임을 要]

피고인의 변호인이 구술로써 항소를 취하한다고 진술하였으나 피고인이 아무런 의견도 진술하지 아니한 경우, 변호인의 항소 취하는 효력이 없다. (2015도7821)

IV. 일부상소***

1. 일부상소의 경우 그 일부에 대하여만 상소의 효력이 인정되는 경우

① [재판내용의 가분성 + 독립 판결의 가능성] 일부상소는 재판의 내용이 가분적이고 독립된 판결이 가능하여야 한다. 따라서 판결의 대상이 된 사건이 실체적 경합범 관계에 있어야 하고, 판결주문의 분리 가능성이 있어야 함(제342조 제1항). (2010도10985)

② [판결주문이 수 개일 것] 경합범으로 동시에 기소된 사건에 대하여 일부 유죄, 일부 무죄의 선고를 하거나 일부의 죄에 대하여 징역형을, 다른 죄에 대하여 벌금형을 선고하는 등 판결주문이 수 개일 때에는 1개의 주문에 포함된 부분을 다른 부분과 분리하여 일부상소를 할 수 있다. (99도4840) [변시 17]

2. 일부상소의 경우 그 전부에 대하여 상소의 효력이 인정되는 경우

① 일죄(과형상 일죄 포함)의 일부에 대한 것 → 상소불가분의 원칙(제342조 제2항)

② 경합범에 대하여 1개의 형이 선고된 경우 경합범의 일부 죄에 대한 것

> **예** 실체적 경합 관계에 있는 양 죄 (모두 징역형을 규정)에 대하여 모두 유죄의 판결을 하면서 하나의 주문을 선고하는 경우 (형법 제37조, 형법 제38조 제1항)

③ 일부 상소가 피고사건의 주위적 주문과 불가분적 관계에 있는 주문에 대한 것

> **예** 징벌적 성질의 몰수 또는 추징에 관한 부분만 불복 대상으로 삼아 상소가 제기되었다 하더라도, 상소심은 이를 적법한 상소제기로 다루어야 하고, 그 부분에 대한 상소의 효력은 그 부분과 불가분의 관계에 있는 본안에 관한 판단 부분에까지 미쳐 전부가 상소심으로 이심된다. (2008도5596) [변시 18]

④ 주위적 · 예비적 공소사실의 일부에 대한 상소제기의 효력은 나머지 공소사실 부분에 대하여도 미친다. (2006도1146) [변시 24]

3. [Case]*** 일죄의 일부에 대한 상소 : 일죄 전부가 상소심에 이심, 그 전부가 상소심의 심판대상임

포괄적 일죄의 관계에 있는 공소사실 중 일부 유죄, 나머지 무죄의 판결에 대하여 검사만이 무죄 부분에 대한 상고를 하고 피고인은 상고하지 아니하더라도 상소불가분의 원칙상 검사의 상고는 그 판결의 유죄 부분과 무죄 부분 전부에 미치는 것이므로 유죄 부분도 상고심에 이전되어 심판대상이 된다. (86도1629)

상소심에 이심은 되지만 **피고인의 이익**을 위하여 상소심의 심판대상이 되지 않는 경우

① 환송 전 항소심에서 포괄일죄의 일부만이 유죄로 인정된 경우 그 유죄부분에 대하여 피고인만이 상고하였을 뿐 무죄 부분에 대하여 검사가 상고를 하지 않았다면 상소불가분의 원칙에 의하여 무죄 부분도 상고심에 이심되기는 하나 그 부분은 이미 당사자 간의 공격방어의 대상으로부터 벗어나 사실상 심판대상에서부터도 벗어나게 되어 상고심으로서도 그 무죄 부분에까지 나아가 판단할 수 없는 것이고, 따라서 상고심으로부터 위 유죄 부분에 대한 항소심판결이 잘못되었다는 이유로 사건을 파기환송 받은 항소심은 그 무죄 부분에 대하여 다시 심리판단하여 유죄를 선고할 수 없다. (90도2820)

② 환송 전 원심에서 상상적 경합 관계에 있는 수 죄에 대하여 모두 무죄가 선고되었고, 이에 검사가 무죄 부분 전부에 대하여 상고하였으나 그중 일부 무죄 부분에 대하여는 이를 상고이유로 삼지 아니하였다면, 비록 상고이유로 삼지 아니한 무죄 부분도 상고심에 이심된다고는 하나 그 부분은 이미 당사자 간의 공격방어의 대상으로부터 벗어나 사실상 심판대상에서부터도 이탈하게 되는 것이므로, 상고심으로서도 그 무죄 부분에까지 나아가 판단할 수 없는 것이고, 따라서 상고심으로부터 다른 무죄 부분에 대한 원심판결이 잘못되었다는 이유로 사건을 파기환송 받은 원심은 그 무죄 부분에 대하여 다시 심리 판단하여 유죄를 선고할 수 없다고 보아야 할 것이다. (2008도8922) [변시 12 · 21]

상상적 경합관계에 있는 수죄에 대하여 모두 무죄가 선고되었고, 검사가 전부에 대하여 상고하였으나 그 중 일부에 대하여 상고이유로 삼지 않았다고 하더라도 상고심에 전부 이심되며 상고심은 무죄부분까지 나아가 판단하여야 한다. [변시 12] [×]

4. 소송비용부담의 재판

① **[소송비용부담의 재판]** 본안의 재판에 관하여 상소하는 경우에 한하여 불복가능.

② **[소송비용부담의 재판에 대한 불복]** 본안의 재판에 대한 상소의 전부 또는 일부가 이유있는 경우에 한하여 받아들여질 수 있다. (2016도12437)

5. [Case]*** 경합범과 상소심의 심판

① **[쌍방이 상소 시 → 전부 이심 전부 심판대상]** 형법 제37조 (전단의) 경합범 중 일부 유죄, 일부 무죄를 선고한 판결에 대하여 **쌍방이 상소**를 제기하였으나(전부 이심, 전부가 심판의 대상), 무죄 부분에 대한 검사의 상소만이 이유 있는 경우 파기의 범위 → 전부 파기 (2005도7473) [변시 13]

② **[검사만이 상소 → 무죄부분만 이심, 무죄부분만 심판의 대상]** 형법 제37조 전단의 경합범 중 일부 유죄, 일부 무죄를 선고한 판결에 대하여 **검사만이** 무죄 부분에 대하여 상소를 제기하였고(무죄 부분만 이심, 무죄 부분만 심판의 대상), 검사의 상소가 이유 있는 경우 파기의 범위 → 일부 파기 (2010도10985) [변시 17 · 24]

V. 불이익변경금지원칙

1. 불이익변경금지원칙이 적용되지 않는 경우

① [검사만이 항소] 원심보다 피고인에게 유리한 형량을 정할 수 있음. (2008도1092)

② [소송비용부담의 변경] 소송비용의 부담은 형이 아니고 실질적인 의미에서 형에 준하여 평가되어야 할 것도 아니므로 불이익변경금지 원칙이 적용되지 않는다. (2001도872) [변시 21]

2. 불이익변경금지원칙이 적용되는 경우

① 제1심 유죄판결에 대하여 검사의 항소가 없고 피고인만의 항소가 있는 제2심 유죄판결에 대하여 검사의 상고가 있는 경우에 상고심은 검사의 불복 없는 제1심 판결의 형보다 중한 형을 과할 수 없다(제368조). (4290형비상1)

② 피고인의 상고에 의하여 상고심에서 원심판결을 파기하고, 사건을 항소심에 환송한 경우에는 환송 전 원심판결과의 관계에서도 불이익변경금지의 원칙이 적용되어 그 파기된 항소심판결보다 중한 형을 선고할 수 없다. (79도2105) [변시 18]

3. 불이익변경금지원칙이나 이익재심의 원칙에 반한다고 볼 수 없는 경우

[사안] 원심이 ① 피고인이 2009. 1. 15. 서울중앙지방법원에서 간통죄 및 상해죄로 징역 1년에 집행유예 2년을 선고받아 2009. 1. 23. 판결(이하 '재심대상판결')이 확정된 사실, ② 그 후 피고인은 형법 제241조에 대한 헌법재판소의 위헌결정에 따라 2015. 3. 17. 재심대상판결에 대하여 헌법재판소법 제47조 제3항, 제4항에 의한 재심청구를 한 사실, ③ 제1심은 2015. 4. 16. 재심개시결정을 한 다음, 2015. 5. 29. 간통의 공소사실에 대하여 위헌결정으로 형벌법규가 효력을 상실하였다는 이유로 무죄를 선고하고, 상해의 공소사실에 대하여는 벌금 400만 원을 선고한 사실 등을 인정한 다음, 재심대상판결에 따른 집행유예기간이 도과한 이 사건에서 재심사유가 없는 상해의 공소사실에 대하여 새로이 형을 선고하였다 하더라도 일사부재리 원칙 및 재심의 불이익변경금지 원칙에 위반될 여지는 없다는 취지로 판단하였다.

> **판례** 대법원은 다음의 판례이론에 따라 원심판결을 정당하고 위법이 없다고 판시하였다.
> ⅰ) 경합범 관계에 있는 수 개의 범죄사실을 유죄로 인정하여 1개의 형을 선고한 불가분의 확정판결에서 그중 일부의 범죄사실에 대하여만 재심청구의 이유가 있는 것으로 인정되었으나 그 판결 전부에 대하여 재심개시의 결정을 한 경우, 재심법원은 재심사유가 없는 범죄에 대하여는 새로이 양형을 하여야 하는 것이므로 이를 헌법상 이중처벌금지의 원칙을 위반한 것이라고 할 수 없고, 다만 불이익변경의 금지 원칙이 적용되어 원판결의 형보다 중한 형을 선고하지 못할 뿐이다.

ⅱ) 원판결이 선고한 집행유예가 실효 또는 취소됨이 없이 유예기간이 지난 후에 새로운 형을 정한 재심판결이 선고되는 경우에도, 재심판결의 확정에 따라 원판결이 효력을 잃게 되는 결과 그 집행유예의 법률적 효과까지 없어진다 하더라도 재심판결의 형이 원판결의 형보다 중하지 않다면 불이익변경금지의 원칙이나 이익재심의 원칙에 반한다고 볼 수 없다. (2015도15782)

4. 불이익변경금지원칙이 변형 적용되는 경우 – 약식명령에 대한 정식재판청구사건 → 형종 상향금지 원칙

① 형소법 제457조의2 제1항에서 규정한 형종상향금지의 원칙은 피고인이 정식재판을 청구한 사건과 다른 사건이 병합 심리된 후 경합범으로 처단되는 경우에도 정식재판을 청구한 사건에 대하여 그대로 적용된다. (2020도355) [변시 24]

② 피고인이 약식명령에 불복하여 정식재판을 청구한 사건에서 죄명이나 적용법조가 약식명령의 경우보다 불이익하게 변경되었다 하더라도 약식명령의 형보다 **중한 종류의 형**을 선고하지 않은 경우, 위법한 조치라고 할 수 없다. (2011도14986) [변시 18]

③ 피고인이 절도죄 등으로 벌금 300만 원의 약식명령을 발령받은 후 정식재판을 청구하였는데, 제1심법원이 위 정식재판청구 사건을 통상절차에 의해 공소가 제기된 다른 점유이탈물횡령 등 사건들과 병합한 후 각 죄에 대해 모두 징역형을 선택한 다음 경합범으로 처단하여 징역 1년 2월을 선고한 것은 형사소송법 제457조의2 제1항에서 정한 형종상향금지 원칙을 위반한 잘못이 있다. (2019도15700)

5. 불이익변경금지원칙에 의하여 법정형에 없는 형벌도 선고할 수 있는지 여부(적극), 형을 선고하지 아니한다는 주문을 선고할 수 있는지 여부(적극)[1]

① 약식명령에 대하여 피고인만이 정식재판을 청구하였는데, 검사가 당초 사문서위조 및 위조사문서행사의 공소사실로 공소제기하였다가 제1심에서 사서명위조 및 위조사서명행사의 공소사실을 예비적으로 추가하는 내용의 공소장변경을 신청한 경우, 공소사실의 동일성이 인정되는 이상, 피고인에 대하여 사서명위조와 위조사서명행사의 범죄사실이 인정되는 경우에는 비록 사서명위조죄와 위조사서명행사죄의 법정형에 유기징역형만 있다 하더라도 형사소송법 제457조의2에서 규정한 불이익변경금지 원칙이 적용되어 벌금형[2]을 선고할 수 있으므로, 위와 같은 불이익변경금지원칙 등을 이유로 공소장변경을 불허할 것은 아니다. (2011도14986) [변시 16·17]

---

1) 불이익변경금지 원칙으로 인하여 상소심은 인정사실에 대하여 법정형 이하의 형을 선고해야 하는 경우도 발생한다. 예컨대 절도죄로 벌금형을 선고한 원심판결에 대하여 피고인만 항소한 경우에 항소심에서 강도죄를 인정하여도 벌금형을 선고해야 한다.

2) 개정 형소법에 의하면 약식명령의 형(벌금형)보다 중한 종류의 형을 선고하지 않는 이상 약식명령의 벌금형보다 다액의 벌금형을 선고하는 것도 가능(적법)하다.

② 불이익변경금지원칙을 지키기 위하여 필요한 경우에는 법률이 규정한 형기에 구애받지 아니하는 것이므로 이미 선고된 형 이외에 다시 형을 선고하는 것이 피고인에게 불리한 결과가 된다면 그러한 이유로 형을 선고하지 아니한다는 주문을 선고할 수 있다고 해석하여야 한다. [변시 19]

6. 부정기형에서 형의 경중의 비교기준이 되는 형 – 부정기형의 장기와 단기의 중간형

'부정기형의 최단기형'을 기준으로 하여야 한다는 판례가 '부정기형의 장기와 단기의 중간형'을 기준으로 하여야 한다고 변경되었다. (2020도4140)[3] [변시 14 · 18]

7. 불이익변경금지원칙에 위반되지 않는 경우

① **[동일한 경우]** 제1심에서 일죄로 인정한 것을 항소심에서 검사의 공소장변경신청을 받아들여 경합범으로 선고하였으나, 제1심과 항소심의 선고형이 동일한 경우 (83도3211) [변시 17 · 23 · 24]

② 피고인만이 항소한 경우라도 법원이 '항소심에서 처음 청구'된 검사의 부착명령 청구에 기하여 부착명령을 선고하는 것이 불이익변경금지의 원칙에 반하지 않음.

→ 처음 청구된 것이기 때문 (2010도9013) [변시 17]

③ 금고 5월 → 징역 5월 (집행유예 2년), 보호관찰 및 수강명령 40시간 (2013도6608)

④ 징역 1년 (형집행면제) → 징역 8월 (집행유예 2년) (84도2972) [변시 18]

⑤ 추징을 몰수로 변경 (2005도5822) [변시 13]

⑥ **[상급심이 성폭법상의 신상정보 제출의무를 고지하는 경우]** 성폭력처벌법 상 등록대상자의 신상정보 제출의무는 법원이 별도로 부과하는 것이 아니라 등록대상 성범죄로 유죄판결이 확정되면 성폭력처벌법의 규정에 따라 당연히 발생하는 것이므로,[4] 유죄판결을 선고하는 법원이 하는 신상정보 제출 의무 등의 고지는 등록대상자에게 법률상 신상정보 제출 의무가 있음을 알려주는 것에 의미가 있을 뿐이다. (2014도3564)

8. 불이익변경금지원칙에 위반되는 경우

① 징역 1년 6월 (집행유예 3년) → 징역 1년 (2020도4140) [변시 13 · 16 · 19]

② 항소심이 제1심과 동일한 벌금형을 선고하면서 성폭력 치료프로그램 이수명령을 병과한 것 (2014도3390) [변시 17]

③ **[주의]** 징역 6월 (선고유예) → 벌금 2,000,000원 (99도3776) [변시 17]

> **비교판례** 징역 10월(집행유예 2년) → 벌금 10,000,000원의 경우는 불이익변경금지원칙에 위반되지 않음.

④ 징역 6월 (집행유예 1년) → 징역 8월 (형집행 면제) (65도1319)

---

3) 예를 들어 제1심이 징역 장기 3년, 단기 1년을 선고한 후에 피고인만이 항소한 경우, 변경 전 판례는 항소심은 단기인 징역 1년보다 중한 형을 선고할 수 없었음에 비하여 변경 된 판례에 따르면 장기와 단기의 중간형인 징역 2년의 형이 기준이 된다.

4) 제42조 제2항 : 법원은 등록대상 성범죄로 유죄판결을 선고하거나 약식명령을 고지하는 경우에는 신상정보 제출 의무가 있음을 등록대상자에게 알려 주어야 한다.

⑤ 동일한 벌금형에 환형유치기간이 더 길어진 경우 (76도3161)

> **비교판례** 피고인에 대한 벌금형이 감경되었다면 그 벌금형에 대한 환형유치기
> 간이 더 길어졌다 하더라도 불이익변경금지원칙에 위반되지 않는다. → 형이 경하
> 게 변경된 이상 환형유치처분은 고려대상이 아님에 주의할 것. (77도2114) [변시 13]

⑥ 항소심이 제1심판결에서 정한 형과 동일한 형을 선고하면서 제1심에서 정한 취업제
한기간보다 더 긴 취업제한명령을 부가하는 것 (2019도11540)

VI. 파기판결의 기속력

1. 파기판결을 선고한 상급심 자신에게도 기속력이 미치는지 여부

파기환송을 받은 법원은 그 파기이유로 한 사실상 및 법률상의 판단에 기속되는 것이
고 그에 따라 판단한 판결에 대하여 다시 상고를 한 경우에 그 상고사건을 재판하는 상
고법원도 앞서의 파기이유로 한 판단에 기속되므로 이를 변경하지 못한다. (2004도517)

> **비교판례** [종전의 환송판결의 판단이 대법원 전원합의체에도 기속력이 미치는지]
> 대법원의 전원합의체가 종전의 환송판결의 법률상 판단을 변경할 필요가 있다고 인
> 정하는 경우에는, 그에 기속되지 아니하고 통상적인 법령의 해석적용에 관한 의견의
> 변경절차에 따라 이를 변경할 수 있다고 보아야 할 것이다. (98두15597)

2. 파기판결의 기속력이 배제되는 경우

[환송 후 공소장변경에 의하여 공소사실이 변경된 경우] 출판물에 의한 명예훼손의 공소사
실을 유죄로 인정한 환송 전 원심판결에 위법이 있다고 한 파기환송 판결이 있는 경우
라도, 환송 후 원심에서 이 부분 공소사실이 형법 제307조 제2항의 명예훼손죄의 공소
사실로 변경되었다면 환송 후 원심은 이에 대하여 새롭게 사실인정을 할 재량권을 가
지게 되는 것이고 더 이상 파기환송 판결이 한 사실판단에 기속될 필요는 없다. (2004도
340)

CASE 쟁점 043 일부상소의 허용여부와 심판의 범위★★★

제1심법원은 甲에 대한 (1) 관련 범죄(강도예비죄)에 대하여 범죄의 증명이 없다는 이유로 무죄를 선고하고, (2) 관련 범죄(특수절도미수죄)만 유죄로 인정하여 징역 1년을 선고하였다. 제1심법원의 판결에 대하여 甲은 항소하지 않고 검사만이 무죄가 선고된 (1) 부분에 대하여 항소한 경우, 검사의 일부상소의 허용여부 및 항소심의 심판범위를 논하시오. 【제6회 변호사시험 제1문】

1. 일부상소의 허용여부

상소는 재판의 일부에 대하여 할 수 있으며, 일부에 대한 상소는 그 일부와 불가분의 관계에 있는 부분에 대하여도 효력이 미친다(제342조 제1항, 제2항). 따라서 일부상소가 허용되기 위해서는 재판의 내용이 가분적이고 독립된 판결이 가능한 경우 즉 판결주문이 수개일 경우여야 한다.

사안의 경우 (1)관련 범죄(강도예비죄)와 (2)관련 범죄(특수절도미수죄)는 형법 제37조 전단의 경합범 관계에 있지만 전자는 무죄, 후자는 유죄가 선고되어 판결의 주문이 2개이므로[5] 검사의 무죄가 선고된 (1)부분에 대하여 일부상소(항소)가 허용된다.

2. 항소심의 심판의 범위

형법 제37조 전단의 경합범 중 일부무죄, 일부유죄가 선고되어 검사만이 무죄부분에 대하여 상소한 경우, – 무죄부분이 유죄로 변경될 가능성이 있으므로 유죄부분에 대하여 따로 상소가 되지 않았더라도 상소불가분의 원칙이 적용되어 유죄부분도 무죄부분과 함께 상소심에 이심되는 것이고, 따라서 상소심 법원이 무죄 부분을 파기하여야 할 경우에는 직권으로 유죄 부분까지도 함께 파기하여 다시 일개의 형을 선고할 수 있도록 하여야 한다는 견해(전부파기설, 대판 : 91도1402 소수견해)[6]가 있다. 그러나 – 당사자 쌍방이 상소하지 아니한 유죄부분은 상소기간이 지남으로써 확정되어 상소심에 계속된 사건은 무죄판결 부분에 대한 공소뿐이므로 상소심에서 이를 파기할 때에는 무죄 부분만을 파기할 수밖에 없다고 보는 것이 타당하다(일부파기설, 대판 : 91도1402 다수견해).[7]

---

5) 만약 (1)관련 범죄와 (2)관련 범죄가 모두 유죄로 인정되어 1개의 형이 선고되었다면 과형상 불가분의 관계에 있게 되어 일부상소가 불가능하다.

6) 다음에서 보는 상소한 무죄부분만 파기해야 한다는 일부파기설에 의하면 이미 확정된 유죄판결과 함께 2개의 유죄판결을 받게 되어 피고인에게 불이익을 초래할 수 있기 때문이라는 것을 논거로 한다.

7) 항소심이 무죄부분을 파기자판하는 경우 형법 제37조 후단의 경합범으로서 형을 선고하여야 하고 형법 제39조 제1항에 의하여 1심에서 유죄로 확정된 부분과 동시에 판결할 경우와 형평을 고려하여 형을 감경하거나 면제할 수 있다고 본다.

3. 결론

검사의 (1)부분에 대한 일부상소는 허용되며, 항소심은 (1)부분에 대하여만 심판할 수 있다.

■ 유사사례

> 만약 제1심 법원이 피고인 乙에 대하여 1) A의 신용카드 관련 범행에 대해서는 유죄를 인정하였으나, 2) 乙이 甲에게 허위진술을 교사한 범행에 대해서는 무죄를 선고하자, 검사만 2)의 무죄 선고 부분에 대해 항소하였고 항소심 법원이 검사의 항소가 이유 있다고 판단하였다면, 항소심 법원의 조치는? **【제13회 변호사시험 제2문】**

[사안의 해결] 당사자 쌍방이 상소하지 아니한 유죄부분은 상소기간이 지남으로써 확정되어 상소심에 계속된 사건은 무죄판결 부분에 대한 공소뿐이므로 상소심에서 이를 파기할 때에는 무죄 부분만을 파기할 수밖에 없다고 보는 것이 타당하다(일부파기설, 대판 : 91도1402 다수견해).[8]

사안에서 항소심에 계속된 사건은 무죄판결 부분뿐이므로 검사의 항소가 이유 있는 경우 항소심은 2)부분만을 심판대상으로 삼아 파기하여야 한다.

02 항소

선택형 핵심지문

1. 항소이유

판결내용 자체가 아니라 피고인의 신병확보를 위한 구속 등 소송절차가 법령에 위반된 경우에는 그것 자체만으로는 판결에 영향을 미친 위법이라고 할 수 없음. → 피고인의 방어권이나 변호인의 조력을 받을 권리가 본질적으로 침해되고 판결의 정당성마저 인정하기 어렵다고 보이는 정도에 이르러야 함. (85도1003)

2. '항소한 공동피고인'의 의미

[공동피고인 자신이 항소 + 검사만 항소한 경우도 포함] 형사소송법 제364조의2는 항소법원이 피고인을 위하여 원심판결을 파기하는 경우에 파기의 이유가 항소한 공동피고인에게 공통되는 때에는 그 공동피고인에 대하여도 원심판결을 파기하여야 함을 규정하였는데, 위 조항에서 정한 '항소한 공동피고인'은 제1심의 공동피고인으로서 자신이 항소한 경우는 물론 그에 대하여 검사만 항소한 경우도 포함한다. (2021도10579)

---

8) 항소심이 무죄부분을 파기자판하는 경우 형법 제37조 후단의 경합범으로서 형을 선고하여야 하고 형법 제39조 제1항에 의하여 1심에서 유죄로 확정된 부분과 동시에 판결할 경우와 형평을 고려하여 형을 감경하거나 면제할 수 있다고 본다.

3. 소송기록접수 통지

① 항소법원이 기록의 송부를 받은 때에는 즉시 항소인과 상대방에게 그 사유를 통지하여야 한다(제361조의2 제1항). 기록접수통지 전에 변호인이 선임되어 있는 때에는 변호인에게도 통지해야 한다(동조 제2항).

② 피고인의 항소대리권자인 배우자가 피고인을 위하여 항소한 경우, 소송기록접수통지의 상대방 ➜ 항소인인 피고인 (2018모642)

③ 피고인에게 소송기록접수통지를 한 '후' 선임된 사선변호인에 대하여 별도의 소송기록접수통지 不要 (65모34)

④ 항소심에서 변호인이 선임된 후 변호인이 없는 다른 사건이 병합된 경우, 형사소송법 제361조의2에 따라 변호인에게 병합된 사건에 관한 소송기록 접수통지를 함으로써 병합된 사건에도 피고인을 위하여 항소이유서를 작성·제출할 수 있게 하여야 하고, 이때 변호인의 항소이유서 제출 기간은 변호인이 그 통지를 받은 날부터 계산한다. (2019도11622)

4. 필요적 변호사건과 국선변호인의 선정 및 소송기록의 접수통지

① 기록의 송부를 받은 항소법원은 형사소법 제33조 제1항 제1호 내지 제6호의 필요적 변호사건에 있어서 변호인이 없는 경우에는 지체없이 변호인을 선정한 후 그 변호인에게 소송기록접수통지를 하여야 한다. 법 제33조 제3항에 의하여 국선변호인을 선정한 경우에도 그러하다(형사소송규칙 제156조의2 제1항).

② 항소법원은 항소이유서 제출기간이 도과하기 전에 피고인으로부터 형사소송법 제33조 제2항의 규정에 따른 국선변호인 선정청구가 있는 경우에는 지체 없이 그에 관한 결정을 하여야 하고, 이때 변호인을 선정한 경우에는 그 변호인에게 소송기록접수통지를 하여야 한다(동조 제2항).

> **관련판례** 피고인이 항소이유서 제출기간이 도과한 후에야 비로소 형사소송법 제33조 제2항의 규정에 따른 국선변호인 선정청구를 하고 법원이 국선변호인 선정결정을 한 경우에는 그 국선변호인에게 소송기록접수통지를 할 필요가 없고, 이러한 경우 설령 국선변호인에게 같은 통지를 하였다고 하더라도 국선변호인의 항소이유서 제출기간은 피고인이 소송기록접수통지를 받은 날로부터 계산된다. (2013도4114)

③ 피고인과 국선변호인 모두 법정기간 내에 항소이유서를 제출하지 아니하였더라도, 국선변호인이 항소이유서를 제출하지 아니한 데 대하여 피고인에게 귀책사유 있음이 특별히 밝혀지지 않는 한, 항소법원은 종전 국선변호인의 선정을 취소하고 새로운 국선변호인을 선정하여 다시 소송기록접수통지를 함으로써 새로운 국선변호인으로 하여금 통지를 받은 때로부터 소정 기간 내에 피고인을 위하여 항소이유서를 제출하도록 하여야 한다. (2019도4221) [변시 19]

> **비교판례** 필요적 변호사건에서 항소법원이 국선변호인을 선정하고 피고인과 국선변호인에게 소송기록접수통지를 한 다음 피고인이 사선변호인을 선임함에 따라 국선변호인의 선정을 취소한 경우, 항소법원은 사선변호인에게 다시 소송기록접수토지를 할 의무가 없다고 보아야 한다. (2015도10651)

5. **항소법원이 피고인에게 소송기록 접수통지를 2회에 걸쳐 한 경우 항소이유서 제출기간의 기산일** → 최초 송달한 다음날 (2010도3377)

6. **피고인 또는 변호인의 적법한 항소이유의 기재에 해당하는 경우**

   항소인 또는 변호인이 항소이유서에 추상적으로 제1심판결이 부당하다고만 기재함으로써 항소이유를 특정하여 구체적으로 명시하지 아니하였다고 하더라도 항소이유서가 법정의 기간 내에 적법하게 제출된 경우

   > **비교판례** 피고인이나 변호인이 항소이유서에 포함시키지 아니한 사항을 항소심 공판정에서 진술한다 하더라도 그 진술에 포함된 주장과 같은 항소이유가 있다고 볼 수 없다. (98도1234; 2006도8690)

7. **검사의 항소이유 기재가 적법하지 않은 경우**

   검사가 항소장에 구체적인 항소이유를 기재하지 않은 채 항소의 범위란에 '전부', 항소의 이유란에 '사실오인 및 심리미진, 양형부당'이라고만 기재한 경우, 적법한 항소이유의 기재라고 할 수 없다. (2006도2536)

8. **항소이유서가 제출된 경우 항소이유서 제출기간 경과 전에 항소사건을 심판할 수 있는지의 여부**

   ① 항소심의 구조는 피고인 또는 변호인이 법정기간 내에 제출한 항소이유서에 의하여 심판하는 것이고, 이미 항소이유서를 제출하였더라도 항소이유를 추가·변경·철회할 수 있으므로, 항소이유서 제출기간의 경과를 기다리지 않고는 항소사건을 심판할 수 없다. (2015도1466)

   ② 항소이유서 제출기간 내에 변론이 종결되었는데 그 후 제출기간 내에 항소이유서가 제출되었다면, 특별한 사정이 없는 한 항소심법원으로서는 변론을 재개하여 항소이유의 주장에 대해서도 심리를 해 보아야 한다. (2015도1466) [변시 16]

9. **제1심법원에서 증거로 할 수 있었던 증거의 항소심에서의 효력**

   형소법 제364조 제3항은 "제1심법원에서 증거로 할 수 있었던 증거는 항소법원에서도 증거로 할 수 있다."라고 정하고 있다. 따라서 제1심법원에서 이미 증거능력이 있었던 증거는 항소심에서도 증거능력이 그대로 유지되어 심판의 기초가 될 수 있고, 다시 증거조사를 할 필요가 없다. (2004도8313) [변시 21]

10. 항소심에서 피고인의 출석 없이 개정할 수 있는 요건

피고인이 항소심 공판기일에 출정하지 않아 다시 기일을 정하였는데도 정당한 사유 없이 그 기일에도 출정하지 않은 때에는 피고인의 진술 없이 판결할 수 있다(제365조). 이처럼 피고인이 불출석한 상태에서 그 진술 없이 판결할 수 있기 위해서는 피고인이 적법한 공판기일 통지를 받고서도 **2회 연속**으로 정당한 이유 없이 출정하지 않은 경우에 해당하여야 한다. (2011도16166) [변시 24]

11. 항소심에서 피고인이 불출석한 상태에서 진술 없이 판결하기 위한 요건

ⅰ) 피고인이 항소심 공판기일에 출정하지 않아 다시 기일을 정하였는데도 정당한 사유 없이 그 기일에도 출정하지 않은 때에는 피고인의 진술 없이 판결할 수 있다(제365조).

ⅱ) 피고인이 불출석한 상태에서 그 진술 없이 판결할 수 있기 위해서는 피고인이 적법한 공판기일통지를 받고서도 2회 연속으로 정당한 이유 없이 출정하지 않은 경우에 해당하여야 한다. (2019도5426)

ⅲ) 피고인이 공판기일에 출석하지 아니하여 항소심이 적법하게 다시 기일을 정하는 경우, 기일고지는 출석하지 아니한 피고인에게 효력이 미친다(제365조 제1항).[9]

> **관련판례** **[적법한 공판기일의 통지에는 공판기일 변경명령도 포함]** 피고인이 불출석한 상태에서 그 진술 없이 판결하기 위해서는 피고인이 적법한 공판기일 통지를 받고서도 2회 연속으로 정당한 이유 없이 출정하지 않은 경우에 해당하여야 한다(제365조). 이때 '적법한 공판기일 통지'란 소환장 송달(제76조) 및 소환장 송달의 의제(제268조)의 경우만이 아니라, 적어도 피고인의 이름·죄명·출석 일시·출석 장소가 명시된 공판기일 변경명령을 송달받은 경우(제270조)도 포함된다. (2022도7940)

12. 항소심의 재판이 위법한 경우

같은 피고인에 대한 별개의 사건(각각 벌금형이 선고되었음)이 각각 항소된 것을 형법 제37조 전단의 경합범 관계에 있다고 보고 병합심리하여 두 사건의 각 항소를 기각하는 주문을 내어 판결하였다면 위법하다. ➡ 항소심이 각각의 항소를 모두 기각함으로써 형법 제37조 전단의 경합범 관계에 있는 범죄사실에 대하여 제1심법원이 피고인에 대하여 선고한 두 개의 판결을 그대로 유지하는 결과를 초래하게 되기 때문 (2019도12560)

13. 항소심의 직권조사사항

처벌불원 의사표시의 부존재는 소극적 소송조건으로서 직권조사사항에 해당하므로 당사자가 항소이유로 주장하지 않았더라도 항소심은 이를 직권으로 조사·판단하여야 한다. (2000도3172)

---

9) 항소심에서 피고인이 공판기일에 출정하지 아니한 때에는 다시 기일을 정하여야 하고 피고인이 정당한 사유없이 다시 정한 기일에 출정하지 아니한 때에는 피고인의 진술없이 판결할 수 있다(제365조 제1항·제2항).

14. 항소심이 제1심 공소기각판결을 파기한 후 사건을 제1심법원에 환송하지 아니하고 본안에 들어가 심리한 후 피고인에게 유죄를 선고한 것은 형소법 제366조를 위반한 것이다. (2019도15987)

03 상고와 비약적 상고

선택형 핵심지문

1. 상고이유
   ① 사실심 법원은 주장과 증거에 대하여 신중하고 충실한 심리를 하여야 하고, 그에 이르지 못하여 필요한 심리를 다하지 아니하는 등으로 판결 결과에 영향을 미친 때에는 사실인정을 사실심 법원의 전권으로 인정한 전제가 충족되지 아니하므로 이는 당연히 상고심의 심판 대상에 해당한다. (2015도17869) [변시 17]
   ② 적법한 상고이유가 되는 '10년 이상의 징역'의 의미
     하나의 사건에서 징역형이나 금고형이 여럿 선고된 경우에는 이를 모두 합산한 형기가 10년 이상이면 형소법 제383조 제4호에서 정하는 '10년 이상의 징역이나 금고의 형을 선고한 경우'에 해당한다. (2009도13411)
   ③ 형소법 제383조 제4호 특히 중한 형을 선고받은 피고인의 이익을 위하여 피고인 상고하는 경우에만 적용되는 것이라고 해석하여야 하므로, 피고인에 대하여 사형, 무기 또는 10년 이상의 징역이나 금고의 형이 선고된 경우에 검사는 그 형이 심히 가볍다는 이유로는 상고할 수 없다. (94도1705; 90도1624)
   ④ 상고이유 제한에 관한 법리
     ⅰ) 상고심은 항소심에서 심판대상으로 되었던 사항에 한하여 상고이유의 범위 내에서 그 당부만을 심사하여야 한다.
     ⅱ) 항소인이 항소이유로 주장하거나 항소심이 직권으로 심판대상으로 삼아 판단한 사항 이외의 사유를 상고이유로 삼아 다시 상고심의 심판범위에 포함시키는 것은 상고심의 사후심 구조에 반한다.
     ⅲ) 따라서 제1심판결에 대하여 검사만이 양형부당을 이유로 항소하였을 뿐이고 피고인은 항소하지 아니한 경우에는 피고인으로서는 항소심 판결에 대하여 사실오인, 채증법칙 위반, 심리미진 또는 법령위반 등 새로운 사유를 들어 상고이유로 삼을 수 없다. (2015도5885) [변시 17 · 24]

⑤ 쌍방이 상고를 제기한 경우 이심의 범위와 심판대상

[전부이심, 전부심판] 형법 제37조 전단 경합범 관계에 있는 수 개의 범죄사실에 관하여 일부 유죄, 일부 무죄를 선고한 항소심 판결에 대하여 쌍방이 상고를 제기하였으나 유죄 부분에 대한 피고인의 상고는 이유 없고, 무죄 부분에 대한 검사의 상고만 이유 있는 경우, 항소심 판결의 유죄 부분도 무죄 부분과 함께 파기되어야 한다. (2016도17679)

⑥ [피고인신문권 제한과 상고이유] 항소심에서 변호인이 피고인을 심문하겠다는 의사를 표시하였음에도 변호인에게 일체의 피고인신문을 하지 않은 재판장의 조치는 소송절차의 법령위반으로서 상고이유에 해당한다. (2020도10778) [변시 24]

2. 비약적 상고★★

제1심판결에 대하여 피고인은 비약적 상고를, 검사는 항소를 각각 제기하여 이들이 경합한 경우 피고인의 비약적 상고에 상고의 효력이 인정되지는 않더라도, 피고인의 비약적 상고가 항소기간 준수 등 항소로서의 적법요건을 모두 갖추었고, 피고인이 자신의 비약적 상고에 상고의 효력이 인정되지 않는 때에도 항소심에서는 제1심판결을 다툴 의사가 없었다고 볼 만한 특별한 사정이 없다면, 피고인의 비약적 상고에 항소로서의 효력이 인정된다고 보아야 한다. (대판(전) : 2021도17131; 대판 : 2021전도170)

04 항고

선택형 핵심지문

1. 준항고의 대상이 되지 않는 경우

형소법 제332조의 규정에 의하여 몰수의 선고가 없어 압수가 해제된 것으로 되었음에도 불구하고 검사가 그 해제된 압수물의 인도를 거부하는 조치에 대해서는 형사소송법 제417조가 규정하는 준항고로 불복할 대상이 될 수 없다. → 형소법 제417조의 규정은 검사 또는 사법경찰관이 '수사단계에서' 압수물의 환부에 관하여 처분을 할 권한을 가지고 있을 경우에 그 처분에 불복이 있으면 준항고를 허용하는 취지이기 때문 (84모3)

제2장 | 비상구제절차

01 재심과 비상상고

선택형 핵심지문

I. 재심

1. 재심(청구)의 대상이 되는 재판

① 재심은 유죄의 확정판결 뿐만 아니라(제420조) 유죄판결에 대한 항소 또는 상고를 기각한 판결에 대해서도 인정이 된다(제421조 제1항). 그러나 제1심 확정판결에 대한 재심청구사건의 판결이 있은 후에는 항소기각판결에 대하여 다시 재심을 청구하지 못한다(제421조 제2항).

② 형사법 제421조 제1항에서 '항소 또는 상고의 기각판결'이라 함은 위 상고기각 판결에 의하여 확정된 1심 또는 항소 판결을 의미하는 것이 아니고 항소기각 또는 상고기각 판결 자체를 의미한다. (84모48)

> **비교판례** ⅰ) 형벌에 관한 법률조항에 대하여 헌법재판소의 위헌결정이 선고되어 헌재법 제47조에 따라 재심을 청구하는 경우 항소 또는 상고기각판결을 재심대상으로 한 재심청구는 법률상 방식을 위반한 것으로 부적법하다. ➡ 항소 또는 상고기각판결이 있었던 경우에 헌법재판소법 제47조를 이유로 재심을 청구하려면 재심대상판결은 제1심판결이 되어야 한다.
> ⅱ) 형사소송법은 재심청구 제기기간에 제한을 두고 있지 않으므로, 법률상의 방식을 위반한 재심청구라는 이유로 기각결정이 있더라도, 청구인이 이를 보정한다면 다시 동일한 이유로 재심청구를 할 수 있다. (2022모509)

③ **[수사기관이 위헌적 법령에 따라 영장 없는 체포·구금을 한 경우]** 수사기관이 영장주의를 배제하는 위헌적 법령에 따라 영장 없는 체포·구금을 한 경우에도 형소법 제420조 제7호(공소의 기초된 수사에 관여한 검사나 사법경찰관이 그 직무에 관한 죄를 범한 것이 확정판결에 의하여 증명된 때)의 재심사유가 있다고 보아야 한다. (2015모3243)

2. 재심의 대상이 되지 않는 경우

① **[정식재판의 확정으로 '효력이 상실된 약식명령']** 약식명령에 대한 정식재판 절차에서 유죄판결이 선고·확정된 경우 '효력이 상실된 약식명령'은 재심의 대상이 될 수 없다. (2011도10626) [변시 18]

1. [항소심에서 '파기된 1심의 유죄판결'] 항소심에서 파기되어버린 제1심 판결에 대해서는 재심을 청구할 수 없다. (2003모464) [변시 18]

2. [상고심 계속 중 피고인이 사망하여 공소기각 결정이 확정되어 '효력이 상실된 항소심의 유죄판결'] 공소기각 결정이 확정되었다면 항소심의 유죄판결은 이로써 당연히 그 효력을 상실하게 되므로, 이 경우에는 재심절차의 전제가 되는 '유죄의 확정판결'이 존재하는 경우에 해당한다고 할 수 없다. (2011도7931)

[특별사면으로 형선고의 효력이 상실된 유죄의 확정판결] 유죄판결은 형선고의 효력만 상실된 채로 여전히 존재하므로 형소법 제420조의 '유죄의 확정판결'에 해당하여 재심청구의 대상이 될 수 있다. (2011도1932) [변시 18]

② **[면소판결]** 면소판결을 대상으로 한 재심청구는 부적법하다. ➡ 면소판결은 유죄의 확정판결이라 할 수 없다. (2015모3243)

③ **[면소가 선고된 긴급조치 제9호 위반 부분]** 구 대한민국헌법 제53조에 근거하여 발령된 긴급조치 제9호가 해제되었음을 이유로 면소가 선고된 긴급조치 제9호 위반 부분은 재심청구의 대상이 되지 않는다. (2015모3243)

3. 오류형 재심의 사유

① **[판결의 이유 중 채택된 증언]** 형소법 제420조 제2호의 원판결의 증거된 증언이 확정판결에 의하여 허위인 것이 증명된 때의 '원판결의 증거된 증언'이라 함은 원판결의 이유 중에서 증거로 채택되어 죄로 되는 사실(범죄사실)을 인정하는 데 인용된 증언을 뜻한다. (85모10; 2011도8529)

② **[원판결의 증거된 증언이 허위인지 자체로 판단]** '원판결의 증거된 증언'이 나중에 확정판결에 의하여 허위인 것이 증명된 이상, 허위증언 부분을 제외하고서도 다른 증거에 의하여 그 '죄로 되는 사실'이 유죄로 인정될 것인지 여부에 관계없이 형소법 제420조 제2호의 재심사유가 있다고 보아야 한다. (95모38) [변시 14]

③ **[공동피고인의 진술은 해당 ×]** 원판결의 증거된 '증언'이라 함은 법률에 의하여 선서한 '증인의 증언을 말하고' 공동피고인의 공판정에서의 진술은 여기에 해당하지 않는다. (85모10)

④ **[별개 사건의 증언 해당 ×]** 재심대상이 된 피고사건과 '별개의 사건에서' 증언이 이루어지고 그 증언을 기재한 증인신문조서나 그 증언과 유사한 진술이 기재된 진술조서가 재심대상이 된 피고사건에 서증으로 제출되어 이것이 채용된 경우는 형소법 제420조 제2호에 규정된 '원판결'의 증거된 증언에 해당한다고 할 수 없으므로, 증언이 확정판결에 의하여 허위로 증명되었더라도 위 제2호 소정의 재심사유에 포함될 수 없다. ➡ 재심대상이 된 '당해 피고사건에서의' 증언이 이루어지고 그 증언이 확정판결에 의하여 허위인 것이 증명되어야 재심사유에 해당한다는 취지. (99모93)

⑤ 형소법 제420조 제7호의 재심사유[1] 해당 여부를 판단함에 있어서 사법경찰관 등이 범한 직무에 관한 죄가 사건의 실체관계에 관계된 것인지 여부나[2] 당해 사법경찰관이 직접 피의자에 대한 조사를 담당하였는지 여부는 고려할 사정이 아니다.[3] (2004모16) [변시 14]

⑥ 위헌인 긴급조치 제9호에 의한 영장 없는 체포·구금에 기초한 긴급조치 위반혐의가 아닌 다른 혐의에 관한 유죄의 확정판결에 대하여 형소법 제420조 제7호의 직무범죄로 인한 재심사유가 인정되는지 여부

수사기관이 영장주의를 배제하는 위헌적법령에 따라 영장 없는 체포·구금을 한 경우도 불법체포·감금의 직무범죄가 인정되는 경우에 준하는 것으로 보아 형소법 제420조 제7호의 재심사유가 있다고 보아야 한다. (2015모3243) [변시 20]

4. 신규형 재심사유

① 유죄의 선고를 받은 자에 대하여 무죄 또는 면소를, 형의 선고를 받은 자에 대하여 형의 면제 또는 원판결이 인정한 죄보다 경한 죄를 인정할 명백한 증거가 새로 발견된 때(제420조 제5호)

② 형소법 제420조 제5호 재심사유에 있어 '형의 면제'는 필요적 면제만을 의미함. (84모32) [변시 14]

③ 형소법 제420조(재심이유) 제5호의 '원판결이 인정한 죄보다 경한 죄를 인정할 경우'란 원판결에서 인정한 죄와는 **별개의 죄**로서 그 **법정형이 경한 죄**를 말한다. 따라서 아래의 경우는 재심사유가 되지 않는다. (87모33; 84도2809)

　i) 원판결에서 인정한 동일한 죄에 대하여 공소기각을 선고받을 수 있는 경우 (86모15)

　ii) 원판결에서 인정한 동일한 죄에 대하여 필요적이건 임의적이건 형의 감경사유를 주장하는 경우 (2007도3496)

　iii) 피고인이 주장하는 피해 회복에 관한 자료는 원판결에서 인정한 죄 자체에는 변함이 없고(동일한 죄에 해당 : 저자 주) 다만 양형상의 자료에 변동을 가져올 사유에 불과하여 원판결이 인정한 죄보다 '경한 죄'를 인정할 증거에 해당한다고 할 수 없다. (2017도14769)

④ 형소법 제420조 제5호 재심사유에 있어 '증거의 신규성'의 판단기준

　i) 증거의 신규성을 누구를 기준으로 판단할 것인지에 대하여 위 조항이 범위를 제한하고 있지 않으므로 그 대상을 법원으로 한정할 것은 아니다. (2005모472)

---

1) 원판결, 전심판결 또는 그 판결의 기초된 조사에 관여한 법관, 공소의 제기 또는 그 공소의 기초된 수사에 관여한 검사나 사법경찰관이 그 직무에 관한 죄를 범한 것이 확정판결에 의하여 증명된 때.

2) 재심사유가 재심대상판결에 영향을 미칠 가능성이 있는지 여부를 의미하며 이는 재심사유 해당여부를 판단할 때 고려 대상이 아니라는 취지의 판례이다.

3) 사법경찰관 P1이 첩보보고를 하여 甲에 대하여 수사가 개시되어 다른 사법경찰관 P2가 직접조사를 하였더라도 P1은 '수사에 관여'한 것이며 P1이 직무에 관한 죄를 범한 것이 확정판결에 의하여 증명되면 甲에 대한 유죄의 확정판결은 재심사유에 해당한다는 취지이다.

ii) **[피고인의 과실이 있는 경우]** 피고인이 재심을 청구한 경우, 재심 대상이 되는 확정판결의 소송절차 중에 그러한 증거를 제출하지 못한 데 과실이 있는 경우에는 그 증거는 위 조항에서의 '증거가 새로 발견된 때'에서 제외된다고 해석함이 상당하다. (2005모472) [변시 14 · 15 · 19 · 22 · 24]

⑤ 형소법 제420조 제5호 재심사유에 있어 '증거의 명백성'의 판단기준
'무죄 등을 인정할 명백한 증거'에 해당하는지 여부를 판단할 때에는 법원으로서는 새로 발견된 증거만을 독립적·고립적으로 고찰하여 그 증거가치만으로 재심의 개시 여부를 판단할 것이 아니라, 재심 대상이 되는 확정판결을 선고한 법원이 사실 인정의 기초로 삼은 증거들 가운데 새로 발견된 증거와 유기적으로 밀접하게 관련되고 모순되는 것들은 함께 고려하여 평가하여야 한다. (2009도4894) [변시 14]

5. 헌재법에 의한 재심사유

① 위헌으로 결정된 법률 또는 법률의 조항에 근거한 유죄의 확정판결에 대하여는 재심을 청구할 수 있다(헌재법 제47조 제4항).

② 위헌으로 결정된 법률 또는 법률의 조항이 같은 조 제3항 단서에 의하여 종전의 합헌결정이 있는 날의 다음 날로 소급하여 효력을 상실하는 경우 합헌결정이 있는 날의 다음 날 이후에 유죄판결이 선고되어 확정되었다면, 비록 범죄행위가 그 이전에 행하여졌다 하더라도 판결은 위헌결정으로 인하여 소급하여 효력을 상실한 법률 또는 법률의 조항을 적용한 것으로 '위헌으로 결정된 법률 또는 법률의 조항에 근거한 유죄의 확정판결'에 해당하므로 이에 대하여 재심을 청구할 수 있다. ➡ 피고인이 2004. 8. 및 11.경 간통하였다는 공소사실로 기소되었더라도 간통죄에 대한 합헌결정을 한 2008. 10. 30. 이후인 2009. 8. 20. 유죄판결이 확정되었다면, 2015. 2. 26. 간통죄에 대한 헌법재판소의 위헌결정을 이유로 하여 피고인은 재심을 청구할 수 있다는 취지의 판례이다. (2015모1475)

> **관련판례** 징역형의 집행유예를 선고한 판결이 확정된 후 선고의 실효 또는 취소 없이 유예기간을 경과함에 따라 형 선고의 효력이 소멸되어 그 확정판결이 특가법 제5조의4 제5항에서 정한 '징역형'에 해당하지 않음에도, 위 확정판결에 적용된 형벌 규정에 대한 위헌결정의 취지에 따른 재심 판결에서 다시 징역형의 집행유예가 선고·확정된 후 유예기간이 경과되지 않은 경우라면, 위 재심 판결은 위 조항에서 정한 '징역형'에 포함되지 아니한다. ➡ 재심이라는 우연한 사정에 기하여 다시 징역형의 집행유예가 선고되었다는 것만으로 위 조항의 구성요건에 해당한다거나 입법취지에 저촉되는 불법성 비난가능성이 새로 발생하였다고 볼 수 없음. (2020도13705)

6. 재심개시절차

① 재심개시절차에서는 형사소송법이 규정하고 있는 재심사유가 있는지 여부만을 판단하여야 하고 나아가 재심사유가 재심대상판결에 영향을 미칠 가능성이 있는가의 실체적 사유는 고려하여서는 아니된다. (2008모77)

② 설령 재심개시결정이 부당하더라도 이미 확정되었다면 법원은 더 이상 재심사유의 존부에 대하여 살펴볼 필요 없이 원칙적으로 그 심급에 따라 다시 심판을 하여야 함. (2004도2154)

③ 당사자가 재심청구의 이유에 관한 사실조사 신청을 한 경우에도 이는 단지 법원의 직권 발동을 촉구하는 의미밖에 없는 것이므로, 법원은 이 신청에 대하여 재판을 할 필요가 없고, 설령 법원이 이 신청을 배척하였다고 하여도 당사자에게 고지할 필요 없음. ➔ 소송당사자에게 사실조사 신청권이 있는 것이 아님. (2019모3554)

④ 경합범 관계에 있는 수 개의 범죄사실을 유죄로 인정하여 한 개의 형을 선고한 불가분의 확정판결 중 일부 범죄사실에 대하여만 재심사유가 있는 경우, 그 판결 전부에 대하여 재심개시의 결정을 할 수밖에 없지만, 재심사유가 없는 범죄사실에 대하여는 재심법원은 그 부분에 대하여는 이를 다시 심리하여 유죄인정을 파기할 수 없고, 다만 '양형을 위하여 필요한 범위에 한하여만' 심리를 할 수 있을 뿐이다. ➔ 비상구제수단인 재심제도의 본질 상 재심사유 없는 범죄사실에 대하여는 재심개시결정의 효력이 그 부분을 형식적으로 심판의 대상에 포함시키는데 그치기 때문 (2016도1131)

⑤ ⅰ) 경합범 관계에 있는 수 개의 범죄사실을 유죄로 인정하여 1개의 형을 선고한 불가분의 확정판결 중 일부 범죄사실에만 재심청구의 이유가 있으나 판결 전부에 대하여 재심개시결정을 한 경우, 재심 법원이 재심사유가 없는 범죄에 대하여 새로이 양형을 하는 것은 헌법상 이중처벌금지의 원칙을 위반한 것이라고 할 수 없고, 다만 불이익변경금지 원칙이 적용되어 원판결의 형보다 중한 형을 선고하지 못할 뿐이다.

ⅱ) 원판결이 선고한 집행유예가 실효 또는 취소됨이 없이 유예기간이 지난 후에 새로운 형을 정한 재심판결이 선고되고, 재심판결의 확정에 따라 원판결이 효력을 잃게 되는 결과 집행유예의 법률적 효과까지 없어졌으나 재심판결의 형이 원판결의 형보다 중하지 않은 경우, 불이익변경금지 원칙이나 이익재심 원칙에 반하는 것은 아니다. (2015도15782)[4]

7. 재심심판절차

① 재심이 개시된 사건에서 범죄사실에 대하여 적용하여야 할 법령 ➔ 재심판결 당시의 법령 (2009도1603) [변시 15]

---

4) **[사실관계]** 원심이 (1) ① 피고인이 2009. 1. 15. 서울중앙지방법원에서 간통죄 및 상해죄로 징역 1년에 집행유예 2년을 선고받아 2009. 1. 23. 그 판결(이하 '재심대상판결'이라 한다)이 확정된 사실, ② 그 후 피고인은 형법 제241조에 대한 헌법재판소의 위헌결정에 따라 2015. 3. 17. 재심대상판결에 대하여 헌법재판소법 제47조 제3항, 제4항에 의한 재심청구를 한 사실, ③ 이에 제1심은 2015. 4. 16. 재심개시결정을 한 다음, 2015. 5. 29. 간통의 공소사실에 대하여는 위헌결정으로 형벌법규가 효력을 상실하였다는 이유로 무죄를 선고하고, 상해의 공소사실에 대하여는 벌금 400만 원을 선고한 사실 등을 인정한 다음, (2) 재심대상판결에 따른 집행유예기간이 도과한 이 사건에서 재심사유가 없는 상해의 공소사실에 대하여 새로이 형을 선고하였다 하더라도 일사부재리 원칙 및 재심의 불이익변경금지 원칙에 위반될 여지는 없다는 취지로 판단하였다.

② 특별사면으로 형선고의 효력이 상실된 확정판결에 대한 재심심판 사건에서 다시 유죄로 인정되는 경우 법원이 취해야 할 조치

이익재심과 불이익변경금지 원칙을 고려하여 재심 심판법원은 '피고인에 대하여 형을 선고하지 아니한다'는 주문을 선고할 수밖에 없음. (2012도2938)

③ 유죄선고를 받은 자가 재심의 판결 전에 사망한 경우라도 공소기각결정을 해서는 안 되며 계속 재심심판절차를 진행해야 함(제438조 제2항 제2호). [변시 15]

④ ⅰ) [**재심판결이 확정되어야 종전 판결의 효력이 상실**] 유죄의 확정판결 등에 대해 재심개시결정이 확정된 후 재심심판절차가 진행 중이라는 것만으로는 확정판결의 존재 내지 효력을 부정할 수 없고, 재심개시결정이 확정되어 법원이 그 사건에 대해 다시 심리를 한 후 재심의 판결을 선고하고 그 재심판결이 확정된 때에 종전의 확정판결이 효력을 상실한다. (2018도20698)

ⅱ) [**재심절차 공소장 변경 不可**] 재심심판절차에서는 특별한 사정이 없는 한, 검사가 재심대상 사건과 별개의 공소사실을 추가하는 내용으로 공소장을 변경하는 것은 허용되지 않고, 재심대상 사건에 일반 절차로 진행 중인 별개의 형사사건을 병합하여 심리하는 것도 허용되지 않는다. (2018도20698)

ⅲ) [**재심판결의 기판력 → 후행범죄 ×**] 선행범죄로 상습범으로 유죄의 확정판결을 받은 사람이 그 후 동일한 습벽에 의해 범행을 저질렀는데 유죄의 확정판결에 대하여 재심이 개시된 경우, 동일한 습벽에 의한 후행범죄가 재심대상판결에 대한 재심판결 선고 전에 저질러진 범죄라 하더라도 재심판결의 기판력이 후행범죄에 미치지 않는다. 그리고 선행범죄에 대한 재심판결을 선고하기 전에 후행범죄에 대한 판결이 먼저 선고되어 확정된 경우에도 후행범죄에 대한 판결의 기판력은 선행범죄에 미치지 않는다. (2018도20698) [변시 21]

ⅳ) [**재심대상판결과 후행범죄 사이 제37조 후단 경합범 관계 성립 ×**] 선행범죄로 유죄의 확정판결을 받은 사람이 그 후 별개의 후행 범죄를 저질렀는데 유죄의 확정판결에 대하여 재심이 개시된 경우, 후행 범죄가 재심대상 판결에 대한 재심 판결 확정 전에 범하여졌다 하더라도 아직 판결을 받지 아니한 후행 범죄와 재심 판결이 확정된 선행범죄 사이에는 형법 제37조 후단에서 정한 경합범 관계가 성립하지 않는다. (2018도20698)

8. 재심 판결이 확정되면 종전의 확정판결은 당연히 효력을 상실하고, 종전 판결은 누범가중의 사유가 되는 전과가 될 수 없음. (2018도20698)

Ⅱ. 비상상고

1. 비상상고의 대상

① 비상상고란 확정판결에 대하여 심판의 법령위반이 있는 경우 이를 시정하기 위한 비상구제절차를 말한다(제441조).

② 단순히 그 법령 적용의 전제 사실을 오인함에 따라 법령위반의 결과를 초래한 것과 같은 경우는 법령의 해석 적용을 통일한다는 목적에 유용하지 않으므로 '그 사건의 심판이 법령에 위반한 것'에 해당하지 않는다. 즉 비상상고의 대상이 될 수 없다. (2018오2)

③ 법원이 원판결의 선고 전에 피고인이 이미 사망한 사실을 알지 못하여 공소기각의 결정을 하지 않고 실체 판결을 한 경우 비상상고의 사유가 될 수 없다. (2004오2) [변시 16]

사례형 쟁점정리

CASE 쟁점 044 신규형 재심사유에 있어 증거의 '신규성' 판단*

1. 논점

형소법 제420조 제5호에 의할 때 유죄·형의 선고를 받은 자에 대하여 무죄·면소 또는 경한 죄를 인정할 명백한 증거가 '새로' 발견되어야 재심을 청구할 수 있다. 즉 증거는 신규성(新規性)과 명백성(明白性)을 갖추어야만 한다.

증거의 신규성과 관련하여 그 증거가 법원에 대하여 새로운 것이어야 함은 이론이 없다. 그러나 그 증거가 법원 외에 당사자에게도 새로운 것이어야 하느냐에 대해서는 견해의 대립이 있다.

2. 학설

㉠ 당사자에게도 새로워야 한다는 **필요설**, ㉡ 당사자의 귀책사유에 관계없이 법원에게만 새로우면 족하다는 **불요설**, ㉢ 당사자에게 새로운 것일 필요는 없으나 당사자의 고의·과실 등의 귀책사유로 제출하지 못한 때에는 예외적으로 신규성을 인정할 수 없다는 **절충설**의 견해가 대립한다.

3. 判例

형소법 제420조 제5호에서 정한 재심사유에서 무죄 등을 인정할 '증거가 새로 발견된 때'라 함은 재심대상이 되는 확정판결의 소송절차에서 발견되지 못하였거나 또는 발견되었다 하더라도 제출할 수 없었던 증거로서 이를 새로 발견하였거나 비로소 제출할 수 있게 된 때를 말한다. 피고인이 재심을 청구한 경우, 재심대상이 되는 확정판결의 소송절차 중에 그러한 증거를 제출하지 못한 데에 과실이 있는 경우에는 그 증거는 '증거가 새로 발견된 때'에서 제외된다고 해석함이 상당하다(대결 : 2005모472).

4. 검토 및 결론

→ 위 판례를 논거로 제시한 후 피고인에게 고의, 과실이 있는지를 판단하여 결론을 도출하면 된다.

乙과 丙의 공범사건에 대하여 乙이 먼저 기소되어 유죄판결이 확정된 후 丙이 기소되었는데, 丙에 대해서는 무죄판결이 선고, 확정된 경우 乙은 이를 이유로 재심을 청구할 수 있는가?   **【제11회 변호사시험 제1문】**

1. 논점

공범 사이에 모순된 판결이 존재하는 경우 공범의 무죄판결이 재심사유로서 무죄를 인정할 명백한 증거(제420조 제5호)에 해당하는지 문제된다.

2. 모순된 판결과 증거의 명백성 여부

이에 대하여 ⅰ) 모순 판결이 형벌법규의 해석차이가 아닌 사실인정에 관한 결론을 달리한 때에는 모순된 판결 자체가 명백한 증거에 해당한다는 긍정설, ⅱ) 모순된 판결의 전제가 된 증거가 동일한 경우 증명력에 대한 평가를 달리한 것에 불과하므로 명백한 증거에 해당하지 않는다는 부정설, ⅲ) 무죄판결이 법령의 개폐나 판례의 변경, 새로운 법률해석으로 인한 것이라면 사실인정의 오류에 해당하지 않으므로 재심사유가 될 수 없으나 공범에 대한 무죄판결이 사실인정에 기초한 경우에는 명백한 증거에 해당한다는 이분설, ⅳ) 무죄판결의 사용된 증거가 유죄판결에서 사용하지 못한 새로운 증거로서 명백한 증거인 경우에 한하여 재심사유가 된다는 절충설이 대립한다.

判例는 당해 사건의 증거가 아니고 공범자중 1인에 대하여 무죄, 다른 1인에 대하여 유죄의 확정판결이 있는 경우에 무죄 확정판결 자체만으로는 유죄확정판결에 대한 새로운 증거로서의 재심사유에 해당한다고 할 수 없으나, 무죄 확정판결의 증거자료를 자기의 증거로 하지 못하였고 또 새로 발견된 것이면 그 신증거는 유죄확정판결의 재심사유에 해당된다고 할 수 있다(대결 : 84모14)고 판시하여 절충설의 입장이다.

3. 결론

공범자 사이의 모순된 판결은 법관의 증명력 평가에 따라 달라질 수 있으므로 무죄판결 자체가 재심사유에 해당한다고 볼 수는 없다. 따라서 무죄판결의 사용된 증거가 증거의 신규성과 명백성을 갖춘 경우에 한하여 재심사유가 된다는 절충설이 타당하다. 따라서 乙은 丙에 대한 무죄판결 자체만을 이유로 재심을 청구할 수는 없고, 무죄판결에 사용된 증거가 유죄판결을 파기할 만한 새로운 증거로서 신규성과 명백성이 인정되는 증거인 경우에 한하여 재심을 청구할 수 있다.

02 특별절차와 특례법

1. 약식절차

① 약식명령청구의 대상은 지방법원 관할사건으로 벌금, 과료 또는 몰수에 '처할 수 있는' 범죄이다(제448조 제1항). [변시 15]

② 약식명령의 효력발생시기

[재판서를 피고인에게 송달하면 효력 발생] 형사소송법 제452조에서 약식명령의 고지는 검사와 피고인에 대한 재판서의 송달에 의하도록 규정하고 있으므로 변호인이 있는 경우라도 반드시 변호인에게 약식명령등본을 송달해야 하는 것은 아니다. ➜ 따라서, 정식재판청구기간은 피고인에 대한 약식명령 고지일을 기준으로 기산하여야 함. (2017모1557) [변시 24]

2. 즉결심판절차

① 즉결심판은 20만 원 이하의 벌금·구류·과료에 '처할 사건'을 대상으로 한다. 이는 법정형이 아니라 선고형을 의미한다(즉결심판에 관한 절차법 제2조).

② 즉결심판절차에서는 전문법칙이 적용되지 아니한다. ➜ 따라서, 즉결심판절차에서는 사법경찰관 작성 피의자신문조서는 피고인이 내용을 인정하지 않더라도, 증거능력이 있다(즉심법 제10조, 제312조 제3항 및 제313조). [변시 15 · 24]

③ 즉결심판절차에서는 자백의 보강법칙이 적용되지 아니한다. ➜ 따라서, 즉결심판절차에서는 피고인의 자백만으로 유죄판결을 선고할 수 있다(즉심법 제10조, 제310조). [변시 15 · 24]

④ 경찰서장이 범칙 행위에 대하여 통고처분을 하였는데 통고처분에서 정한 범칙금 납부 기간이 경과하지 아니한 경우, 원칙적으로 즉결심판을 청구할 수 없고, 검사도 동일한 범칙 행위에 대하여 공소를 제기할 수 없다. (2017도13409) [변시 24]

2025 해커스변호사 형사소송법 신체계 H 암기장

부록

01 개정 형사소송법 정리

제85조(구속영장집행의 절차) ① 구속영장을 집행함에는 피고인에게 <u>반드시 이를 제시하고 그 사본을 교부하여야 하며</u> 신속히 지정된 법원 기타 장소에 인치하여야 한다.[1] 〈개정 2022. 2. 3.〉

③ 구속영장을 소지하지 아니한 경우에 급속을 요하는 때에는 피고인에 대하여 공소사실의 요지와 영장이 발부되었음을 고하고 집행할 수 있다.

④ 전항의 집행을 완료한 후에는 신속히 구속영장을 제시하고 <u>그 사본을 교부하여야 한다</u>[2]. 〈개정 2022. 2. 3.〉

제118조(영장의 제시와 사본교부) 압수·수색영장은 처분을 받는 자에게 반드시 제시하여야 하고, <u>처분을 받는 자가 피고인인 경우에는 그 사본을 교부하여야 한다</u>. 다만, <u>처분을 받는 자가 현장에 없는 등 영장의 제시나 그 사본의 교부가 현실적으로 불가능한 경우 또는 처분을 받는 자가 영장의 제시나 사본의 교부를 거부한 때에는 예외로 한다</u>.[3] 〈개정 2022. 2. 3.〉

제196조(검사의 수사) ① 검사는 범죄의 혐의가 있다고 사료하는 때에는 범인, 범죄사실과 증거를 수사한다. 〈개정 2022. 5. 9.〉

② 검사는 제197조의3 제6항, 제198조의2 제2항 및 제245조의7 제2항에 따라 사법경찰관으로부터 송치받은 사건에 관하여는 해당 사건과 동일성을 해치지 아니하는 범위 내에서 수사할 수 있다. 〈신설 2022. 5. 9.〉

제198조(준수사항) ④ 수사기관은 수사 중인 사건의 범죄 혐의를 밝히기 위한 목적으로 합리적인 근거 없이 별개의 사건을 부당하게 수사하여서는 아니 되고, 다른 사건의 수사를 통하여 확보된 증거 또는 자료를 내세워 관련 없는 사건에 대한 자백이나 진술을 강요하여서도 아니 된다. 〈신설 2022. 5. 9.〉

제245조의7(고소인 등의 이의신청) ① 제245조의6의 통지를 받은 사람(<u>고발인을 제외한다</u>)은 해당 사법경찰관의 소속 관서의 장에게 이의를 신청할 수 있다. 〈개정 2022. 5. 9.〉

제253조(시효의 정지와 효력) ④ 피고인이 형사처분을 면할 목적으로 국외에 있는 경우 그 기간 동안 제249조 제2항[4]에 따른 기간의 진행은 정지된다. 〈신설 2024. 2. 13.〉

---

1) 형사소송법 개정으로 이제는 체포영장이나 구속영장 집행 시 피고인이나 피의자에게 반드시 영장의 사본을 교부하여야 한다.
2) 긴급집행 시에도 영장의 사본을 교부하도록 개정되었다.
3) 제200조의6, 제85조 제1항
4) 공소가 제기된 범죄는 판결의 확정이 없이 공소를 제기한 때로부터 25년을 경과하면 공소시효가 완성한 것으로 간주한다(제249조 제2항).

02 개정 성폭력범죄의 처벌 등에 관한 특례법 정리

☑ 성폭력범죄의 처벌 등에 관한 특례법 주요 개정조문

성폭력범죄의 처벌 등에 관한 특례법 (구)	성폭력범죄의 처벌 등에 관한 특례법 (신)
제27조(성폭력범죄 피해자에 대한 변호사 선임의 특례) ⑥ 검사는 피해자에게 변호사가 없는 경우 국선변호사를 선정하여 형사절차에서 피해자의 권익을 보호할 수 있다. 〈단서 신설〉	제27조(성폭력범죄 피해자에 대한 변호사 선임의 특례) ⑥ 검사는 피해자에게 변호사가 없는 경우 국선변호사를 선정하여 형사절차에서 피해자의 권익을 보호할 수 있다. *다만, 19세미만피해자등에게 변호사가 없는 경우에는 국선변호사를 선정하여야 한다. ⇨ 할 수(×)
제30조(영상물의 촬영·보존 등) ① 성폭력범죄의 피해자가 19세 미만이거나 신체적인 또는 정신적인 장애로 사물을 변별하거나 의사를 결정할 능력이 미약한 경우에는 피해자의 진술 내용과 조사 과정을 비디오녹화기 등 영상물 녹화장치로 촬영·보존하여야 한다. ② 제1항에 따른 영상물 녹화는 피해자 또는 법정대리인이 이를 원하지 아니하는 의사를 표시한 경우에는 촬영을 하여서는 아니 된다. 다만, 가해자가 친권자 중 일방인 경우는 그러하지 아니하다. ③ 제1항에 따른 영상물 녹화는 조사의 개시부터 종료까지의 전 과정 및 객관적 정황을 녹화하여야 하고, 녹화가 완료된 때에는 지체 없이 그 원본을 피해자 또는 변호사 앞에서 봉인하고 피해자로 하여금 기명날인 또는 서명하게 하여야 한다. ④ 검사 또는 사법경찰관은 피해자가 제1항의 녹화장소에 도착한 시각, 녹화를 시작하고 마친 시각, 그 밖에 녹화과정의 진행경과를 확인하기 위하여 필요한 사항을 조서 또는 별도의 서면에 기록한 후 수사기록에 편철하여야 한다.	제30조(19세미만피해자등 진술 내용 등의 영상녹화 및 보존 등) ① *검사 또는 사법경찰관은 19세미만피해자등의 진술 내용과 조사 과정을 영상녹화장치로 녹화(녹음이 포함된 것을 말하며, 이하 "영상녹화"라 한다)하고, 그 영상녹화물을 보존하여야 한다. ⇨ 할 수(×) ② 검사 또는 사법경찰관은 19세미만피해자등을 조사하기 전에 다음 각 호의 사실을 피해자의 나이, 인지적 발달 단계, 심리 상태, 장애 정도 등을 고려한 적절한 방식으로 피해자에게 설명하여야 한다. ⇨ 할 수(×) 1. 조사 과정이 영상녹화된다는 사실 2. 영상녹화된 영상녹화물이 증거로 사용될 수 있다는 사실 ③ 제1항에도 불구하고 19세미만피해자등 또는 그 법정대리인(법정대리인이 가해자이거나 가해자의 배우자인 경우는 제외한다)이 이를 원하지 아니하는 의사를 표시하는 경우에는 영상녹화를 하여서는 아니 된다. ⇨ 영상녹화를 하지 않을 수 있다. (×)

성폭력범죄의 처벌 등에 관한 특례법 (구)	성폭력범죄의 처벌 등에 관한 특례법 (신)
⑤ 검사 또는 사법경찰관은 피해자 또는 법정대리인이 신청하는 경우에는 영상물 촬영 과정에서 작성한 조서의 사본을 신청인에게 발급하거나 영상물을 재생하여 시청하게 하여야 한다. ⑥ 제1항에 따라 촬영한 영상물에 수록된 피해자의 진술은 공판준비기일 또는 공판기일에 피해자나 조사 과정에 동석하였던 신뢰관계에 있는 사람 또는 진술조력인의 진술에 의하여 그 성립의 진정함이 인정된 경우에 증거로 할 수 있다. ⑦ 누구든지 제1항에 따라 촬영한 영상물을 수사 및 재판의 용도 외에 다른 목적으로 사용하여서는 아니 된다. 〈신설〉 〈신설〉	④ 검사 또는 사법경찰관은 제1항에 따른 영상녹화를 마쳤을 때에는 지체 없이 피해자 또는 변호사 앞에서 봉인하고 **피해자로 하여금 기명날인 또는 서명하게 하여야 한다.** ⑤ **검사 또는 사법경찰관은 제1항에 따른 영상녹화 과정의 진행 경과를 조서(별도의 서면을 포함한다. 이하 같다)에 기록한 후 수사기록에 편철하여야 한다.** ⑥ 제5항에 따라 영상녹화 과정의 진행 경과를 기록할 때에는 다음 각 호의 사항을 구체적으로 적어야 한다. 1. 피해자가 영상녹화 장소에 도착한 시각 2. 영상녹화를 시작하고 마친 시각 3. 그 밖에 영상녹화 과정의 진행경과를 확인.하기 위하여 필요한 사항 ⑦ 검사 또는 사법경찰관은 <u>19세미만피해자등이나 그 법정대리인이 신청하는 경우</u>에는 <u>영상녹화 과정에서 작성한 조서의 사본 또는 영상녹화물에 녹음된 내용을 옮겨 적은 녹취서의 사본을</u> 신청인에게 발급하거나 영상녹화물을 재생하여 시청하게 하여야 한다. ⑧ 누구든지 제1항에 따라 영상녹화한 영상녹화물을 수사 및 재판의 용도 외에 다른 목적으로 사용하여서는 아니 된다. ⑨ 제1항에 따른 영상녹화의 방법에 관하여는 「형사소송법」 제244조의2 제1항 후단을 준용한다.

〈신설〉

제30조의2(영상녹화물의 증거능력 특례)★★★

① 제30조 제1항에 따라 <u>19세미만피해자</u>
<u>등의 진술</u>이 <u>영상녹화된 영상녹화물은 같</u>
<u>은 조 제4항부터 제6항까지에서 정한 절차</u>
<u>와 방식</u>에 따라 영상녹화된 것으로서 다음
각 호의 어느 하나의 경우에 증거로 할 수
있다.

1. <u>증거보전기일, 공판준비기일 또는 공판</u>
<u>기일에 그 내용에 대하여 피의자, 피고인</u>
<u>또는 변호인이 피해자를 신문할 수 있었던</u>
<u>경우</u>. 다만, <u>증거보전기일에서의 신문의</u>
<u>경우</u> 법원이 피의자나 피고인의 방어권이
보장된 상태에서 피해자에 대한 반대신문
이 <u>충분히</u> 이루어졌다고 인정하는 경우로
한정한다.

2. <u>19세미만피해자등이 다음 각 목의 어느</u>
<u>하나에 해당하는 사유로 공판준비기일 또</u>
<u>는 공판기일에 출석하여 진술할 수 없는</u>
<u>경우</u>. 다만, 영상녹화된 진술 및 영상녹화
가 <u>특별히 신빙(信憑)할 수 있는 상태</u>에서
이루어졌음이 증명된 경우로 한정한다. ⇨
증거보전기일(×)

　가. <u>사망</u>

　나. <u>외국 거주</u>

　다. <u>신체적, 정신적 질병·장애</u>

　라. <u>소재불명</u>

　마. <u>그 밖에 이에 준하는 경우</u>

② 법원은 제1항 제2호에 따라 증거능력이
있는 <u>영상녹화물을 유죄의 증거로 할지를</u>
<u>결정할 때</u>에는 피고인과의 관계, 범행의
내용, 피해자의 나이, 심신의 상태, 피해자
가 증언으로 인하여 겪을 수 있는 심리적
외상, 영상녹화물에 수록된 19세미만피해
자등의 진술 내용 및 진술 태도 등을 고려
하여야 한다. <u>이 경우 법원은 전문심리위</u>
<u>원 또는 제33조에 따른 전문가의 의견을</u>
<u>들어야 한다.</u>

성폭력범죄의 처벌 등에 관한 특례법 (구)	성폭력범죄의 처벌 등에 관한 특례법 (신)
〈신설〉	**제40조의2(19세미만피해자등에 대한 증인신문을 위한 공판준비절차)** ① 법원은 19세미만피해자등을 증인으로 신문하려는 경우에는 19세미만피해자등의 보호와 원활한 심리를 위하여 필요한 경우 검사, 피고인 또는 변호인의 의견을 들어 사건을 공판준비절차에 부칠 수 있다. ② 법원은 제1항에 따라 공판준비절차에 부치는 경우 증인신문을 위한 심리계획을 수립하기 위하여 공판준비기일을 지정하여야 한다. ③ 법원은 제2항에 따라 지정한 공판준비기일에 증인신문을 중개하거나 보조할 진술조력인을 출석하게 할 수 있다. ④ 19세미만피해자등의 변호사는 제2항에 따라 지정된 공판준비기일에 출석할 수 있다. ⑤ 법원은 제1항에 따른 공판준비절차에서 검사, 피고인 또는 변호인에게 신문할 사항을 기재한 서면을 법원에 미리 제출하게 할 수 있다. **다만, 제출한 신문사항은 증인신문을 하기 전까지는 열람·복사 등을 통하여 상대방에게 공개하지 아니한다.** ⑥ 법원은 제2항에 따라 지정된 공판준비기일에서 검사, 피고인, 변호인, 19세미만피해자등의 변호사 및 진술조력인에게 신문사항과 신문방법 등에 관한 의견을 구할 수 있다.

〈신설〉	**제40조의3(19세미만피해자등의 증인신문 장소 등에 대한 특례)** ① <u>법원은 19세미만피해자등을 증인으로 신문하는 경우 사전에 피해자에게 「형사소송법」 제165조의2 제1항에 따라</u> **비디오 등 중계장치에 의한 중계시설을 통하여 신문할 수 있음을 고지하여야 한다.** ② 19세미만피해자등은 제1항의 중계시설을 통하여 증인신문을 진행할지 여부 및 증인으로 출석할 장소에 관하여 법원에 의견을 진술할 수 있다. ③ 제1항에 따른 중계시설을 통하여 19세미만피해자등을 증인으로 신문하는 경우 그 중계시설은 특별한 사정이 없으면 제30조 제1항에 따른 영상녹화가 이루어진 장소로 한다. 다만, 피해자가 다른 장소를 원하는 의사를 표시하거나, 제30조 제1항에 따른 영상녹화가 이루어진 장소가 경찰서 등 수사기관의 시설인 경우에는 법원이 중계시설을 지정할 수 있다.
제41조(증거보전의 특례) ① 피해자나 그 법정대리인 또는 경찰은 피해자가 공판기일에 출석하여 증언하는 것에 현저히 곤란한 사정이 있을 때에는 그 사유를 소명하여 제30조에 따라 촬영된 영상물 또는 그 밖의 다른 증거에 대하여 해당 성폭력범죄를 수사하는 검사에게 「형사소송법」 제184조(증거보전의 청구와 그 절차)제1항에 따른 증거보전의 청구를 할 것을 요청할 수 있다. 이 경우 피해자가 16세 미만이거나 신체적인 또는 정신적인 장애로 사물을 변별하거나 의사를 결정할 능력이 미약한 경우에는 공판기일에 출석하여 증언하는 것에 현저히 곤란한 사정이 있는 것으로 본다. ② 제1항의 요청을 받은 검사는 그 요청이 타당하다고 인정할 때에는 증거보전의 청구를 할 수 있다. 〈단서 신설〉	**제41조(증거보전의 특례)** ① 피해자나 그 법정대리인 또는 사법경찰관은 <u>피해자가 공판기일에 출석하여 증언하는 것에 현저히 곤란한 사정이 있을 때에는 그</u> <u>사유를 소명하여</u> 제30조에 따라 <u>영상녹화된 영상녹화물</u> 또는 그 밖의 다른 증거에 대하여 해당 성폭력범죄를 <u>수사하는 검사에게</u> 「형사소송법」 제184조(증거보전의 청구와 그 절차)제1항에 따른 <u>증거보전의 청구를 할 것을 요청할 수 있다.</u> 이 경우 피해자가 19세미만피해자등인 경우에는 공판기일에 출석하여 증언하는 것에 현저히 곤란한 사정이 있는 것으로 본다. ② 제1항의 요청을 받은 검사는 그 요청이 타당하다고 인정할 때에는 증거보전의 청구를 할 수 있다. **다만, 19세미만피해자등이나 그 법정대리인이 제1항의 요청을 하는 경우에는 특별한 사정이 없는 한 「형사소송법」 제184조제1항에 따라 관할 지방법원판사에게 증거보전을 청구하여야 한다.**

03 판례색인

[대법원 판결]

[헌법재판소]

MEMO

MEMO

MEMO